유대교
: 그리스도인을 위한 거의 모든 지식

유대교 : 그리스도인을 위한 거의 모든 지식

저자 올리버 리먼
역자 유재덕

초판 1쇄 발행 2025. 5. 26.

발행처 도서출판 브니엘
발행인 권혁선

책임교정 조은경
책임영업 기태훈
책임편집 브니엘 디자인실

등록번호 서울 제2006-50호
등록일자 2006. 9. 11.

서울특별시 송파구 백제고분로28길 25 B101호 (05590)
마케팅부 02)421-3436
편 집 부 02)421-3487
팩시밀리 02)421-3438

ISBN 979-11-93092-39-2 03230

독자의견 02)421-3487
이 메 일 editorkhs@empal.com

북카페주소 cafe.naver.com/penielpub.cafe
인스타그램 @peniel_books

이 책은 저작권법에 따라 보호받는 저작물이므로 무단전제 및 무단복제를 금합니다.
이 책의 전부 또는 일부를 이용하려면 반드시 사전에 저작권자와 도서출판 브니엘의
동의를 받아야 합니다.

이 연구는 2025년도 서울신학대학교 교내연구비 지원에 의한 연구임.

도서출판 브니엘은 독자들의 원고를 설레는 마음으로 기다리고 있습니다.
위의 이메일로 간단한 기획 내용 및 원고, 연락처 등을 보내주십시오.

도서출판 브니엘은 갓구운 빵처럼 항상 신선한 책만을 고집합니다.

유대교

그리스도인을 위한 거의 모든 지식

● 유대교 역사와 신앙을 한눈에 꿰뚫게 해주는 명작

올리버 리먼 지음 | 유재덕 옮김

Judaism : An Introduction
by Oliver Leaman

브니엘

| **옮긴이 머리말** | 유대인에 대한 더욱 깊은 이해를 위해

유대인은 눈이 없소? 그리스도인과 똑같이, 같은 음식을 먹고, 같은 무기로 다치고, 같은 병에 걸리고, 같은 처방으로 치료되고, 똑같이 겨울에는 춥고 여름에는 더운데, 유대인은 손이, 내장이, 사지가, 감각이, 감정이, 열정이 없단 말이오? 그대들이 찔러도, 우리는 피가 나지 않나요?(윌리엄 셰익스피어, 「베니스의 상인」, 3막, 1장, 63)

유대교와 유대인은 서로 구분이 불가능할 정도로 얽혀있는 복합체라고 할 수 있다. 따라서 유대인의 정체성을 제대로 알고 싶다면 무엇보다 유대교에 대한 충분한 이해가 필수적이다. 이것은 거꾸로 유대인의 신앙에 접근할 때도 마찬가지다. 우리는 아주 오래된 유대인의 역사적 경험과 현재 그들이 처한 사회 문화를 함께 파악해야만 유대교의 진정한 모습과 마주하게 된다. 유대인 철학자 마틴 부버의 의견 역시 이와 다르지 않다. 부버는 유대인의 정체성을 민족이라는 요소와 종교 신념의 결합으로 정의했다. "이스라엘 민족은 단순히 종교 공동체도, 단지 민족적 집단도 아니다. 그것은 두 가지 모두인 공동체로, 역사는 물론 하나님과 불가분 연결되어 있다." 저자 올리버 리먼이 유대교를 소개하면서 유대인의 역사와 종교를 이중적으로 엮은 것도 바로 그 때문이다.

　이 책은 1장부터 3장까지 유대인 역사의 굵직굵직한 경험을 추적한다. 최초의 유대인 아브라함부터 바빌로니아 유배를 거쳐 그리스와 로마제국 지배까지의 기간이 전체적으로 다루어진다. 그 과정을 따라가다 보면 기독교의 등장과 전통적 유대교와의 결별, 유럽에서의 기독교 확산에 따른 유대인과 비유대인의 적나라한 갈등을 확인할 수 있다. 계속해서 19세기와 20세기의 반유대주의 폭동(포그롬)과 홀로코스트처럼 유대인이 겪어야 했던 불행한 사건과 이스라엘로의 귀환, 이슬람권에 속한 유대인의 삶을 갈등과 생존이라는 주제를 중심으로 제시한다. 4장과 5장은 우리 그리스도인들에게 익숙하면서도 제대로 알려지지 않은 유대인의 관습과 축제, 통과의례를 골고루 소개한다. 그리고 이 책의 중심이라고 할 수 있는 6장은 유대교나 유대인과 관련된 논의에서 줄곧 쟁점이 되는 주제들을 집중적으로 검토한다. 이 마지막 장은 유대교에 낯선 그리스도인은 물론 일반인에게도 아주 흥미로울 수 있다.

　이 책이 지닌 장점은 적지 않다. 무엇보다 저자 올리버 리먼이 유대교를 소개하는 방식을 꼽을 수 있다. 저자는 유대교를 어느 정도 거리를 유지하면서 바라보려고 노력한다. 여기에는 저자가 현재 이스라엘 외부에 거주하는 디아스포라 유대인이라는 배경이 상당 부분 작용한 것 같다. 저자는 유대인들이 당연하게 간주하는 오랜 전통까지 비합리적일 때는 또 다른 전통을 활용해 과감하게 지적한다. 덕분에 독자들은 유대교에 함몰되어 근거 없이 이상화한다거나 비난하는 오류를 비켜 갈 수 있다. 아울러 이 책은 비교적 분량이 많지 않으면서도 유대교의 핵심 주제들과 종교문화를 거의 빠짐없이 다룬다. 이것은 오랫동안 대학에서 유대교를 강의하고, 같은 주제로 여러 권의 저서를 집필할 정도로 유대교 고전과 현대 사상에 정통한 저자의 역량 덕분에 가능했다고 할 수 있다. 끝으로, 이 책의 집필 방식을 꼽을 수 있다. 저자도 직접 밝히고 있지만 유대교를 소개하면서 연대순으로 정리하지 않고 현대와 과거, 고대 문헌들과 현대 사상을 자유롭게 넘나들면서 연결한다. 물론, 이것은 저자의 독창적 아이디어가 아니라 유대 랍비들의 아주 오래된 탈무드 전통에 근거한 것이다. 이 책이 처음부터 마지막까지 지루하지 않게 읽히는 비결이 여기에 있다.

이 책을 번역하기로 마음먹은 것은 오래전이었다. 홍콩 대학을 방문했다가 이 책을 접하고 강의에 자주 활용했지만, 다른 일정 탓에 번역을 뒤로 미룰 수밖에 없었다. 하지만 지금도 여전히 계속되는 팔레스타인 지역에서의 정치적 갈등과 그에 따른 유대인과 유대교에 관한 높아진 관심 덕분에 작업을 서두르게 되었다.

우리 그리스도인들은 기독교의 등장과 성장에 결정적 역할을 했던 유대교에 대해 깊은 이해가 부족한 게 사실이다. 일반인들 역시 사정은 별반 다르지 않다. 성경이나 이스라엘 여행, 일부 미디어를 통해 접하는 중동 지역 전문가들의 전언에 가까운 단편적 내용을 접하는 게 고작이기 때문이다. 물론, 유대 배경을 중심으로 성경을 해석하거나 유대교를 소개하는 저서들이 간간이 출판되기도 하지만 유대교를 제대로 이해하기에는 턱없이 부족한 실정이다. 성경이든 역사든, 아니면 최근에 심화하는 정치적 갈등이든 간에 유대교와 관련된 문제를 심도 있게 파악하려고 할 때 이 책은 적지 않게 도움이 될 수 있다. 이 책을 통해 우리 그리스도인들 사이에서 오늘날의 유대교와 유대인에 대한 더욱 깊은 이해가 가능하기를 기대한다.

옮긴이 유재덕

| 프롤로그 | 유대인에 대한 고정관념에서 벗어나기를

여러 가지 이유로 나는 유대교는 물론, 특정 종교를 소개하는 일에 적합하지 않다고 생각한다. 종교를 정의하는 신조나 원리가 존재한다고 생각하지 않기 때문이다. 종교는 아주 느슨한 사상과 실천의 집합체이고 온갖 교리와 신념이 뒤섞여 있어 설명하는 게 쉽지 않다. 그냥 종교의 원리가 무엇인지 규정하고 거기서 결과를 끄집어내는 것이라면 훨씬 더 간단할 수 있다. 이런 어려움에도 독자들이 이 책에서 흥미로운 내용을 발견하면 좋겠다. 다른 사람이 그냥 지나치는 다양한 주장과 행동을 유대교의 내용에 포함하고 또 유대교와 관련된 것으로 규정하는 방법이나 그 과정의 진정한 의미를 줄곧 추구하다 보니 이 글은 체계적이지 않다.

이미 나는 종교를 주제로 책을 몇 권 집필했다. 그 책들은 종교적인 것으로 간주하는 것과 일부로 인정하는 것에 대해 보통 사람의 생각보다 훨씬 더 관대하게 대한다. 이렇게 하는 게 현실을 반영하는 데 유리하지만 그 때문에 분명히 혼란스러울 수 있다는 단점도 있다.

이 책은 유대교에 관한 정보를 전체적으로 담아내지 못했다. 하지만 종교 생활과 관련된 풍성한 전통이 드러날 수 있도록 가끔 아주 자세하게 설명을 달았다.

해마다 대학에서 유대교를 주제로 강의하면서 적합한 교재를 찾지 못해 직접 집필하기로 했다. 강의에서 다루는 몇 가지 이론적인 문제까지 포함한 「유대교 사상 입문」을 몇 해 전에 출판했다. 그 책에서 유대교와 다른 종교의 관계나 사상 체계를 아주 폭넓게 거론했다. 유대교에 기원을 둔 대표적 개념을 조금 더 구체적으로 검토하고 유대인 역사와 문화 환경을 배경으로 설명하는 것도 유용하다고 생각했다. 이 책에서도 같은 노력을 기울였지만, 그 개념들이 어떻게 오늘날에도 유대인 사이에서 또 유대인과 외부인 간의 토론에서 자주 중심에 등장하는지에 대부분 집중한다.

나는 탈무드는 물론 유대교를 설명하는 전통에 특히 관심이 많다. 유대교와 발전 과정에 얽힌 흥미로운 내용을 탈무드가 여러모로 소개하기 때문이다. 반면에 특정 종교를 옹호하려고 단편적으로 신학을 활용하는 문제점도 잘 알고 있다. 내키는 대로 주장하려고 여기저기서 조금씩 뽑아내는 것은 아주 간단하고, 과장하는 데 나름 효과적이지만 종교 자체는 제대로 조명하지 못하기 때문이다. 이 책의 입장은 그런 태도에 아주 비판적이다.

나는 성경으로 시작해서 유대인이 될 공동체의 처음 지도자들에 대해 성경이 어떻게 이야기하는지, 그들의 경험이 무엇인지, 그것이 그들을 따르는 사람들에게 어떤 의미가 있는지 간략하게, 그러면서도 도움이 되기를 바라는 내용을 제공했다. 이것은 그 이후로 유대교에서 논쟁의 핵심 내용이 되어 왔다. 계속해서 전통적 유대인과 현대적 상황에 맞추어 종교를 개혁하고 거기에 적응하는 유대인의 풍습을 일부 살펴본다. 이 대목의 핵심은 유대인의 기도와 율법을 약간 맛보는 것이다. 그것이 기도나 율법을 지키지 않는 사람들까지 포함한 모든 유대인의 삶의 기초가 되기 때문이다. 이것이 비판적인 유대인들이 자신들의 생활 방식을 결정하는 데 반응하는 이유이기도 하다.

끝으로 유대인과 유대교에 관한, 자주 다루면서도 처음에는 사실과 거짓으로 판단할 수 없는 몇 가지 일반적인 주장을 검토한다. 미국 남부의 속담에는 모르는 게 아니라 익숙한 게 문제를 낳는다는 말이 있다. 이 책 끝부분에서는 눈에 띄는 몇 가지 잘 알려진 주장들을 살펴본다. 특히 사상이라고 하면서도 대개는 현대적이거나, 유대교와 무관하면서도 현대 유대교 사상이라는 꼬리표가 붙은 내용을 비판하고 그 대신 유대인의 지적 세계를 규정하는 고전적인 본문을 독자에게 제시한다. 그 가운데 일부는 학생들이 토론 시간에 관심을 보인 주제라서 직접 다룰 필요가 있다고 생각했다.

독자들은 글의 전개 방식이 대부분의 전통적인 유대인의 주석처럼 엄격하게 연대를 따르지 않고 현대, 중세, 고전을 종종 섞어 사용하는 것에 주목해야 한다. 사실 유대교 사상을 시대별로 구분하는 게 무척 어렵다 보니 일부 현대 사상을 성경이나 미드라쉬, 또는 탈무드 내용과 연결하기도 했다.

요셉이 아버지의 축복을 기대하고 자식들을 데려가자 야곱이 뜬금없이 말한다. "이들은 누구냐?"(창 48:8). 요셉이 자식들과 함께 이집트에서 17년을 살았음에도 아버지 야곱은 그들이 손자라는 사실을 잊어버린 것처럼 보인다. 몇 구절이 지나서야 그가 늙고 시력이 나빴다는 설명 비슷한 내용이 나온다. 그렇다면 어째서 그가 눈앞에 누가 있는지 혼란을 겪었다고 말하기 전에 이 사실을 알리지 않은 것일까? 물론, 형 에서의 축복을 가로채려고 아버지 이삭의 나쁜 시력을 이용한 것을 암시하는 은유적 표현일 수도 있다. 하지만 히브리 성경과 탈무드 주석자인 랍비 라쉬(1040-1105)는 이 사건을 야곱이 미래, 즉 손자 에브라임과 므낫세의 자손이 장차 개탄스러운 임금이 될 것을 예견한 내용이라고 주장한다. 거룩한 현존을 뜻하는 쉐키나가 그렇게 생각하게 만들어서 눈앞에 누가 있는지 알아보지 못했다는 것이다. 이삭은 축복을 더 잘 활용할 수 있는 자식을 축복하려고 했기 때문에 나쁜 시력이 그저 정략적이었다는 주장까지 있다. 이 특별한 사건에 대해 우리가 무엇을 말하든지 과거와 현재와 미래를 순서와 무관하게 뒤섞는 것은 유대인의 전통적 주석에서 아주 흔한 일인데 여기서도 그대로 따를 생각이다.

나는 유대교를 다룬 책에 등장하는 삽화에 만족한 적이 거의 없다. 그것은 종종 고정관념에 갇혀 있거나 유대인의 다양한 세계와 모습을 제대로 그려내지 못한다. 내가 그런 함정을 벗어났는지 모르겠지만 적어도 그런 함정이 존재한다는 사실은 알고 있다. 독자들이 유대교라는 종교와 문화를 접하는 데 여기에 소개된 삽화가 도움이 되었으면 좋겠다.

이 책을 집필하도록 처음 제안했던 알렉스 라이트와 지난 몇 년간 이 책의 내용이 된 강연에 귀를 기울여준 여러 청중에게 감사의 말을 전한다. 그런 공간에서는 참석자의 평가가 갖는 의미를 과장하는 게 불가능하고 특정인에게 감사를 표하는 것 역시 무례한 일이다. 늘 그렇듯이 켄터키대학 시각 자료실의 레슬리 채프먼은 본문의 삽화 작업에 큰 도움을 주었다. 모두의 수고에 감사한다.

글쓴이 올리버 리먼

C·O·N·T·E·N·T·S
차례

옮긴이 머리말 / 005
머리말 / 009

〉〉 Section 1. 유대인 역사와 성경 _ 017

이스라엘 땅에서의 초기 생활 / 예루살렘과 모리아산 / 성전
그리심산 / 예루살렘의 위상 / 메론산 / 장소의 중요성을 다시 생각하기

〉〉 Section 2. 유배 _ 065

그리스인의 지배 / 로마인의 지배 / 그리스인의 도전 / 유대교 주석들
바빌로니아의 생활 / 바울과 유대교의 단절 / 기독교 유럽에서의 유배
유대인은 착한 시민이 될 수 있을까

〉〉 Section 3. 갈등과 생존 _ 113

동유럽 / 나치 / 소련 / 아메리카 / 시온주의와 이스라엘 땅으로의 귀환
이슬람에 대한 유대인의 경험

〉〉 Section 4. 유대인의 관습 _ 165

계명들 / 음식 / 기도와 유대인이 되는 다양한 방법 / 안식일 규칙

Section 5. 축제와 통과의례 _ 213

달력 / 축제 / 금식 / 유대교의 금욕주의 / 기도 문제 / 죽음
가족생활 / 회당 / 유대교로의 개종 / 유대교에서의 개종

Section 6. 유대교의 쟁점들 _ 271

유대인들은 항상 이스라엘로의 귀환을 갈망했을까

성전이 파괴되자 기도와 회당이 더 중요해졌을까

유대교는 공통된 신앙과 원리에 기초한 종교일까

유대인은 정의에 관심이 많을까

이스라엘이 존재했다면 홀로코스트는 일어나지 않았을까

유대교는 (단지) 신념의 체계가 아니라 총체적 생활 방식일까

유대인은 인종일까

유대인은 영리할까

기독교는 사랑, 유대교는 율법에 기초할까

유대인은 내세를 믿지 않을까

유대인답게 만드는 것은 무엇일까

유대교는 어째서 영웅을 의심할까

유대인의 하나님은 폭력적이고 질투심이 많을까

현대 유대인의 사상, 그냥 '아니오'라고 말하기

참고문헌 / 364
색인 / 380

SECTION

01

유대인 역사와 성경

[일러 두기]

1. 인용한 인명과 지명은 영어가 아닌 출신 지역을 반영해 표기했다.
2. 히브리어는 현대식 발음을 고려해 표기했다.
3. 따로 언급하지 않은 인용 성경은 모두 한글 개역개정판이다.
4. (*) 표시는 역자가 추가한 설명이다.
5. (' ') 표시는 번역을 가리킨다.
6. 독자의 이해를 돕기 위해 삽화와 주요 인물의 생몰 연대를 따로 추가했다.
7. 본문에 등장하는 인명과 지명 등은 색인에 영어로 함께 표기했다.
8. 인용된 출처는 모두 내용 주(註)로 처리했다.

✶ ✶ ✶ ✶ ✶

첫 번째 유대인

전통적으로 유대인들은 모세오경을 히브리어로 다섯이라는 뜻을 가진 '후마시'라고 부른다. 모세오경에는 여행이라는 주제가 자주 등장한다. '토라'라고도 부르는 모세오경은 유대인 성경 전체나 우리가 살펴볼 구전 율법을 가리킬 때도 있다. 하나님은 유대인의 조상에게 가나안 땅을 허락하면서 말씀하신다. "너희는 거류민이요 동거하는 자로서 나와 함께 있느니라"(레 25:23). 유대계 작가 엘리 위젤은 이렇게 말했다. "유대인은 끝없이 이동한다. 믿음만큼이나 탐구하는 특징을 갖고 있다"(Wiesel, 1970, 214). 하나님은 아브람에게 오늘날 이라크 지역에 속한 아버지의 집을 떠나 지시하는 곳으로 가라고 말씀하셨고 그때부터 훗날 아브라함으로 이름이 바뀌는 아브람은 후손들처럼 이동한다.

아브람은 유프라테스강을 건너(아바르, avar) 가나안에 들어가서 히브리어로 이브리(ivri)라고 부른다. 그는 우르 출신이었고 아내 사래와 아버지 데라, 조카 롯과 함께 오늘날 시리아의 하란으로 향했다. 거기서 가나안(현재 이스라엘 지역 대부분)으로 가라는 지시를 받았고 기근 때문에 또다시 이집트로 떠나야 했다. 그곳에서 가나안 남부로 이동했다가 헤브론 지역으로 들어갔다. 그가 99세, 아내는 90세가 되었을 때 아들을 낳을 것이라는 예언을 들었다. 부부는 이삭이 태어나자 '많은 사람의 아버지'라는 뜻의 아브라함과 '공주'를 뜻하는 사라로 이름이 바뀌었다.

대를 잇게 된 아브라함은 아내의 권유를 받아들여 맏아들 이스마엘과 종의 신분이었던 어머니 하갈을 쫓아낸다. 둘은 사막에서 죽을 뻔했으나 하나님 덕분에 목숨을 구했다. 아브라함의 두 아들을 유대인(이삭)과 무슬림(이스마엘)의 조상으로 간주하는데 이 두 공동체가 서로 다른 생존 무대에서 곤란한 관계를 지속하는 것은 아마도 그들의 기원이 갖는 불안정한 성격과 관련 있다.

할례는 아브라함과 하나님 사이에서 언약의 표시가 되었다가 나중에는 공동체의 구성원을 가리키는 오랜 상징이 되었다. 랍비 문헌은 남성의 포피를 제거하는 것을 인간성을 완성하는 한 가지 요소로 여겼고, 처음에 그리스도인들 역시 남성이 공동체에 가입하려면 할례를 받아야 한다고 주장했다. 나중에 바울은 다른 의견을 가졌다. 이것이 유대교에서 출발한 새로운 운동이 빠르게 성공하는 데 결정적으로 영향을 미친 것 같다.

스피노자는 「신학정치론」에서 할례를 유대인과 다른 모든 사람을 구별하는 단 하나의 것으로 여겼다. "나는 이 표시를 아주 중요하게 생각하고 그 자체만으로도 민족의 독립성을 영원히 유지하기에 부족함이 없다고 확신한다"(Spinoza, 1989, 3.53). 탈무드에는 할례가 사람들을 보호해 주고, 할례를 하지 않아 예루살렘 성전이 파괴됐다는 이야기가 나온다. 물론, 민감한 남성의 부위를 변경하는 것은 사뭇 급진적 조치라고 할 수 있다. 이것은 이삭의 잠재적 희생, 그러니까 '아케다'로 정점에 도달한 아브라함과 하나님의 관계가 갖는 강력한 성격을 의미한다. 여기서 아케다는 묶는다는 뜻으로 아브라함이 아들을 묶어 제물로 바칠 준비를 하는 것을 가리킨다. 하나님이 아브라함에게 이것을 명령했고(창 22장) 아브라함은 자식을 사랑하는 마음에도 불구하고 이삭을 결박해 제물로 바치려 할 때까지 이례적으로 입을 굳게 다물고 실행했다.

이 사건의 도덕성에는 많은 논란이 있었다. 하나님의 명령대로 따라야 하는지 아니면 저항해야 하는지, 윤리가 하나님에 근거하는 것인지 아니면 무관하게 다루어야 하는지에 대해 의견이 엇갈렸다. 성경에는 주요 인물과 하나님이 논쟁하는 모습이 주제로 곧잘 등장한다. 하나님이 무슨 과격한 일을 하시겠다고 나서면 사람들은 그것을 완화하거나 심지어 아예 재고하도록 요구하며 논쟁한다. 하나님이 아브라함에게 평야 지역 도시들을 멸망시키겠다는 뜻을 밝히자 아브라함은 의인과 악인을 함께 죽이려는지, 더 나가서 정의로운 하나님이 부당하게 판단하려는 것인지 묻는다(창 18:25). 나중에 모세는 이스라엘 사람들이 무시하고 시키는 대로 따르지 않는 것 때문에 분노하는 하나님을 달래려고 한다(민 14:13-19).

그러나 아브라함과 모세는 어떤 상황에서도 하나님과 자신을 동등하게 여기지 않았다. 그래서 일부 사람들은 그들이 하나님에게 정보를 전달하거나 생각을 공유하려는 의도가 있었던 게 아닌지 궁금해하기도 한다. 물론 성경에서는 하나님이 사람들을 기억한다고 말하지만 이 또한 하나님이 그들을 잠시 잊을 수도 있다는 뜻으로 해석될 여지가 있다. 어쩌면 하나님은 사람들이 자신과의 논쟁을 통해 더 깊은 이해와 관계를 이루도록 이와 같은 상황을 설정한 것일지 모른다. 이스라엘 백성들, 그리고 후의 유대인들은 이런 전통을 확고하게 이어갔다. 가장 대표적인 사례가 바로 욥이다.

욥의 친구들은 종교적으로 판에 박힌 논리로 욥이 겪는 고통을 설명하려 한다. 그들은 욥이 죄를 지었고 하나님의 의도를 우리가 알 수 없으며 궁극적으로 정의로운 세상의 섭리가 존재한다고 주장한다. 그러니 우리가 해야 할 일은 고통을 인내하고 말없이 순응하는 것이라고 말한다. 그러나 욥은 이런 주장에 동의하지 않고 목소리를 높여 호통을 친다. 결국에 그는 하나님이 직접 나타나 불만에 응답하게 만드는 데 성공한다.

그러나 무엇보다 주목할 만한 점은 욥기 마지막에서 하나님이 욥의 친구들에게 무고한 이들의 고통을 '설명하는' 상투적인 논리를 정죄하신 것이다. 하나님은 욥이 친구들을 위해 중보하면 그들을 용서하겠다고 말씀하신다. 하나님과 논쟁하는 사람만이 진정으로 하나님이 바라는 대로 행동하는 것이고 그저 고분고분한 순응자들은 수동적 태도 때문에 비판을 받는 것처럼 보인다.

이삭은 헤브론에서 아버지 아브라함의 친척 리브가와 결혼하고 에서와 야곱 쌍둥이를 낳는다. 성경에 나오는 많은 형제가 그렇듯 이들도 사이가 좋지 않았다. 아버지에게 장자의 권리를 상속받을 형에서는 사냥꾼의 재능을 발휘해 가족을 많이 도왔다. 반면에 야곱은 결국 형의 몫을 속이고 뺏는 데 도움을 준 어머니와 더 자주 시간을 보낸 것 같다. 야곱은 에서와의 싸움을 마다하지 않다가 하란으로 도망쳐 외삼촌 라반 밑에서 일했고 결국 라반의 두 딸 레아와 라헬과 결혼했다. 야곱은 형의 반응을 몹시 두려워하면서 가나안으로 돌아오는 도중 천사로 보이는 낯선 인물과 씨름했다. 이후로 그를 하나님과 사람들과 싸워 이긴 사람, 그러니까 이스라엘이라고 불렀다. 하나님은 종종 욥이나 요나처럼 의심스러운 행동과 말을 해도 끈기 있는 사람에게 상을 주신다.

야곱의 자식들은 아버지가 사랑하는 요셉을 몹시 혐오했고 형제 사이에 또다시 적대감이 생겼다. 가장이고 부족의 실질적 지도자인 아버지가 요셉을 대놓고 편애하는 모습을 상상하면 형제들이 느꼈을 감정을 어렵지 않게 짐작할 수 있다. 형제들의 적대감이 먹잇감을 포착했다. 어느 날 혼자 있는 요셉을 보고 제압한 뒤에 어떻게 처리할지 의논했다. 일부는 죽이자고 했고 일부는 노예로 팔아버리자고 주장했는데 당시에 이것은 죽음과 별반 다르지 않았다. 결국, 후자 쪽으로 가닥이 잡혔다.

요셉은 이집트로 팔려 갔고 형제들은 아버지에게 피투성이가 된 요셉의 외투를 제시했다. 요셉이 치명적 사고를 당했다는 분명한 암시였다. 과거에 맏아들 에서로 가장해서 아버지를 속였던 야곱이 사실과 다른 것을 목격하고 속아 넘어간 것은 역설적이다. 요셉은 전형적인 이민자로서(그의 경우에는 비자발적인) 좋고 나쁜 일을 두루 겪은 끝에 이집트에서 성공했다. 그는 꿈을 해석하는 능력을 발휘해 파라오(*바로)의 고문이 되었다.

새로 즉위한 파라오의 발언은 지난 2천 년에 걸친 반유대주의 비난과 대부분 일치한다. 이제는 강력한 집단으로 성장해서 기존 사회를 위협할 수 있다는 것이다(출 1:8-10). 이스라엘 사람들이 한층 더 고분고분하도록 통제하면서 규모와 부를 한꺼번에 축소할 필요가 있었다. 그들은 어디에 살든 어떤 행동을 하든 오랫동안 세계 문명의 타자로서 역할을 감당해야 했다. 모세가 파라오의 딸 밑에서 자라면서 그랬듯이 일부 이스라엘 사람은 이집트인처럼 지냈을 수도 있었지만 당시 그들이 겪은 억압은 그들을 하나의 공동체로 묶어주었고 이집트 문화에 동화되지 않도록 적잖이 영향을 미쳤을 것이다.

주석자이며 가장 위대한 유대 사상가인 모세 마이모니데스(1138-1204)는 유대인들이 약속받은 땅으로 가다가 광야에서 40년을 보내면서 이집트식 사고와 행동을 점진적으로 떨쳐냈다고 주장했다(Leaman, 1997b). 끝내 이것을 완성하는 데 적어도 한 세대가 걸렸고 이집트 문화에 대응할 수 있는 법률 체계와 생활 문화의 근본적 변화가 필요했다.

모세

모세라는 이름은 '물에서 꺼내다'라는 뜻의 히브리어 낱말과 연관 있다(출 2:10). 이처럼 성경에 등장하는 수많은 히브리어 이름은

> **TIP**
>
> ### 〉〉〉 타나크와 토라
>
> 타나크는 유대인 성경(24권)의 히브리어 이름이다. 타나크는 토라, 느비임, 케투빔으로 이루어졌고, 각각의 첫 글자 세 개를 따서 이름(타나크, TaNaCH)을 만들었다. 오경 또는 모세오경이라고 부르는 토라는 창세기, 출애굽기, 레위기, 민수기, 신명기가 포함된다. 느비임(8권)은 예언서이고 이스라엘이 출애굽 후 가나안에 들어온 때부터 바빌로니아 포로 기간까지를 다룬다. 케투빔(11권)은 주로 유대인 절기에 낭송하는 거룩한 문서들이다. 유대인 성경과 기독교(개신교)의 구약성경은 서로 내용은 같아도 종류와 배열이 다르다. 유대인 성경(정경)이 확정된 시기를 대개 하스모니아 왕조(주전 1-2세기)나 얌니아 회의(90년경)로 추정하는데 일각에서는 시기를 훨씬 앞당겨서 에스라 시대(주전 6세기)라고 주장하기도 한다.

앞으로 일어날 일을 예시하는 것처럼 보인다. 모세는 주전 13세기 무렵 아므람과 요게벳 사이에서 태어나 누이 미리암과 형 아론이 있었다. 유대인 사내들이 박해받을 당시 바구니에 몰래 담겨 강에서 자라는 갈대숲에 놓여있다가 파라오의 딸이 물 밖으로 끌어내어 구해준 (이름의 뜻처럼) 인물이다.

그는 이집트인으로 성장했지만, 이스라엘 사람을 지키려고 이집트인을 죽이고는 미디안으로 도망쳐 십보라와 결혼하고 아들 둘을 낳는다. 여기서 그는 또다시 약자를 보호하고 미래의 장인 이드로의 딸들에 대한 공격에 맞선다. 시나이산(*시내산)에서 불타는 떨기나무를 통해 하나님의 임재를 경험하고 히브리 민족을 이집트에서 인도하라는 명령을 받았다. 모세는 말이 유창하지 않아 임무에 걸맞지 않다고 거절했지만, 형 아론을 데려가 돕게 하라는 지시를 받았다.

성경을 다루는 랍비 문헌에는 아론이 동생보다 훨씬 온화하고 유순한 인물로 자주 등장한다.

파라오는 요구를 거절했으나 모세는 물러나지 않고 거듭 그의 생각을 바꾸려 했고 결국 이집트인들은 열 가지 재앙을 벌 받았다. 우리가 알고 있듯이 하나님이 파라오의 마음을 강퍅하게 해서 모세의 임무는 전혀 간단하지 않았다. 마이모니데스는 파라오가 무슨 행동을 해도 벌을 피할 수 없을 정도로 성격이 포악했다고 해석한다. 하나님이 모세의 제안에 파라오가 동의하지 않게 만들어서 변하지 않는 악한 성품을 처벌하려고 했다는 것이다.

마지막 재앙인 이집트 맏이들의 죽음으로 모세는 이스라엘 사람들과 이집트에서 탈출하는 데 성공했고 그들을 보내겠다는 생각을 번복한 이집트인의 손아귀를 벗어난다. 모세는 이스라엘 사람들을 이끌고 물을 건너 사나이 광야로 가서 시나이산에 도착했다. 그곳에서 하나님과 공동체 전체가 구체적으로 계약을 맺었다. 모세는 끝없이 실망하게 만드는 사람들을 보살피고 약속의 땅으로 가는 길을 안내한다. 이후 그는 이스라엘 사람들을 가나안 땅으로 계속해서 인도하다가 들어가지 못하고 느보산에서 죽는다. 임무를 수행하는 과정에서 하나님의 심기를 건드렸기 때문이다. 이 일이 일어난 정확한 내막에는 여러 가지 논의가 있다.

모세의 두드러진 성격은 겸손이다. 그는 불타는 떨기나무에 임재하신 하나님이 두려워서 바라보지 않으려 했고 거룩한 존재의 이름을 알지 못한다는 것과 자신에게 맡겨진 임무를 감당할 수 없다는 사실을 인정했다. 파라오를 상대한 첫 번째 시도가 실패하고 이스라엘

미켈란젤로의 모세 상(산 피에트로 인 빈콜리 성당, 로마)

이 등을 돌리자, 그는 히브리 사람들이 하나님의 계획에 불평을 늘어놓듯이 자신을 보낸 하나님에게 불평한다(출 5:22). 이것은 모세나 이스라엘 모두에게는 당연한 인간적 반응이다.

이집트에서 탈출한 사람들은 군대가 뒤쫓는다는 것을 알게 되자 모세를 비난한다. 모세는 출애굽 이후에도 줄곧 하나님의 지시를 따랐고 히브리인들이 오랫동안 인적 또는 자연적 적에게 위협받을 때도 거룩한 도움의 통로 구실을 했고 마침내 임무를 완수했다. 그런데도 사람들은 임무의 궁극적 성공을 참지 못하거나 의심할 때가 많았다. 모세가 시나이산에서 율법을 받고 지체했다. 그러자 사람들은 유일신 신앙에 반기를 들고 금송아지를 만들어 산에서 내려온 모세가 돌판을 부수는 사건이 발생했다. 결국 반란 주모자들을 처벌한 뒤에 모세는 또다시 빈 돌판을 들고 시나이산을 올랐고, 하나님은 언약의 내용을 기록하라고 지시하셨다.

모세는 계명을 보관하는 성막 제작에도 관여했다. 그는 히브리 사람들이 공격받거나 하나님을 배반하고 임무의 궁극적 성공을 부정해도 그들을 대신해 줄곧 기도했다. 민수기 20장 10절을 보면 모세는 사람들이 먹을 게 부족해 또다시 불평하자 바위에서 물을 내라는 하나님의 지시를 따르다가 실수를 저지른다. 모세가 바위를 두 번 치자 실제로 물이 솟아났지만 거기에 담긴 의미는 하나님이 아니라 자신이 기적을 일으킨 것이었다. 이 때문에 민수기 20장 12절에서 그는 이스라엘 땅에 들어갈 수 없다는 말을 듣게 된다. 물론 주석에 근거한 전통은 또 다른 이유를 대기도 한다.

모세가 120세가 되어 느보산에서 그 땅을 바라보며 들어가게 해달라고 간청해도 하나님은 받아들이지 않는다. 모세는 이스라엘 사람들을 모아 놓고 광야에서의 시련을 돌아보게 하고 시나이산에서 받은 율법의 기본 원칙을 제시한다. 모세오경의 마지막 부분은 그가 하나님을 직접 대면해서 알았고 가장 놀라운 일을 해낸 유일한 선지자였다고 소개한다. 하지만 유대교의 다른 주요 인물들과 달리 그가 묻힌 곳은 아무도 모른다. 어떤 면에서 볼 때 모세는 엄청난 업적에도 불구하고 대체로 의심의 구름에 가려져 있었던 것 같다. 특이하게도 유월절 축제 때 낭송하는 하가다(이집트 탈출과 관련된 사건을 기록한 기도문)는 모세의 이름을 전혀 언급하지 않는다.

모세는 이슬람의 꾸란에서 무사라는 이름으로 알려진 중심인물이고 누구보다 자주 등장한다(137회). 모세의 삶과 업적에 대한 기록은 유대인 성경과 대체로 일치한다. 이스라엘 사람들을 위한 중요한 역할과 마찬가지로 예언자와 사자로 일컬어진다. 모세는 신약성경에서도 가장 자주 등장하는 구약성경의 인물이고 율법을 대표하고 예수님을 예시하는 인물로 종종 언급된다.

모세가 실제로 유대인이었는지(프로이트는 그를 이집트인으로 여겼다), 모세의 예언이 그를 높이 떠받드는 세 개의 종교에서 어떤 의미를 갖는지에 대해서 일부 논란거리가 되기도 했다. 하지만 우리가 계속해서 살펴보겠지만 유대교에서는 가끔 모세를 다소 의심스럽게 대하기도 한다. 이것은 성경에 등장하는 다른 주요 인물들과도 크게 다르지 않은 것 같다.

광야 시대

광야 시대에는 이스라엘 사람들의 참모습이 있는 그대로 드러난다. 그들은 적대적으로 대하는 이집트를 벗어나려고 어쩔 수 없이 선택한 목표를 향해 나가는 과정에서 줄곧 흔들린다. 이집트는 이스라엘의 하나님이 내린 재앙 때문에 한층 더 적대적으로 굴었을 것이다. 실제로 얼마나 많은 이가 이집트를 떠났는지는 논란거리다. 이집트를 떠나면서 억압자들의 재물을 가로채는 바람에 함께 지낸 이웃과 단절되었겠지만, 그렇다고 해서 그 덕분에 독립적인 민족이 될 수는 없었다. 우리는 광야에서 40년을 함께 지낸 경험 때문이었다고 생각한다.

이스라엘 사람들은 노예 생활에서 구해준 하나님에게 딱히 감사하지 않는 것으로 보인다. 그들은 때때로 일이 어려워지면 현재의 삶을 과거의 처지와 비교하고 불평한다. 이것이 바로 인간의 본성이다. 사정이 달라지면 우리는 과거에 좋은 일이 전혀 없었어도 긍정적으로 회상하는 경우가 많고 암울했던 과거를 한층 더 암울한 현재와 비교하기도 한다.

광야의 여정을 소개하는 일화에는 고귀한 민족의 모습을 확인할 수 있는 장면이 그리 많지 않다. 심지어 시나이산 기슭에서 율법을 받은 경험, 그러니까 하나님과의 만남 역시 대다수에게는 다소 혼란스러운 경험으로 제시된다. 지도자 모세가 자리를 비우는 동안 사람들은 곧장 배신하고 황금송아지를 만들었다. 이 불순종에는 당연히 상당한 처벌이 뒤따랐다. 그리고 이후로도 하나님은 기대에 부응하지 않는 사람들을 죽음으로 응징하려고 한다. 유대인에게 주어진 율법은 그 자체로 처벌이 몹시 가혹했는데, 안식일을 지키지 않으면 예외 없이 처형될 정도였다(출 31:15). 하지만 이 율법 덕분에 유대인은 오랫동안 별개의 민족으로 인정받았다. 유대교에는 타 종교와 다른 몇 가지 독특한 원칙을 완수하려는 진정한 열정이 존재하는 것처럼 보인다.

산에는 하나님을 떠올리게 만드는 특별한 무엇인가가 존재한다. 그러니 유대교와 같은 종교에서 산이 중요한 위치를 차지하는 것은 아주 당연한 일이다. 유대교 철학자인 게르숌 숄렘은 일기에서 "하나님은 산에 거하신다"고 말했다(Robertson, 1999, 192). 산은 예측할 수 없고 위험하고 떨리고 극적인 종교적 만남이 가능하고 인간이 자신을 시험하고 시험받을 수 있고 모든 야생성과 예측 불가능성 속에서 자연을 응시할 때 솟구치는 숭고한 감정에 적합한 곳이다.

시나이산과 선택받은 민족

유대인을 종종 선택받은 민족이라고 부른다. 이처럼 굳이 선택을 강조하는 것은 모세와 이스라엘 사람들이 시나이산에서 토라를 받은 일과 직접 관계가 있다. 이런 이유로 유대인은 예배할 때 토라를 낭독하기에 앞서 '비르캇 하 토라'라는 축복의 글을 암송한다. 이 축복의 글은 선택받은 것의 의미를 이렇게 노래한다. "세상의 왕이신 주 우리 하나님, 모든 민족 중에서 우리를 택하시고 율법을 주셨으니 찬송합니다."

유대인은 '이방의 빛'이 되도록 부름을 받았다(사 42:6). 이것을 게밀룻 하시딤('자비를 베푸는 행위')이나 티쿤 올람('세상을 고치기')으로 세상에서 선을 실천하는 것으로 해석하기도 한다. 유대인을 선택받은 민족이라고 고집하면서 누구보다 우월하다고 간주하는 것은 당연히 옳지 않다. 마이모니데스가 유대교의 13개 기본 신념에 이런 식의 주장을 포함하지 않은 것에 주목해야 한다(6장 앞부분 볼 것).

유대인이 선택받은 것에는 시간상 제약이 없다. 신명기는 이스라엘 사람들이 호렙에서, 조상이 아니라 그날 그곳에 있던 모든 사람과 계약을 맺었다고 말한다(신 5:2-3). 계약과 선택받은 것은 분명히 서로 연결되어 있지만 어떤 계약은 인류 전체를 대상으로 한다(창

9:8-11). 유대인과의 계약은 주기적으로 갱신되고 거듭 확인되고 다시 맺어져야 한다. 성경과 랍비들의 주석에는 유대인의 역사 전반에 걸쳐 이것을 수행하는 새로운 방법을 소개한다. 바빌로니아에서 돌아온 이후로는 성경에 기록해서 사람들이 이해할 수 있는 언어, 즉 아람어로 해석하고 공개적으로 낭독한다(느 8:5-8). 랍비 시대에는 성전 예배나 제사장의 업무를 다루는 미쯔봇과 기도로 변경된다.

오늘날에는 무엇으로 계약을 갱신할지 분명하지 않다. 일부 유대인은 세상을 고치는 선행, 그러니까 티쿤을 그것으로 간주한다. 이것은 정의에 대한 유대인의 특별한 관심과 직결된다(이 책 6장은 그런 개념의 실상에 도전한다). 다른 사람들은 탈무드나 이와 유사한 작품이 전달하는 종교적 의무를 문자 그대로 이해하는 일에 집중하기도 한다. 하지만 현재 대다수 유대인에게는 하나님과의 특별한 관계라는 개념이 사라진 것 같다. 홀로코스트(*유대인 대학살)는 하나님이 이스라엘을 특별히 보살핀다는 믿음을 확실하게 파괴했고 그 덕분에 거의 모두가 미래에 있을 하나님과의 관계에 대한 가능성을 전혀 인정하지 않는다. 그렇지만 사실은 계몽주의라는 사조가 그들을 선택한 하나님과의 지속적 관계라는 개념을 손상했거나 어쩌면 대부분 소멸시켰다고 보는 편이 옳다.

세속주의에 대한 유대인의 열정은 선택과 계약에 대한 믿음이 유대인 다수의 삶과 점점 더 멀어지게 된 것을 뜻했다. 비유대인 대부분이 유대인은 하나님과 특별한 관계를 지속하고 있다고 여기는 바람에 긍정적이든 부정적이든 다른 사람들과의 차별화가 어느 정도 유지되었다. 덕분에 유대교에 헌신하지 않으면서도 유대인이라는 정

> **TIP**
>
> **〉〉〉 탈무드 = 미쉬나 + 게마라**
>
> '배우다'라는 뜻의 어원에서 유래한 탈무드는 유대인들의 법(미쉬나)과 전통을 해석한 내용(게마라)를 함께 모아 놓은 책이다. 미쉬나는 모세가 하나님에게 받은 구전 율법(모세오경과는 다른)을 글로 기록한 것이고 게마라는 유대 랍비들이 미쉬나를 가지고 토론한 내용을 엮은 것이다. 탈무드는 바빌로니아(현재 이라크 지역)에서 450년경에 완성된 바빌로니아 탈무드와 팔레스타인에서 550년경에 완성된 예루살렘 탈무드가 있다. 탈무드에는 다양한 이야기(아가다) 외에도 성경의 해석 방법이나 인간 사회 전반에 걸친 주제들이 다양하게 등장한다.

체성을 간직할 수 있게 적지 않게 공헌했다.

토라 내용에 따르면 유대인은 하나님이 선택하셨기 때문에 선택받은 사람들이다. "너는 네 하나님 여호와의 성민이라. 여호와께서 지상 만민 중에서 너를 택하여 자기 기업의 백성으로 삼으셨느니라"(신 14:2). 토라는 계속해서 "세계가 다 내게 속하였나니 너희가 내 말을 잘 듣고 내 언약을 지키면 너희는 모든 민족 중에서 내 소유가 되겠고"(출 19:5)라고 말한다. 여기서는 선택받은 게 잠정적인 것으로 보인다. 하나님은 자기 백성을 절대로 바꾸지 않겠다고 약속한다.

다른 구절은 선택받은 사람의 양보다 질을 지적한다. "너희가 내게 대하여 제사장 나라가 되며 거룩한 백성이 되리라"(출 19:5-6). "여호와께서 너희를 기뻐하시고 너희를 택하심은 너희가 다른 민족보다 수효가 많기 때문이 아니니라. 너희는 오히려 모든 민족 중에 가장 적으니라. 여호와께서 다만 너희를 사랑하심으로 말미암아, 또는 너희의 조상들에게 하신 맹세를 지키려 하심으로"(신 7:7-8).

반면에 성경은 하나님의 도움으로 유대인 공동체가 엄청난 규모에 도달할 것이라고 말한다. 아브라함에게 주어진 임무는 거룩한 유일신교의 메시지를 전 세계에 전파하는 일이었을지 모른다. 만일 그랬다면 그는 제대로 일을 완수하지 못한 것이다. 하나님은 맹세를 늘 무조건적이라거나 유대인이 선택받은 상태가 끝없이 유지된다고 생각하지 않는다. 이스라엘 사람들에게는 의무가 부여된다. "내가 땅의 모든 족속 가운데 너희만을 알았나니 그러므로 내가 너희 모든 죄악을 너희에게 보응하리라 하셨나니"(암 3:2). 책임이 크면 클수록 제재도 크게 가해지니 선택받았다는 게 반드시 좋은 것만은 아니다.

선택받은 것에는 두 가지 측면이 존재한다. 먼저, 우리는 하나님이 유대인을 선택하게 만든 게 무엇인지(아니면 거꾸로 유대인이 하나님을 선택한 게 아닐까?) 논의할 필요가 있다. 기록에 따르면 하나님은 모두에게 토라를 주셨으나 오직 유대인만 받아들였고 그래서 이후로 그들이 하나님과 특별한 관계를 맺게 되었다고 한다. 선택받은 유대인은 감당할 의무가 있지만 비유대인에게는 하나님이 기대하시는 게 거의 없다. 미쉬나 가운데 열조의 교훈(피르케이 아봇)에는 이런 내용이 나온다.

"랍비 아키바는 이렇게 자주 말했다. '사랑받는 사람은 하나님의 형상으로 창조되었기 때문이다. 하나님의 형상으로 창조되었다는 것이 그에게 알려졌다는 것은 더 큰 사랑의 표시이다.' '하나님이 자기 형상대로 사람을 지으셨음이니라'(창 9:6)고 말씀한 것과 같다. 사랑받는 이스라엘은 하나님의 자녀라고 불렸기 때문이다. 하나님의 자녀라 불렸다는 것이 그들에게 알려졌다는 것은 더 큰 사랑의 표시이다. '너희는 너희 하나님 여호와의 자녀이니'(신 14:1)라고 말한 것과 같다. 사랑받는 이스라엘은 귀중한 것(토라)을 받았기 때문이다"(열조의 교훈 3:14).

유대인은 하나님이 아브라함과 조상, 그리고 또다시 시나이산에서 유대 민족 전체와 체결했던 계약과 연결되어 있다. 물론, 이것은 과거에 맺은 계약이 오늘날에 얼마나 의무를 부과할 수 있는가에 대한 아주 현실적인 문제를 야기하기도 한다.

전통적인 유대인의 기도문을 엮은 책마다 이스라엘의 선택받음이 곧잘 등장한다. 우리는 유대인을 모든 민족 중에서 선택받았다고 소개하는 토라가 포함된 축복기도문을 이미 살펴보았다. 안식일이 시작되면 포도주 한 잔을 들고 축복하는 기도인 키두쉬에는 이런 내용이 나온다. "당신은 우리를 택하셨고 모든 민족과 구별하셨습니다. 당신은 사랑과 은혜로 거룩한 안식일을 기업으로 주셨습니다. 안식일을 거룩하게 하시는 주님, 찬양을 받으소서." 명절에는 이런 키두쉬를 낭송한다. "만국 가운데서 우리를 택하시고 모든 민족보다 우리를 높이시고 계명으로 우리를 거룩하게 하신… 주님께 복이 있나이다."

알레이누 기도문은 유대인을 선민으로 묘사한다. "우리를 이방 민족과 같이 만들지 아니하시고 우리를 땅의 가족들과 같은 위치에 두지도 않으시고 우리의 운명을 그들과 같게 아니하시고 우리 몫을 그들의 몫과 같게 하지 아니하신 우주의 창조주, 만물의 주를 마땅히 찬양합니다. 하늘을 펴시고 땅을 굳게 세우시고 거룩하신 분, 곧 만왕의 왕 앞에 무릎 꿇고 절하며 찬송합니다. 주님의 영광된 자리는 저 하늘에 있고 장엄한 거처는 높고 높은 곳에 있습니다."

비슷한 여러 구절이 그렇듯이 선택은 의무와 관련 있어서 유대인은 그 지위를 획득해야 할 뿐 아니라 올바른 방식으로 행동하지 않으면 암묵적으로는 잃어버릴 수도 있다.

이사야 45장 20절은 이렇게 말한다. "열방 중에서 피난한 자들아, 너희는 모여 오라. 함께 가까이 나아오라. 나무 우상을 가지고 다니며 구원하지 못하는 신에게 기도하는 자들은 무지한 자들이니라." 이 구절은 매일 진행하는 예배 순서에 들어가는 중요한 기도문인 알레이누 결론에 사용되었는데 당연히 불쾌감을 촉발했다. 선택받음의 교리는 현재나 과거에 유대인들에게 상당한 문제가 되었다. 하지만 실제로 교리에는 그다지 반대할 만한 게 없다. 비록 극단적으로 받아들여질 수 있고, 실제로 그래서 문제가 되기도 했지만 말이다.

예후다 할레비(1075-1141)는 서로 경쟁하는 종교들을 비교한 「쿠자리」에서 일단 이방인이 개종하면 유대인과 동등하게 인정하는 듯하면서도 유대인과 이방인 사이에는 인종상 집단마다 적용되는 질적 차이가 존재한다고 주장한다. 이런 관점을 따르면, 예를 들어 이집트인들이 갈대 바다에서 익사할 때 환호하는 천사들에게 하나님이 "내 피조물들이 물에 빠져 죽는데 너희는 축하하고 있느냐?"라고 질책한 까닭을 이해하기 어렵다(산헤드린 38b). 게다가 성경은 낯선 이들을 돌보고 존중하라고 자주 언급하는데 선택받음이 유대인과 이방인 사이에 돌이킬 수 없는 차이가 존재한다는 뜻이라면 이것 역시 받아들이기 어렵다(창 23:4, 출 18:3).

반면에 박해받는 소수자들이 가끔 반전의 신학으로 대응한다는 점을 인정할 필요가 있다. 그러니까 겉으로 열등해 보이는 게 실제로는 그 무엇으로도 파괴할 수 없는 우월한 상태라고 주장하는 것이다. 인종차별주의자와 반유대주의자도 이해할 수 있는 방식으로 유대인과 비유대인을 엄격하게 구분하는 사상가가 많다. 이런 사고방식은 특히 후자에게 늘 상당히 유용했지만 이것이 유대인의 주류 견해가 아니라는 것을 반드시 짚고 넘어갈 필요가 있다. 하지만 오랫동안 억압받아 온 공동체가 억압자의 부정적 특징을 제거하고 난 뒤에 여러 가지로 억압자를 닮은 모습을 발전시키는 것은 아주 자연스러운 일이다. 게다가 그 공동체가 부정적인 모습까지 받아들이는 것 역시 당연하다고 할 수 있다.

이스라엘 땅에서의 초기 생활

모세는 사명을 위한 엄청난 희생에도 불구하고 가나안 땅에 들어가는 것을 하나님에게 허락받지 못했고, 그 일은 여호수아가 성취했다. 이후로 수백 년 동안 유대인들은 (신성한) 율법과 그 율법의 해석자 이외에는 통치자가 따로 필요 없다고 생각해서 사사들이 나라를 다스렸다. 이런 행복한 상태는 오래 지속되지 않았다. 왕이 있을 때의 단점이 명확하게 드러난 이후에도 당시 다른 지역처럼 유대 국가 역시 왕을 세워야 한다는 요구가 제기되었기 때문이다.

이것은 유대인 역사에서 공통으로 등장하는 주제, 그러니까 자신들이 다른 사람들과 같은지의 여부를 놓고 빚었던 유대인 세계 내부의 갈등을 보여준다. 이런 문제는 당연히 있을 수 있다. 이것은 개인이라고 예외가 아니기 때문이다. 우리는 종종 자신을 구별된 존재로 간주하다가 결국에는 우리는 우리 자신일 뿐 다른 사람과 다르다고 생각한다. 그러면서도 동시에 중요한 측면들은 자신을 다른 사람들과 같게 여기고 싶어 한다.

초창기 왕들은 자질이 의심스러웠다. 사울은 초대 왕이었고 여러 사람과 관계가 원만하지 않았던 반면 후계자인 다윗과 솔로몬은 왕국 자체에 도움이 되기보다는 오히려 자신의 역할에 치중했던 것으로 보인다. 다윗은 확실하게 국가를 확장했고 시편을 상당 부분 집필했다고 알려졌다. 탈무드는 정치적 권위와 종교에 대한 진정한 헌신을 결합한 것으로 자주 소개한다.

그렇지만 그의 생애는 성경 속 영웅들이 도덕적으로 몹시 혼란한 성격을 소유했다는 성경 초반부의 주제를 그대로 계승했고 심지어 이웃 국가들에 대한 잦은 침략으로 손에 묻은 피 덕분에 성전 건축의 영예를 거부당했다고 전해진다. 이 영예는 솔로몬에게로 돌아갔다. 전통적으로 솔로몬은 전도서의 저자이고 전임자들보다는 냉소적인 인물이었을 것이다. 그가 성전과 같은 기관을 설립한 것은 온갖 사람과 함께 일하고, 또 그들의 처음 기대가 무엇이었든지 자신의 의도를 따르도록 설득하는 데 열광적 상태가 필요하다는 것을 보여주기 위함이었을지 모른다.

성전이 완공된 이후에도 계속 백성을 힘들게 했던 솔로몬의 후계자에게는 이런 정치적 수완이 분명히 부족했고 덕분에 왕국은 쪼개지고 그 지역에 대한 이스라엘 민족의 지배력이 약화하는 데 상당한 역할을 했다고 성경은 말한다. 솔로몬이 죽은 후 왕국은 이스라엘이라는 북부 국가와 예루살렘과 성전을 포함한 남부 국가인 유다로 분열했다. 이 분열로 두 국가 간의 잦은 갈등이 정치적 특징으로 굳어지게 되고 유대인들을 둘러싼 열강이 그들의 문제에 간섭하기 쉬워지는 극적 결과를 초래했다.

히브리 민족은 12개 지파와 제사장 계급인 레위인, 제사장인 코하님으로 나누어졌다. 오늘날에는 다음 세 가지 유형으로 구분한다. 제사장 자손은 여전히 제사장 신분이고 레위인 자손은 계속해서 레위인, 그리고 나머지 후손은 암 이스라엘이라고 부르는 일반 이스라엘 사람이다. 과거에는 여러 부족이 이스라엘의 땅 곳곳에 거주했고 1967년 이후(*3차 중동전쟁)로는 현재의 국경을 훨씬 벗어나 이스라엘과 점령지 국경 너머까지 확대되었다. 아마도 남북 왕국의 분열은 위험한 시기에도 지역 주민의 연대 의식을 저해하는 요인으로 작용해서 자신들이 속한 일부 지역을 보존하는 데 몰두하게 했을 것이다.

메소포타미아의 두 세력이 이스라엘 땅의 두 왕국을 공격해 큰 재앙을 초래했다. 먼저, 아시리아는 북 왕국을 점령하여 파괴하고 많은 주민을 노예로 끌고 갔다. 계속해서 바빌로니아는 남쪽 왕국으로 눈을 돌려 예루살렘 성전을 파괴하고 유다의 많은 주민을 노예로 삼았다. 원주민들이 쫓겨났을 뿐만 아니라 다른 사람들이 그 지역으로 이주하도록 장려되었다. 이 시대에 속한 많은 예언 문서는 유대인들의 고통을 임금들의 행동이나 과거에 받아들인 종교를 배격한 것과 연결했는데, 이것은 유대인 역사에서 일어난 부정적 사건들을 신학적으로 설명하는 일종의 은유가 되었다.

그렇지만 마침내 페르시아(*바사)가 그 지역을 지배하자 긍정적인 발전이 있었다. 키루스(*고레스) 대왕이 바빌로니아를 정복했을 때 적어도 일부 유대인이 예루살렘으로 돌아가 성전을 재건하고 두 번째 성전이자 오늘날까지 마지막이 된 성전을 짓도록 허용했다. 이것은 에스라와 느헤미야가 주도했고 이 기간에 히브리어 성경이 정리되었다.

전통적 유대인들은 성전, 아니면 적어도 그곳에서 진행한 의식을 그리워하고 심지어 오늘날의 어떤 기도문은 3차 성전의 건축을 요구하기까지 한다. 하지만 성경의 묘사대로라면 당시 의식은 무척 끔찍했을 것이다. 예배 일부로서 짐승을 도살하는 행위는 고상하지 않았다. 물론 의식 대부분은 도살과 무관했고 적어도 현대인이 느끼기에 훨씬 격식을 갖추었다는 점을 간과하지 않더라도 사정은 다르지 않았다.

성전 제도는 아주 중요한 두 가지를 가능하게 했다. 하나는 유대인들이 하나님의 말씀과 관련해서 어떻게 처신할지에 대한 광범위한 수용과 더불어 순종을 미덕과 생활 방식으로 여기는 관념이 존재했다는 것이었다. 그리고 민족 전체가 하나님에게로 향하는 것을 직접 구현한 어떤 제도(성전)가 존재해서 예루살렘을 순례하거나 동물을 바치고 나중에는 돈을 바치는 식의 다양한 신체 활동이 개인의 종교적 의무를 구성할 수 있었다는 것이다.

회당(시나고그)은 성전이 파괴된 이후 핵심적인 예배 장소를 대체해야 해서 설립되었다고 흔히 말하는데 성전이 있었을 때도 회당이 존재했음을 입증하는 증거는 있다. 사람들은 예루살렘으로의 여행이 없는 기간에도 종교 의무를 수행하고, 여행할 수 없거나 그러고 싶지 않을 때도 그와 같은 장소가 필요했기 때문이다. 물론 유대인들이 다른 종교에 자주 빠져든 것은 적어도 성전을 일시적으로 외면하거나 시대 분위기와 더 잘 어울리는 것으로 대체할 수도 있다는 뜻이었다. 사람들은 영감을 주는 무엇인가를 필요로 한다는 점에 주목할 필요가 있다.

모세가 이스라엘 사람들을 구출하러 이집트에 왔을 때, 그들의 '마음의 상함'(또는 낙심이나 조바심, 상심)과 가혹한 노동(출 6:9, 또한 민 21:4, 미 2:7, 잠 17:29 볼 것) 때문에 환대를 받지 못했다. 이것은 성경 주제와 아주 비슷하다. 유대인은 변덕스러워서 올바른 예배 의식으로 계속해서 방향을 유지할 필요가 있었다. 그들의 생각을 보다 긍정적인 방향으로 바꾸기 위해 고안한 제도 가운데 하나가 바로 성전이었다. 그렇게 해서 성전은 유대교에서 아주 중요한 의미를 갖게 되었다.

예루살렘과 모리아산

예루살렘에는 성스러운 의미를 지닌 유적지가 넘쳐난다. 다윗 왕이 여부스 사람 오르난에게 산 타작마당은 1차 성전의 지성소 터였고, 아브라함이 이삭을 결박했던 모리아산은 그 이후로 문자 그대로 모든 후손이 언약과 연결된 곳으로 전해진다. 일부 랍비는 이 산을 천지 창조의 기원으로, 정상의 바위는 세상을 혼돈으로 되돌리려는 심연의 물을 막아놓은 마개로 묘사하기도 한다(삼하 24:2, 대하 3장, 창 22장, 미쉬나의 요마 5:2, 산헤드린 10:29a). 일부 팔레스타인 사람들은 여부스족을 조상으로 여긴다.

다윗이 예루살렘을 수도로 정한 까닭은 그곳이 이스라엘 사람들의 소유가 아니라서 그들을 하나로 만들 수 있었기 때문일지 모른다. 다윗은 시온산에 묻혔다고 알려졌다. 그리스도인들에 따르면 시온산은 최후의 만찬을 가진 장소이다. 또한 예수님이 죽은 지 사흘 만에 다시 나타난 곳이기도 하다. 이 사건을 기념하기 위해 시온산 정상의 대형 건물 내부에는 코에나쿨룸이라는 작은 2층 구조물이 있다. 14세기 프란치스코 수도회가 최후의 만찬을 기념하려고 위층을 지었다. 그곳은 오순절에 성령이 제자들에게 강림한 '다락방'으로도 알려져 있다(행 2:2-3).

코에나쿨룸 바로 아래 1층 방에는 기록상 왕의 매장지가 오펠(또는 오벨) 능선의 '다윗성'(왕상 2:10)이었음에도 불구하고 12세기 이후로 '다윗 왕의 무덤'으로 알려진 기념비가 있다. 현재 바닥 밑에는 예루살렘에서 자주 볼 수 있듯이 초기 십자군, 비잔티움, 로마의 기초를 볼 수 있다. 기념비 뒤의 반원형 공간은 성전산과 맞닿아 있어, 이 부분이 회당이었을 것이라는 추측을 불러일으킨다.

과거의 종교 건축물은 한 종교가 다른 종교를 이어받은 것으로 간주 될 때 언제나 새로운 종교 건축물 구조에 통합되었다. 기독교의 전

예루살렘의 마가 다락방(코에나쿨룸). 아래층에 다윗의 가묘가 있다.

통은 성모 마리아가 마지막으로 잠든 장소로 시온산을 지목한다. 그 자리에 거대한 베네딕도 수도회 성당이 세워졌다. 프란치스코 수도회는 예루살렘에 돌아와 1335년에 지금의 코에나쿨룸 예배당을 지었다. 1523년에 프란치스코 수도회가 건물에서 쫓겨나면서 이슬람 기도 공간인 미흐랍이 추가되었다가 이슬람 사원으로 개조되었다.

비아 돌로로사는 예수님의 수난을 기념하는 길이고 승천 현장은 올리브산(*감람산) 정상에 있다. 겟세마네 동산에서 예수님은 잔을 지나가게 해달라고 기도했고, 성묘교회는 부활의 또 다른 장소로서 로마 신전 기초 위에 건립한 것으로 추정되는 역사가 아주 오랜 교회이다. 이곳을 십자가 처형 장소인 골고다와 동일시하기도 한다. 어쩌면 이곳은 예루살렘의 오래된 성벽 바깥에 있었을 가능성이 크다. 이

교회의 중요성은 여러 교파가 그곳을 공유하는 것에서 알 수 있고 누가 어떤 지역을 통제할지를 놓고 늘 의견이 엇갈려서 폭력으로 번지기도 한다. 가끔 이스라엘 경찰이 개입해서 해결해야 할 때도 있다.

1967년 전쟁(*3차 중동전쟁) 이후 이스라엘은 예루살렘을 완전히 점령해서 분할이 불가능한 수도로 간주하지만 누구도 그와 같은 의견에 동조하지 않는다. 이것은 이스라엘이 세 종교의 종교 유적지에 대한 통제권을 가졌고, 분쟁이 발생할 때를 제외하고는 일반적으로 각각의 종교 공동체가 자체적으로 건물을 통제하도록 맡겼던 오스만제국과 같은 정책을 유지하면서 이 문제에 대처해 왔다는 뜻이다. 따라서 성전산의 두 이슬람 모스크는 예루살렘의 다른 모스크들과 함께 종교 건물을 관리하는 이슬람 재단이 관리하고 유대인은 성전산에 출입할 수 없다.

양측 모두 상대방의 의도를 상당히 의심하고 있다. 무슬림 가운데 일부는 예루살렘이 유대교나 성전과 아무런 관련이 없다고 부인하는 반면에 일부 유대인과 그리스도인은 모스크를 철거하고 성전산에 세 번째 성전을 건축하는 게 바람직하다고 본다. 서로 다른 기독교 교파들은 예루살렘에서 각자의 소유를 관리할 수 있지만, 분쟁이 발생하면 종종 그렇듯이 국가가 개입해서 평화를 유지하려고 노력한다.

이스라엘은 1948년부터 1967년까지 요르단이 예루살렘을 점령했을 때보다 세 종교의 자유가 한층 더 확대되었다고 주장한다. 유대인들이 그 기간에는 불가능했던 도시와 종교적 장소를 자유롭게 방문할 수 있기 때문이다. 반면에 무슬림 예배자들에게는 무슬림 국가가 예루살렘을 통제할 때는 없었던 제한이 가해지고 있다.

유대인에게 예루살렘의 중요성은 아무리 강조해도 지나치지 않다. 성경은 600번 이상 언급하고(모세오경은 전혀 거론하지 않지만) 전통적으로 유대인은 성전의 재건을 바라는 기도까지 하루 세 번씩 입에 올리며 기도한다. 회당은 기도하는 방향이 예루살렘, 특히 성전을 향하도록 배치되어 어디서 기도하든 그 방향을 향하게 되어있다. 무슬림에게 예루살렘은 세 번째로 성스러운 도시(알 쿠드스, '성스러운')이고 최초의 기도 방향이었던 곳이지만 지금은 주로 예언자 무함마드의 야간 여행으로 더 큰 의미가 있다. 예언자는 밤에 알 부라크라는 말을 타고 예루살렘으로, 모리아산 정상으로, 다시 그곳에서 하늘로 올라가 선지자들을 만났다. 사실 꾸란에는 예루살렘이 그렇게 직접 등장하지 않고 멀리 있는 예배 장소(알 악사)라고만 언급한다(17:1).

그리스도인에게 그곳이 갖는 의미는 예수님의 삶과 죽음에 근거하지만, 일부에게 성전 재건은 예수님의 재림과 무관하게 종말론적 역할을 한다. 2000년 이스라엘 통계연감에 따르면 예루살렘에는 회당 1,204개, 교회 158개, 모스크 73개가 있다. 회당은 대부분 규모가 아주 작고 도시에 거주하면서 특정 지역에 기반을 둔 종교 활동에 많은 시간을 보내는 초정통파(하레디) 공동체에 속해 있다. 그들은 국가와의 관계를 최소화하는 경향에도 불구하고 최근 몇 년 동안은 이스라엘 국가와 조금 더 가까워졌지만, 원칙적으로는 세속 국가에서 살아가는 것에 반대한다.

모리아산은 유대인 전통에 따르면 성전, 이삭의 희생, 야곱의 꿈을 포함해 유대인 성경의 여러 주요 사건이 발생한 장소이다. 모리아산은 서쪽 시온산과 동쪽 올리브산 사이에 있다. 예루살렘은 하나님과 유대인 사이의 물리적 연결고리인 세상의 배꼽으로 여겨진다. 일부 그리스도인은 우주의 배꼽 돌이 진정한 십자가를 안치한 성묘교회에 있다고 믿었다. 예루살렘이 특히 천국과 가깝다는 생각은 프리메이슨을 비롯한 여러 형이상학 체계에서 계속되었고 솔로몬 성전과 건축 상징물에 관한 관심 역시 그것에 근거한다.

예루살렘이 특히 종교적 도시라는 생각은 현대 이스라엘의 이데올로기 가운데 일부가 되었다. 덕분에 그곳은 서구 도시를 닮은 세속적이고 현대적인 도시 텔아비브와 대조적이다(Ram, 2008). 예루살렘은 종교인들이 살고 싶어 하는 도시로 남아있고 종교적 특징을 보존하려는 경향이 있다. 따라서 도시의 특정 구역에 거주하는 초정통파 유대인들은 근처를 지나가는 사람들에게도 복장이나 행동 규범을 강요하고 안식일에 할 수 있는 일을 제한하고, 세속 유대인들이 이스라엘의 다른 지역에 살도록 권장하거나 심지어 강요하기도 한다. 예루살렘은 유대인과 아랍인 간의 분쟁이 많은 도시라는 특성상 자연스레 분쟁의 중심지가 되었고 종교적 이유가 없는 한 그곳에 살고 싶어 하는 사람들도 거의 선호하지 않는다.

성전

다윗 왕은 성전을 지으려 했으나 하나님은 그가 피를 많이 흘려서 적절하지 않다고 하셨고(대상 28:3) 대신에 솔로몬이 주전 10세기에 성전을 건축했다(삼하, 대상, 왕상). 백성에게 건축 공사를 강요했고 결국에는 갈릴리의 20개 마을을 넘겨주고 두로 왕 히람의 물질적 지원에 보답해야 할 정도로 엄청난 노력이 들어갔다(왕상 9:11). 이것이 바로 평화를 위해 땅을 포기하는 것을 찬성하는 종교적 유대인들이 자주 지적하는 대목이다. 일각에서는 이스라엘 땅은 하나님이 유대인에게 주셨으니 조금이라도 포기하는 것을 절대 용납할 수 없다고 주장한다. 실제로 라빈 총리는 평화 협정을 맺고 점령지 일부를 팔레스타인에 양보할 준비를 하던 중, 땅을 포기하는 것은 무력을 쓰더라도 반대해야 한다는 유대인에게 암살당했다. 하지만 솔로몬은 성전 건축을 위해 땅을 포기했다.

성전 건물에서는 기도와 제사가 진행되었는데 바빌로니아가 파괴할 때까지 약 400년 동안 계속되었다(왕하 2장, 대하 2장). 이후 헤롯 왕이 두 번째 성전을 크게 확장했다가 70년에 로마에 의해 파괴되었다. 첫 번째 성전은 당시 일부 선지자의 마음에 아주 깊은 인상을 남겼다. 바빌로니아에 유배 중이던 에스겔은 예루살렘의 모형을 만들라는 지시를 받고 하늘로 올라가 완벽한 원형을 목격한다. 거대한 도시가 재건 중이었는데 나중에 스가랴는 어떤 사람이 측량줄을 들고 있는 것을 보고 어디로 가는지 묻는다. 예루살렘을 측량하러 가는 길이고 새 도시는 너무 커서 하나님이 주위에 둘러쌀 불의 벽을 제외하고는 성벽이 없을 것이라는 말을 듣는다(슥 2:2-5).

첫 번째 성전의 지성소라는 작은 공간에는 시나이산에서 모세가 받은 두 개의 율법 돌판이 있었으나 성전이 파괴되면서 사라졌다고 한다. 대제사장은 대속죄일에만 이 방에 들어가서 자신과 가족의 죄는 물론, 공동체의 죄를 속하는 의식을 거행했다. 성경은 유월절(페삭), 오순절(샤부옷), 초막절(수콧) 등 한 해에 세 번씩 희생제물을 가지고 성전을 방문하라고 유대인에게 지시했고 그렇게 해서 순례자 축제라는 이름을 갖게 되었다(5장 볼 것). 번거로울 수도 있는 이 일은 여건이 허락하면 다른 사람에게 위임하는 경우가 많았을 것으로 추정된다.

무슬림이 예루살렘을 점령하는 동안 성전 터에는 모스크 두 개가 세워졌고 현재는 성전 서쪽 벽만 남아있다. 이 벽이 헤롯 왕 시대 것이기는 하지만 본래의 건축물과 연결되어 있었을 것으로 대부분 간주한다. 유대인은 본디 성전 터를 걷는 게 금지되어 있다고 생각한다. 엄격하게 금지된 지성소를 침범할 수 있기 때문이다.

지금은 이스라엘 정부가 정치적으로 통제하고 있으나 이슬람 재단(와크프)이 명목상 통제권을 갖고 유대인의 출입을 막고 있다. 일부 무슬림은 예루살렘에 대한 유대인의 주장을 약화할 목적으로 예루살렘 성전의 존재를 부인하기도 한다. 이슬람교에 따르면 무함마드가 밤에 하늘로 올라가면서 타고 온 알 부라크를 그곳에 묶어두어서 서쪽 벽은 실제로 알 악사 모스크의 일부이고 부라크 벽으로 불러야 마땅하다고 주장한다. 한편, 이슬람 사원이 존재하기 이전 시기에 흔히 예루살렘으로 간주하는 모스크('마스지드')에 대한 꾸란의 언급은 성소나 성전으로 번역하는 게 가장 타당한 것 같다(17:7).

술라이만이 진(*이슬람의 초자연적 존재)에게 건축을 명령하고 (34:13) 예언자 무함마드가 밤에 메카에서 예루살렘으로 추정되는 곳으로 여행하는 장면(17:1)에서도 등장하지만, 명시적으로는 그렇

| 예루살렘 바위의 돔 사원(마스지드) |

게 부르지 않았다. 종교, 특히 이슬람교는 명백히 상징적인 이유로 과거의 종교 유적지에 힘과 권위의 상징물을 건립하는 경향이 있다. 인도 초기 힌두교 사원들에도 모스크를 세웠다. 그 가운데 하나가 최근 아요디아에서 복원되어 큰 논란이 되었고 중동의 중요한 교회들에 모스크를 건립하기도 했다.

하지만 예루살렘의 특정 장소에 두 개의 모스크를 세운 것은 그곳이 과거 유대인의 성전 터였다는 것과는 무관하다. 스페인의 국토회복운동(레콩키스타) 기간에 몇몇 중요한 모스크와 유대교 회당이 성당으로 재건되었다. 2010년 바그다드 남쪽, 예언자 에스겔이 장사된 곳으로 유명한 이라크의 알-키플에서는 무덤의 히브리어 비문이 지워졌다는 보고가 있었고 그곳에 모스크를 건설해야 한다는 주장이 있었다. 이스라엘의 나사렛에 있는 중요한 교회(*수태고지 교회) 옆에 대규모 모스크를 짓자는 제안도 있었다. 나사렛은 인구 구성상 이제는 기독교 도시와 무관하다. 이것은 증가하는 무슬림과 쇠퇴하는 그리스도인 모두에게 도시의 위상이 바뀌었음을 보여주는 상징적 의미가 있다.

정통파 유대인은 성전의 복원을 위해 하루 세 번 기도하고 과거에 그곳에서 진행한 의식은 오늘날에도 여전히 많은 논의와 기억의 대상이 되고 있다. 하지만 꾸란과 마찬가지로 모세오경도 예루살렘을 직접 언급하지 않다 보니 또 다른 유대인 집단이나 사마리아인들처럼 유대인과 밀접한 관계가 있는 사람들이 다른 장소, 예를 들어 그리심산을 우선시할 여지를 남겼다는 것을 지적하지 않을 수 없다.

그리심산

그리심산은 나블루스(또는 세겜)가 자리 잡은 계곡의 남쪽에 있고 북쪽에는 에발산이 있다. 그리심산은 해발 약 881m이고 에발산보다 약간 낮다. 이곳은 사마리아인의 예배 중심지로, 그들 대부분은 이 부근에 거주하고 나머지는 텔아비브 야포의 홀론 지역에 살고 있다. 사마리아인은 그리심산을 아브라함이 이삭을 바치려 했던 장소이고, 모리아산과 예루살렘 두 곳에 유대인을 위한 성전이 있었다고 생각한다. 게다가 이스라엘이 그 땅에 들어올 때 언약을 다시 언급했던 축복의 방향이었다(신 11:26-27). 이런 해석과 얽힌 갈등은 유대인과 사마리아인 사이에 큰 적대감으로 발전해 줄곧 원수 사이가 되었다.

그리심산은 주전 5세기 중반 예루살렘과 경쟁하는 종교적 중심지가 되었다. 요세푸스에 따르면 사마리아인들은 이 산에 자체 성전을 세웠고 알렉산더 대왕 시대에는 그 규모나 웅장함이 커졌다고 한다. 이는 예루살렘의 유대인 사이에서 상당한 반감을 불러일으켰고 두 공동체 모두 당시 팔레스타인의 통치자가 누구였던 간에 그들 자신의 공동체를 위해, 그리고 다른 공동체에 반대하는 지지를 추구했다. 유대인들은 그리심산 성전을 파괴하는 데 성공했고 탈무드는 그 내용을 아주 만족스럽게 기록하고 있다(Yoma 69a).

이후 기독교가 로마제국의 국교가 되고 그 산에 교회가 건축되자 사마리아인은 격렬하게 대응했고 6세기에 산을 탈환하고 교회를 파괴했다. 하지만 이런 대응은 곧 진정되었고 사마리아 주민은 흩어졌다. 그렇지만 교회가 어느 정도 평평한 산 정상에 세워졌었기 때문에 성을 쌓고 보호할 필요가 있어서 일부가 남은 것으로 보인다. 아마도 사마리아인들이 완전히 떠났다면 그런 보호가 필요하지 않았을 것이다. 오늘날에도 이곳은 사마리아인이 거주하면서 의식을 치르고 메시아의 도래를 기다리는 장소로 남아있다.

그리심산은 사마리아인의 삶에서 아주 중요한 역할을 담당한다. 사마리아 성경 사본은 마소라(즉, 유대인) 성경 사본의 본문에 등장하는 산(*예루살렘 성전산) 대신 그곳을 언급한다. 수 세기에 걸친 유대인과 사마리아인 사이의 갈등과 경쟁은 거룩한 산을 서로 다르게 선택하는 것으로 나타났다. 사마리아인이 유대인으로 인정받으려면 그리심산을 거룩하게 여기는 믿음을 포기해야 했다. 그리심산에는 사마리아인이 신성하게 여기는 돌과 성모 마리아 교회의 일부, 유스티니아누스 황제가 건축한 성벽 등 다양하고 흥미로운 유적이 남아있다. 현재 사마리아인 공동체는 성전이 있던 지역임에도 불구하고 산 정상이 아닌 경사면에 거주한다. 본래의 성전 터를 오염시킨 무슬림 공동묘지가 정상에 있어서 더 낮은 경사면을 이용하는 것이다.

예루살렘의 위상

주전 200년경 오늘날 이집트 카이로 북쪽 레온토폴리스에도 성전이 하나 있었고 그보다 대략 300년이 빠른 주전 500년경 상이집트의 아스완 부근에 또 다른 성전이 있었다. 이 성전들은 그곳에서 용병으로 일하는 유대인 군인들이 건축한 것으로 추정한다. 바빌로니아의 나할 페고드에 성전을 짓자는 하나냐의 제안은 이스라엘 지역 랍비들의 격렬한 반대에 부딪혔고 그곳에 성전이 건축되고는 있었으나 희생의식을 시작하자는 제안은 포기했던 것 같다.

1967년 예루살렘 구시가지를 점령하면서 유대인들은 다시 한번 통곡의 벽에서 기도할 수 있었고 이곳은 인기 있는 장소로 자리를 잡았다. 종종 기도문을 종이에 적어 벽 틈에 끼워 넣고는 기도가 하늘로 이어진 길을 찾아 하나님의 응답이 주어지기를 기대한다. 이스라엘 정부가 도시 전체를 수도로 지정했으나 어디서도 인정받지 못하고 있다. 심지어 미국도 대사관을 텔아비브에서 예루살렘으로 옮기는 결정을 계속 미루고 있다(*2018년 미국은 예루살렘으로 대사관을 공식 이전했다).

서쪽 벽 앞 광장은 여러 유대인 단체가 격렬한 논쟁을 벌이기도 한다. 일부 사람은 여성과 남성이 함께 기도하는 것이나 전통적인 유대인의 종교 예배를 변경하는 것을 반대하는 중이다. 이스라엘 국가는 성전 지역의 종교적 현상 유지를 위해 노력해 왔다. 따라서 다소 이상한 결과를 초래하기도 한다. 성전산 근처에서 기도하는 것으로 해석할 수 있는 방식으로 입술을 움직이는 유대인은 이 지역 무슬림의 종교적 특징을 위반했다는 이유로 이스라엘 경찰에 체포되기도 한다. 역시 예루살렘 서쪽 벽(통곡의 벽)에서 탈릿(기도 숄)을 걸친 여성들이 전통적 예배만 허용하는 장소에서의 탈릿 착용(오직 남성만 가능한)을 위반한 혐의로 경찰에 구금되기도 했다.

이스라엘 정부는 통곡의 벽에서 전통적인 형태의 기도만 허용한다는 비판을 받아왔지만, 같은 공간에 대한 권리를 주장하면서 잠재적으로 다툼의 가능성이 큰 집단들의 평화를 유지할 목적으로 현지 종교 관습에는 간섭하지 않는다는 과거 오스만제국의 이스라엘에 대한 일반적 관행을 따르고 있다.

이스라엘 유대인은 대부분 세속적이지만 성전에 대한 강한 애착심과 예루살렘이 이스라엘 국가의 수도로 남아야 한다는 생각으로 예루살렘을 팔레스타인 국가에 양도하는 것을 대체로 꺼린다. 반면에 이스라엘 사람들은 예루살렘과 텔아비브, 종교적인 것과 세속적

여성에게 금지된 탈릿(기도 숄)을 두른 혐의로 예루살렘 서쪽 벽에서 여성들을 체포하는 경찰

인 것, 전통적인 것과 현대적인 것을 대조하는 경향이 점점 더 커지고 있다. 예루살렘은 도시와 행정의 상당 부분을 종교계가 지배해서 세속적 유대인이 점점 더 살기 어려운 곳이 되고 있다.

하지만 텔아비브 지역은 공장과 신생 기업, 현대적인 건물이 가득하고 사람들이 어떤 행동을 하든 어떻게 옷을 입든 거의 제한이 없다. 게다가 텔아비브는 예루살렘보다 훨씬 더 부유하고 소가족의 유대인이 다수인 반면에 예루살렘에 거주하는 전통적 유대인과 아랍인은 자녀를 많이 낳는 경향이 있고, 산업의 부재와 지중해 연안 도시들의 상업적 활성화로 인해서 국가 통계에 따르면 훨씬 더 열악한 환경으로 바뀌었다. 안식일에도 계속 운영되는 주차장이 예루살렘 주민들의 격렬한 반대에 부딪힌 것처럼 전통적인 유대인들은 지역 당국과 자주 갈등을 빚는다.

예루살렘이 갖는 위상은 어떤 형태로든 팔레스타인과 이스라엘 사이에서 협상이 진행되면 당연히 골치 아픈 문제가 될 수 있다. 그런데 유대교에 성지가 존재한다는 생각은 받아들이는 게 쉽지 않다. 현대 유대 사상가인 예호슈아 라이보비츠(1903-1994)는 특정 장소가 거룩한 이유는 그곳에 어떤 사건이 일어났기 때문이지 그곳이 거룩해서 그 사건이 일어난 게 아니라고 말한다(Leibowitz, 1992, 227). 유대교의 핵심은 거룩한 장소나 사물이 존재한다는 생각을 버리고 거룩함을 언제 어디서나 항상 존재하는 하나님에게 집중하는 것이다.

라이보비츠는 이스라엘 땅 일부가 거룩하다고 고집하는 종교 권력자들을 이세벨 여왕의 식탁에 같이 앉은 바알과 아세라의 예언자 850명에 비유한다(Kelim 1:6). 가나안을 방문하고 돌아온 정탐꾼들이 그 도시들은 잘 요새화되고 강력하다고 보고하고(민 13:28) 정복 계획에 의문을 제기한 비판을 기억할 필요가 있다. 그런데 하나님은 그곳을 점령해야 한다고 지시했다. 이스라엘 사람들에게 가나안은 언약으로 약속받은 땅이었다. 정탐꾼들은 인간이 할 수 있는 일에는 지나치게 관심이 많았지만 하나님이 할 수 있는 일에 대한 믿음은 지나치게 부족했다. 특정한 장소의 신성함이나 중요성에 대한 믿음이 유일신교의 전체 체계에 적대적인 것처럼 보일 수도 있다.

그러나 이 결론에 대해 약간의 의문을 가질 이유도 있다. 하나님이 어디에나 존재한다면 특정 장소가 다른 장소보다 더 중요할 수 없다는 것은 분명한 사실이다. 한 곳을 다른 곳보다 중시하는 것은 아마도 하나님이 그곳을 더 많이 점유하고 있다고 생각하거나 사람들이 서쪽 벽에 기도문을 남긴다든지 예루살렘에서 하나님에게 전화를 거는 것은 지역 통화라서 무료라는 식의 농담처럼 그 장소가 어떤 식으로든 특별한 힘을 갖고 있다고 생각하는 것이다. 성전이 아주 특별한 장소였고 거기서 치른 의식이 하나님과 유대인 사이의 관계에서 매우 중요했다고 알고는 있지만 성전이 존재하지 않는다고 해서 그 관계가 끝났다고는 할 수 없다.

우리는 또한 인간으로서 상상력이 얼마나 중요한지에 주의를 기울여야 한다. 랍비 아브라함 쿡(1865-1935)은 유대인이 하나님에게 가까이 다가가는 방법을 아주 탁월하게 설명했다. 유한한 존재가 무한한 존재와 비슷해지기는 당연히 어렵다. 우리는 하나님에 대해 전혀 모르고 생각하기조차 어렵기 때문이다. 게다가 우리는 불완전한 피조물이고 도덕 기준이 우리 능력과 존재 수준을 한참 넘어서기 때문에 어떻게 행동해야 할지 가늠하기 어렵다. 하나님은 우리가 무엇을 해야 할지 정해 놓았고 우리는 행동으로 하나님에게 더 가까이 다가가려고 하지만 필연적으로 한참 부족할 수밖에 없다.

여기서 상상력이 요구된다. 우리는 선한 사람이 되는 게 어렵다고 생각해서 다른 사람이 우리가 하는 일을 얼마나 존경하는지 또는 어쩌면 더는 살아 있지 않은 누군가가 우리를 어떻게 인정할지 생각하면서 진로를 결정한다. 기도에 많은 시간을 보내는 게 불편한 유대인이 있을 수도 있지만 회당에서 친구들을 만나고 예배 전후나 중간에 함께 시간을 보내고 대화하다 보면 기도를 계속할 동기를 발견할 수도 있다.

유대교에서 기도하는 데 10명의 민얀('정족수')이 중요한 이유에

> TIP
>
> **〉〉〉 예루살렘 서쪽 벽의 쪽지, 크비틀**
>
> 기도문을 기록한 종이(크비틀)를 예루살렘 서쪽 벽, 돌 틈에 끼워 넣는 전통은 18세기 유대교의 영적 지도자이자 신비주의자인 바알 쉠 토브(본명은 이스라엘 벤 엘리에제르)와 관계있다. 바알 쉠 토브는 유대 신비주의 운동 하시디즘을 창시한 인물로 알려져 있다. 그는 하나님에게 기도하는 방법의 중요성을 강조했고 사람들은 그의 가르침을 좇아 소원을 종이에 적어 하나님에게 전달하기 시작했다. 모든 기도가 예루살렘을 통해 하늘로 올라간다는 탈무드 내용도 유대인들에게 영향을 끼친 것으로 보인다. 오늘날에는 이메일로 신청하면 유대교 신학생들이 인쇄해서 벽의 틈에 끼워 넣는 인터넷 서비스까지 운영한다. 기도문의 양이 많아서 주기적으로 기도문을 모두 제거해 올리브산에 묻거나 불에 태운다.

는 그리 특별한 게 없다. 공동체로 인정받을 수 있는 가장 작은 규모의 회중이기 때문이다. 미쉬나는 공부가 사적이어서는 안 된다고 줄곧 주장한다. 더 많은 사람이 함께 모이면 더 즐거운 활동이 되고 그러면 지속할 가능성이 더 커지기 때문이다. 다른 사람이 신경 쓰일 수도 있지만 옳은 일을 하도록 도와주거나 계속하게 만들기도 한다. 어떤 기도를 할 때는 반드시 10명의 성인 유대인(전통적 유대인의 경우에는 남성만 인정한다)으로 이루어진 민얀이 필요하다. 아마도 10명이 모여 하는 게 혼자나 소그룹으로 하는 것보다 더 흥미롭기 때문일 수 있다.

장소도 마찬가지일 수 있다. 유대인들이 그토록 오랜 세월을 서쪽 벽에서 기도하거나 아니면 다른 곳에서 기도하면서도 그곳을 마음속에 품고 있었다는 사실은 이 장소에 울림을 준다. 다른 지역이라면 아마 불가능할 수도 있다. 나는 아침마다 기도할 때는 아버지의 탈릿과 테필린을 착용한다. 다른 탈릿이나 테필린보다 다르거나 훌륭하지 않지만 그렇게 해서 어느 정도는 아버지를 기리게 된다. 이 물건들에 어떤 마법의 힘이 깃들어 있다고 생각하지는 않는다. 권위 있는 유대 사상가 마이모니데스가 유대인들이 보호를 위해 부적을 착용하거나 미신에 빠지는 것을 크게 비난한 것처럼 종이에 적어 통곡의 벽 틈새에 접어 넣은 내용이 곧장 하나님에게 전해진다고 생각하는 사람들은 의심할 필요가 있다.

메론산

끝으로 메론산을 설명할 필요가 있다. 이 산에는 주전 2세기 랍비이면서 대표적 카발라(신비주의) 문서 조하르의 공식 저자인 랍비 시몬 바르 요하이의 무덤이 있다. 카발라는 신비주의 유대교 사상으로 유대인의 일반 종교 관습과 믿음으로 가능한 것보다 개별적으로 하나님과 더 친밀한 관계를 맺으려는 열망이 반영된 복잡하고 다양한 문서를 갖고 있다. 메론산은 정통파 유대인의 순례지로, 특히 라그 바오메르 축제 때 많이 모인다. 유대인들은 사내아이가 세 살이 되면 이곳에서 처음으로 머리를 깎는 게 전통이다.

'축제'를 뜻하는 아람어 '힐룰라'는 본디 결혼축하연을 가리키는 데 사용했다. 무슬림 국가 출신 유대인 사이에서 힐룰라는 대개 지혜로운 사람의 죽음을 기념하는 행사이다. 지혜자의 영혼이 창조주와

유대 명절 라그 바오메르를 기념하려고 메론산을 방문한 초정통파 하레디 유대인들.

재회했다고 간주한다. 힐룰라의 대표적 사례가 시몬 바르 요하이의 죽음을 전통적으로 기리는 행사로 이스라엘 북부 메론산으로 추정되는 요하이와 아들 엘르아자르의 묘지에서 진행한다. 축제에는 10만 명에 달하는 군중이 운집해 밤새 대형 모닥불을 피운다. 이스라엘에서 모로코 출신 유대인 집단의 정치적 영향력이 커져서 일 년 내내 다양한 힐룰라 의식을 진행한다.

메론산은 갈릴리에서 가장 높은 산으로 대략 1,219m 정도이고 아주 유명한 랍비이자 주석자인 힐렐과 샴마이를 비롯해 여러 제자의 공식 매장지이기도 하다. 아주 오래된 회당이 있고 시몬 바르 요하이의 매장지로 알려진 곳은 현재 돔형 건축물로 덮여 있다. 유월절과 오순절(페삭과 샤부옷) 사이에 있는 명절인 라그 바오메르는 이스라엘의 정통파 유대교의 중요한 행사가 되었다. 이 축제는 시몬 바르 요하이의 죽음뿐 아니라 토라를 공부하던 많은 학생이 희생된 대규모 전염병이 사라진 것을 상징하기도 한다.

요하이와 아들은 로마인들을 피해 13년 동안 동굴에 숨어 지내다가 엘리야의 방문을 받고 나서 토라에 감추어진 신비를 가르쳤고, 이것이 나중에 조하르, 즉 '빛나는 책'이 되었다고 전해진다. 조하르는 다른 인물이 기록한 게 분명하지만 이 일화 덕분에 메론산은 카발라에 관심 있는 사람들에게 인기 있는 장소가 되었다.

장소의 중요성을 다시 생각하기

유대교에서 특정 장소를 중시하는 것은 신성 모독일까? 이슬람교 와하브파의 경우에는 분명히 그렇다. 사우디아라비아는 그런 이유로 메카와 메디나에 있는 예언자 무함마드의 가족 유적지를 파괴해 버렸다. 이스라엘 땅에 관해서 중요한 점은 하나님이 유대인에게 약속했다는 것, 그리고 유대인은 언약에 따라 그 땅을 얻고 지키기 위해 적절한 방식으로 행동해야 한다는 것이다. 그들은 전자를 어느 정도 감당했지만 후자는 따르지 않아 땅을 상실하고 말았다.

일부 유대 사상가는 장소가 중요하다는 생각에 몹시 열정적이다. 어쩌면 예후다 할레비가 여기에 가장 적합한 사례일 것이다. 그는 자신의 시 예루살렘을 "아름다운 높이, 세상의 기쁨, 위대한 왕의 도시"로 시작해서 "당신의 땅은 내 입에 꿀보다 더 달콤합니다"라는 구절로 끝낸다(Goldstein, 1965, 129).

『쿠자리』에서 하자르는 랍비와 토론하다가 이스라엘 땅이 유대인에게 어째서 그렇게 중요하다고 생각하는지 상당히 합리적으로 묻는다. 에스겔, 다니엘, 예레미야 같은 선지자가 다른 곳에서 예언했다고 들었기 때문이다. 랍비는 선지자들이 이스라엘 땅에서 예언했거나 이스라엘 땅을 위해 예언했다고 대답한다. 랍비는 그 땅이 갖는 중요성과 그것이 유대인 주민의 번영에 필수적인 배경이라고 말하면서 성경을 인용한다. 이것은 이미 언급한 이론에 근거한 것으로 사람마다 신체적 조건이 달라서 특정 공간에서 적절한 환경을 찾아낸다는 것이다. 유대인에게 적합한 장소는 이스라엘 땅이다. 랍비는 유대인 대부분이 바빌로니아에서 돌아와 성전을 지원하는 것을 내켜 하지 않아 두 번째 성전이 붕괴했다고 비난한다.

2차 예루살렘 성전이 파괴되면서 회당이 기도의 집으로 등장하는 데 탄력을 받았지만 성전이 존재할 때도 이미 그 기관은 분명히 있었다. 근래 미국에서는 상당수 개혁파 유대인이 예배당을 성전이라는 이름으로 부른다. 이것은 메시아가 돌아올 때 비로소 재건될 수 있는 성전을 예배당이 부분적으로 대체한다고 보기 때문이지만 해석에 따라 다르다. 개혁파 유대인은 19세기 독일에서 출발한 운동 추종자들로 유대교를 현대화해서 해방된 유대인에게 더 적합한 신앙으로 만들려고 노력한다.

성전 재건에 대한 열망은 오늘날 전통적 유대인과 그것을 예수님의 재림을 가리키는 전조로 간주하는 일부 복음주의 그리스도인들 사이에서 감지된다. 하지만 유대인들은 이런 상황을 기대하면 안 된다. 그런 일이 일어나면 결과는 대부분 부정적일 수 있기 때문이다. 유대인들은 (올바른 유형의) 그리스도인이 아니거나 사실상 그리스도인과 전혀 무관하게 간주될 수 있다.

20세기 철학자 이사야 벌린은 역사는 너무 많고 지리는 너무 부족한 게 유대인의 문제라고 지적했다. 이것이 바로 그가 설명한 시온주의의 핵심이다. 공동체를 구성하는 중요한 지리적 요소는 장소에 대한 애착이다. 장소는 시민 개개인에게 속한 것이고 그들은 그곳에서 거주하고 즐길 권리가 있다. 모든 장소를 하나님이 창조하셨으니 어느 곳이나 똑같다고 인정하는 게 이상적일 수 있다. 하지만 하나님이 특정한 장소에 특별한 지위를 부여하고 그것을 특정한 사람들에게 약속하셨다면, 약속을 받은 사람들이 어디에 있든지 그곳에 새롭게 애착을 느끼는 게 쉬운 일이 아니다.

> 예루살렘이 갖는 위상은 어떤 형태로든 팔레스타인과 이스라엘 사이에서 협상이 진행되면 당연히 골치 아픈 문제가 될 수 있다.
> 그런데 유대교에 성지가 존재한다는 생각은 받아들이는 게 쉽지 않다. 현대 유대 사상가인 예호슈아 라이보비츠(1903-1994)는 특정 장소가 거룩한 이유는 그곳에 어떤 사건이 일어났기 때문이지 그곳이 거룩해서 그 사건이 일어난 게 아니라고 말한다(Leibowitz, 1992, 227).
> 유대교의 핵심은 거룩한 장소나 사물이 존재한다는 생각을 버리고 거룩함을 언제 어디서나 항상 존재하는 하나님에게 집중하는 것이다.

SECTION 02

유배

✴ ✴ ✴ ✴ ✴ ✴

　유배 생활은 수천 년 동안 유대인에게 익숙한 경험이었지만 그들은 쉽게 일반 대중 사이로 사라지지 않았다. 반면에 사람들과 섞일 수 있을 때는 많은 유대인이 대개 그런 동화 과정을 거쳤다고 생각하는 편이 어찌 보면 합리적이다. 과거에도 유대인은 이스라엘 땅으로 돌아갈 수 있어도 그렇게 하지 않은 때가 많았고 이것은 오늘날까지 크게 변하지 않았다는 사실에 주목해야 한다. 유대인은 이스라엘 땅에서 추방되기 전에도 자발적으로 지중해 세계의 다른 지역이나 더 먼 동쪽으로 곧잘 이주했다. 따라서 유대인 모두가 이스라엘 땅에서 지내고 싶어 했다거나 기회가 오면 서둘러 돌아가려 했다는 식으로 나라 밖에서 보낸 디아스포라 시기를 유배라고 부르기는 어렵다. 다만, 유대인들은 많은 고난을 겪었기 때문에 가능했다면 기꺼이 돌아갔을 가능성이 크다.

　네부카드네자르 2세(*느부갓네살)가 통치한 바빌로니아가 남 유다 왕국을 정복하고 예루살렘과 1차 성전을 파괴했다. 그들은 왕족,

베냐민과 유다 지파의 숙련된 사람들을 바빌로니아에 포로로 끌어갔다. 이보다 대략 130년 전에 북 왕국 이스라엘은 아시리아에 의해서 멸망했고 주민 대부분이 그곳으로 이주했다. 예언자들은 이런 상황을 하나님과의 언약이 영구적으로 중단된 게 아니라 공동체가 저지른 죄를 하나님이 심판하신 것이라고 설명했다.

결국, 예레미야는 유다 통치자들에게 바빌로니아에 복종하지 않으면 재앙으로 끝날 수 있다고 주장했지만 실제로 그렇게 진행되고 말았다. 그는 종교가 어느 정도 독립을 유지하면 외세의 지배를 극복할 수 있다고 믿었다. 이제 많은 유대인이 바빌로니아에 있어서 외국에서도 신앙을 계속 유지할 수 있었고 예레미야의 제안처럼 사람들은 하나님이 적절하다고 판단하는 때가 닥치면 이스라엘 땅으로 돌아갈 수 있다고 생각했다.

궁극적 목표는 유대인이 고향으로 귀환해서 독립과 자유를 회복하는 것이었다. 실제로 주전 539년 바빌로니아는 페르시아에 의해 전복되었고 이 새로운 정권은 유대인 일부가 유다로 귀환하도록 허용했다. 이것은 그 지역 강대국들과의 분쟁에서 정치적 동맹으로 활용하려는 의도였던 게 분명하다.

성전 재건이 시작되었으나 느슨하게 사마리아인이라 부르는 지역 주민과의 분쟁으로 중단되었다. 이 일을 계기로 정치적 열망과 지역 연고는 달라도 서로 관련이 있는 이 집단과 유대인 사이에 상당한 적대감이 형성된다. 2차 예루살렘 성전은 주전 516년에 완공되었다. 출애굽 당시 유대인과 그 밖의 사람을 확실하게 구분하려고 갑자기 규칙을 마련했던 것처럼 바로 이 무렵 유대인의 정체에 대한 해석이 한층 엄격해졌다. 어쩌면 외국에서의 오랜 생활 끝에 이질적 문화권에서 등장한 새로운 공동체가 스스로 차별화하는 방법을 고안할 필요가 있었을지 모른다.

유대교는 율법의 지위를 강조하고 사제들은 국가 차원에서 주도적 역할을 했지만 바빌로니아에는 여전히 강력한 디아스포라가 존재했다. 아마도 그들은 돌아올 수 있었지만 그렇게 해야 할 필요를 느끼지 못한 것 같다. 이스라엘 땅을 떠났어도 그들 대부분은 신앙을 굳게 지켰고 심지어 이스라엘 땅을 종교의 중심으로 받아들였다. 이것은 이후로도 줄곧 유대인의 삶에서 중요한 주제가 되었다.

그리스인의 지배

그리스인과 페르시아인의 전쟁 이후로 이스라엘은 그리스가 통치했다. 유다는 한 세기 정도 그리스의 지배를 받았는데 주전 200년 셀레우코스 왕조 안티오쿠스 3세가 집권하면서 상황은 더 심각해졌다. 그는 성직자들과 지역에서 구성한 의회의 제한적인 자치권 행사에 불만을 품고 할례와 안식일 같은 유대교의 주요 활동을 금지하거나 많은 이방인을 데려다가 유대인의 특징을 약화하려고 했다. 대다수 유대인은 헬라화 정책에 열광하면서 마땅히 수용해야 할 고상한 생활 방식으로 여겼다. 종교적 측면은 다소 낯설어도 복장과 언어, 일반 문화는 아주 매력적이었다. 반란이 일어났고, 모든 게릴라 전투가 그렇듯이 그리스인보다는 당연히 지역 주민이 더 많이 희생되었다.

주전 164년 하스모니아 가문의 유다 마카베오가 셀레우코스 왕조를 물리치고 예루살렘을 장악했다. 성전에서는 그리스 종교가 모두 제거되었다. 유대인들은 성전 보수를 기념해서 해마다 하누카를 지킨다. 하스모니아 왕조는 국가의 독립을 확정했고 심지어 확대하는 데까지 대체로 성공을 거두었다. 경쟁 관계에 있는 사마리아인들과 그리심산 성전을 파괴하고 잔인한 만족감을 만끽했으나 헬레니즘은 지나치게 반대할 수 없었다. 그들은 그리스식 이름을 사용했고 당시에는 그리스 문화가 너무 압도적이어서 사람들이 빠져드는 것을 막을 수 없었다. 그리스 사상과 언어가 넘쳐나고 사제들은 예전처럼 주도적 역할을 하지는 못했으나 국가 주요 기관들은 철저하게 유대교식이었다.

아람어를 구사하는 유대인과 그리스어를 구사하는 유대인, 빈곤해지는 유다 지역 주민과 바빌로니아에서 귀환한 공동체 사이에는 어쩌면 상당한 격차가 존재했을 것이다. 지혜자(현자)라는 새로운 종교 전문가 집단이 등장했다. 이들은 바리새파와 사두개파로 확실하게 나뉘어 2차 성전이 멸망할 때까지 이스라엘에서 문화적으로 중요한 역할을 줄곧 담당했다.

바리새파는 구전 율법에 열광했고 성경을 근거로 율법을 만드는 데 많은 시간을 할애했다. 반면에 사두개파는 주로 문서로 된 토라에 집중했고 바리새파가 관심을 가진 내세와 죽은 자의 부활, 악마와 천사의 존재 같은 새로운 개념의 확산에 반대했다. 사두개파는 사제 및 귀족과 관계가 깊었고 그들의 반대파는 일반 서민에 가까웠다. 반대파의 신화나 종말론 역시 서민의 종교적 요구에 더 동조했고 공동체의 순수성을 규정한 기존 질서를 전복하려고 해서 어떤 면으로는 일종의 계급 투쟁이었다.

바리새인들이 점차 주도권을 잡아갔는데, 아마도 성전의 부재가 결정적 요인이었을 것이다. 성전이 사라지면서 사제의 역할이 어느 정도 의심받았기 때문이다. 사제들의 지위는 여전했어도 배후에 자리했던 확고한 권위는 거의 찾아볼 수 없었다.

우리는 요세푸스와 탈무드, 미쉬나를 통해 그런 사정에 익숙하지만 그 기록이 얼마나 정확한지는 확실하지 않다. 탈무드가 사두개파를 부정적으로 언급한 것은 이단이나 이방인에게나 해당하는 내용을 그들에게로 돌린 검열이거나 아니면 자기 검열의 결과로 추정하기도 한다. 사두개파가 내세라는 새로운 교리를 확실하게 배격한 것은 나중에 랍비 유대교 전통이 그것을 규범으로 수용하는 과정에서 상당한 의견 충돌이 있었기 때문에 타당해 보인다. 이것은 17세기 스피노자 시대에 유대교 사상에서 또다시 주요 쟁점으로 등장하게 된다.

로마인의 지배

주전 63년 로마의 점령으로 하스모니아 왕조는 종말을 맞았다. 통치자들은 줄곧 로마의 전반적인 통제 아래 국가를 운영했다. 속주로 알려진 유다 지역의 종교적 자치권은 성전과 예배, 기타 관련 기관들처럼 계속해서 유지되었다. 유대인들은 66년에 1차 유대 반란이 있기 전까지 로마제국 전역으로 퍼져나갔다. 그런데 유다 지역에서 일부 유대인의 공분을 사는 사건이 여럿 발생했다. 성전의 재산을 훔치고 예루살렘에 로마 군단을 주둔시킨 것과 관계있었다. 반란은 처음에 상당한 성과를 거두었고 3년간 독립된 유대 국가를 유지했다는 측면에서 기억할 만하지만 70년에 예루살렘이 함락되고 2차 성전은 무너졌다.

나라 전체가 로마인과 결속한 부류, 패배하여 정복자에게 적대적인 부류로 확실하게 쪼개졌다. 이런 혼란 가운데 새롭고 중요한 기관이 출현했다. 유대인 교육과 주석 작업이 성전 밖에서도 계속될 수 있게 야브네(또는 얌니야)에 설치한 교육 기관이었다. 사실 이 기관은 서로 경쟁하고 협력한 지혜자들이 유대교에서 중요한 해석자 역할을 하기 시작한 과거 100여 년 동안 아주 일반적이었다. 게다가 우리는 성전이 존재했었지만 멀리 떨어진 사람들을 위해서 전국적으로 유대교 회당이 있었다는 것도 알고 있다.

로마 통치에 대한 반란이 여러 차례 있었으나 그때마다 잔혹하게 진압되었다. 135년 바르 코크바의 반란을 끝으로 주민과 종교 관습에 엄격한 반유대주의 조치가 취해졌다. 하드리아누스 황제는 로마제국의 평화를 거듭 방해하는 유대인의 성가신 행동을 끝내기로 하고 이 문제를 확실하게 매듭지었다. 반면에 갈릴리 지역은 로마를 상대로 반란이 있었을 때 적극적으로 나서지 않아 로마인들이 그 지역에 다시 돌아온 뒤에도 그대로 남겨두었고 덕분에 유대인의 삶이 부분적으로 존속할 수 있었다. 마침내 로마인들은 갈릴리 지방에서 자신들이 인정하는 유대인의 정치적 존재감을 다시 확립하는 게 정치적으로 타당하다고 판단했고 그때부터 그곳은 팔레스타인으로 알려졌다.

그리스인의 도전

아마도 유대교가 맞닥뜨린 가장 큰 도전은 그리스 문화였고 그런 도전은 형태를 바꿔가며 계속되었다. 알렉산더 대왕이 중동 지역을 군사적으로 지배하자 그 문화에 헌신한 통치자들이 줄지어 등장했다. 기록에 따르면 통치자들은 유대인에게 그리스 문화를 강요했다.

사실 유대인은 그들 역사에서 일찍이 자주 그랬듯이 새로운 문화 흐름을 아주 적극적으로 수용했을 수도 있고, 그리스 사상의 지적 엄격함이나 예술의 아름다움과 함께 당시 세계 문화의 국제어인 그리스어로 대개 작동하는 현실 때문에 상당수가 낯선 사상을 자발적으로 받아들였다는 것을 그리 어렵지 않게 확인할 수 있다. 일부는 그리스 종교를 생활 방식에 당연히 새롭게 포함했고 또 일부는 유대인이면서 그리스인처럼 행동하는 것에 모순을 느끼지 않았다. 이것은 이후로 2,000년 이상 줄곧 쟁점이 되었다.

하스모니아 왕국은 주변 제국으로부터 어느 정도 독립을 유지했지만 그리스식 문화는 유대교 안에서 쉽게 근절되지 않았다. 히브리어 성경을 그리스어로 번역한 칠십인역이 갖는 중요성은 아무리 강조해도 지나치지 않다. 덕분에 이전보다 훨씬 더 많은 독자가 성경을 접했고 더는 히브리어로 성경을 읽지 못하는 유대인이 한층 더 폭넓은 문화 안에서의 삶과 본래 전통에 대한 종교적 충성심을 결합할 수 있었다.

로마인이 결국 그리스제국을 파괴했지만 로마제국 역시 그리스 문화와 언어를 문화적으로 사랑해서 그리스에 대한 열정은 수그러들지 않았다. 로마제국은 유대교를 효율적으로 박해했고 유대인은 폭력으로 대응했다. 예수님의 죽음은 대부분 눈치채지 못했다. 당시에는 십자가 처형이 아주 흔했고 메시아를 자칭하는 경우가 잦았다. 2차 성전은 70년에 완전히 파괴되었는데 이것은 이스라엘 땅에서 상대적으로 자치를 누린 유대인의 삶이 끝난 것을 상징했다. 유대인은 로마제국 전역과 그 너머로 퍼져나갔고 거의 2,000년이 지나서 이스라엘로 돌아왔다.

　신흥 종교인 기독교의 급속한 성장은 유대인의 삶에 도움이 되지 않았다. 기존 종교에서 생겨난 종교는 항상 이전 종교와 어려운 관계를 맺기 마련이다. 새로운 신앙은 오래된 종교가 완고하다거나 더 심하면 '진실'을 외면한다고 여기기 때문이다. 기독교는 실제로 유대인들이 기독교 지도자를 죽이려는 음모를 꾸몄다고 비난했다. 예수님은 로마인이 살해한 게 분명하지만 이 사건에 유대인이 연루된 것으로 보인다. 덕분에 새로운 종교와 오래된 종교 사이에 친밀감이 강화할 가능성은 거의 찾아볼 수 없었다. 어쨌든 새로운 종교는 마치 오래된 종교를 완성할 것처럼 자처했으나 역사적인 발전 과정에서 유대인이 기독교의 역할을 인정하지 않으려고 하자 난처한 처지가 되었다.

유대교 주석들

　이 무렵 유대인과 유대교는 무척 어려웠지만 지혜자들이 능통했던 대표적 구전 율법인 미쉬나와 탈무드처럼 지성적으로 탁월한 작품이 줄지어 등장했다. 미쉬나는 히브리어, 탈무드는 대개 아람어로 기록되었고 둘 다 토라를 해석하면서 율법이 특정 주제에 실제로 무슨 말을 하는지 이해하려고 추론을 (철저하게 그리스 방식으로) 구사했다.

탈무드는 특이하게 법적 문제에 대해 종종 여러 가지 가능한 해결책을 제시하면서도 독자가 올바른 해결책이 무엇인지에 대한 논의에 참여하도록 유도한다. 이것은 탈무드의 흥미로운 특징인데 아마도 나중에 유대인이 지적 작업을 처리하는 방식을 개발하는 데 유용했을 것이다. 탈무드는 두 종류가 있었다. 이스라엘에서 만든 예루살렘 탈무드라는 작은 탈무드와 당시 주류였던 바빌로니아 유대인 공동체에서 제작한 큰 탈무드였다. 바빌로니아의 공동체는 이스라엘 땅과 로마제국에 살던 유대인들이 겪은 온갖 혼란과 파괴에도 불구하고 수백 년 동안 비교적 평화롭게 존속했다.

토라를 대개 '율법'(또는 율법서)으로 번역한다. 그러나 이 번역은 정확하지 않다. 율법은 할라카와 한층 더 가깝게 연결되어 있고 토라에는 법과 무관한 내용이 많다. 토라는 교육이나 가르침과 같은 의미를 지닌 히브리어 어근에서 유래했다. 하나님은 교사이고 읽는 사람은 학습자라는 뜻이다. 어쩌다 토라를 아주 극적으로 하얀 불 위에 있는 검은 불로 묘사할 때도 있다(Deuteronomy Rabba 3:12, Song of Songs Rabba 5:11, Zohar 2, 226b).

토라의 상당 부분이 하나님과 직접 관련이 없다는 사실에 주목할 필요가 있다. 하나님이 주제가 아니고 아주 실용적인 의미에서 사람이 어떻게 살아야 할지를 조언한다. 예를 들어 성문 율법인 잠언과 전도서, 구전 율법인 열조의 교훈에는 성공적인 삶을 살 수 있는 단서가 넘쳐난다. 마찬가지로 성문 율법에 등장하는 사건에 대한 설명은 대부분 하나님을 닮기 위해 우리가 감당할 의무보다는 인간으로서 해야 할 일을 알려주는 데 한층 더 중점을 두고 있다.

랍비 유대교는 고대 후기에 팔레스타인에서 바빌로니아로 이주하면서 큰 어려움 없이 정착했고 주전 3세기 이후 눈에 띄게 발전했다. 여러 세대에 걸친 랍비들의 주장과 설명을 대부분 5, 6세기에 수집해서 탈무드라는 책으로 완성했고 이 거대한 작품은 편집 작업의 영향을 크게 받았다. 지나치게 많은 자료를 담다 보니 다루기가 어렵고 모호해도 내용을 포기하지 않았다는 점에서는 편집 작업을 높이 사야 한다.

지역 공동체는 이런 작업을 통해 법적 문제를 해결하려 했다. 바빌로니아에서 전문가로 활약하는 게오님('뛰어난 자')을 의지하는 게 점차 불편해지자 지역의 랍비들을 자주 의지하게 되었다. 물론 팔레스타인이나 예루살렘 탈무드가 있어도 문제의 접근 방식은 가끔 달랐다. 바빌로니아 탈무드의 가장 큰 특징은 주로 율법을 다루면서도 모두 그렇지 않았다는 것이다. 바빌로니아 탈무드는 대개 랍비들의 생애, 우주론, 의학, 예절, 마술 등에 대한 성찰로 이루어졌다. 부분적으로는 산만해 보여도 율법 내용에 시공간을 적절히 배치해서 나름 배경지식을 제공하기도 한다.

미쉬나를 전혀 언급하지 않았다고 해서 외적인 것으로 분류하는 이른바 바깥('바라이타') 교훈들도 있다. 탈무드는 대개 아람어 중심이지만 히브리어로 기록되었다. 미쉬나와 관련을 맺고 있는 가르치는 학자들('타나임')이 제작한 연속적 교훈인 토세프타가 있었는데 당연히 그것들은 또 다른 주석서들의 대상이 되었다.

두 개의 탈무드가 갖추고 있는 구조는 미쉬나의 것을 그대로 따랐다. 미쉬나는 주석이면서도 다양한 주제를 다룰 때가 많다. 히브리어와 아람어가 뒤섞여 있는 미쉬나는 쉽게 공부할 수 있는 작품이 아니라서 전통적인 유대인 세계에서는 이 책의 연구에 상당한 열정을 쏟았다. 랍비 라쉬의 주석은 손자들이 썼다고 알려진 토사포트 주석처럼 인쇄본 안에 포함되어서 애매한 본문을 파악하는 데 상당한 도움이 된다.

탈무드는 전통적 유대교에서 엄청난 권위를 누렸을 뿐만 아니라 율법을 이해하고 해석하는 방법을 강조하다 보니 중요한 연구 대상이 되었다. 개혁 운동에서도 가끔 연구하고 언급하기도 하지만 딱히 거론할 정도로 비중 있는 유대교 문서라는 위상은 누리지 못한다.

공인받지 못한 성경 주석은 대부분 3~11세기 사이에 이스라엘 땅에서 제작되었다. 이 연속적인 작품에서 접하게 되는 이야기의 상상력을 고려하면 해석(미드라쉬의 문자적 의미)과 설명이 광범위한 독자를 대상으로 삼았던 게 분명하다. 간간이 제시하는 해석은 사뭇 환상적일 뿐 아니라 신중하고 근거를 갖춘 주장보다는 이야기와 제안으로 이루어진 추측인 경우가 대부분이다. 그런데 아주 자세히 살펴보면 핵심을 거의 모두 풀어내고 일정한 권위를 갖추고 있어 유대교에서는 아주 흔하게 활용된다. 게다가 그런 주석들은 다양한 성경 본문을 대단히 지적인 방식으로 연결해서 본문 전체의 의도를 파악하는 데 중요한 단서가 되는, 아주 미세한 표현 사이에 존재하는 의미를 끄집어낸다.

나중에 12세기에는 마이모니데스의 미쉬네 토라와 야드 차자카('강한 손'), 16세기에는 요셉 카로의 슐칸 아룩('준비된 식탁') 등 다양한 문서가 등장해 율법과 주석을 간추리려고 했다. 목적은 법의 요지를 제공해 주석을 직접 이해하지 못하거나 지역 종교 법정에 참석하기 어려운 사람들이 특정 상황에서 어떻게 행동해야 할지 제시하는 것이었다(Leaman, 2005). 결국 유대교에는 다양한 주석 체계가 존재했을 뿐 아니라 논의 형태가 다양해지고 점차 복잡해지면서 행위를 다루는 법적 근거가 정교해졌다. 이처럼 문서화와 단순화를 추구하는 시도는 규제 사항을 취급하는 또 다른 주석들을 예외 없이 무더기로 추가했다.

바빌로니아의 생활

바빌로니아의 유대인 공동체는 규모가 크고 체계적이고 지역 사회에 통합되어 있었다. 처음에는 성전과 제사장 계급이 있는 이스라엘 땅을 바라보았지만, 세월이 흐르고 예루살렘과 그 주변에 혼란이 증가하면서 유대인의 원래 고향과 동쪽에서의 새로운 삶 사이에 점점 더 큰 격차가 벌어졌을 것으로 추정된다. 바빌로니아 유대인들은 탁월한 예시봇('대학')을 설립했고 바빌로니아와 팔레스타인 탈무드를 비교해 보면 전자가 훨씬 자세하다는 점에서 교육적이었다.

하지만 자료가 상당 부분 손실되었다는 사실 역시 인정해야 한

제단에 물을 뿌리는 초막절 기간에 기도하는 카라이트파 유대인들. 유대교 소수 종파인 카라이트파는 토라(모세오경)만 경전으로 인정한다.

다. 이슬람교의 성장과 급속한 확장은 바빌로니아 탈무드가 무슬림 세계에 속한 유대인 공동체에 전반적으로 수용되는 데 도움을 주었고 유럽에서도 자주 사용하게 되었다. 동쪽(*바빌로니아) 공동체의 지적 풍요로움은 종교의 수행과 의식에 제기되는 질문에 응답할 정도가 되었다는 것을 뜻했다.

8세기에 일어난 급진적 개혁 운동인 카라이트파는 주석 없이도 성경을 제대로 따를 수 있고 따라서 구전 율법은 전혀 불필요하다고 주장했다. 덕분에 유대인 세계에서 격렬한 논쟁이 벌어졌고 수라에 있는 큰 대학을 책임진 사디야 가온의 영향으로 카라이트파를 반대한 랍비파가 승리했다고 대체로 알려져 있다. 사실 카라이트파 운동이 유대인 세계의 중심 세력에서 사실상 종말을 맞은 정확한 까닭은 알 수 없다. 하지만 전 세계에 퍼진 공동체가 어째서 각각의 집단(그리고 가문?)이 독자적으로 행동하게 버려두지 않고 모두 하나로 엮으려고 옳고 그름에 대한 중앙 집중식 사상을 선호했는지는 알고 있다. 카라이트파는 랍비 유대교보다 훨씬 엄격한 법률 체계를 직접 개발했는데 그 때문에 카라이트파가 계속 성공하지 못했을 수도 있다.

바울과 유대교의 단절

바울은 기독교를 이방인에게 개방해서 세계적인 종교로 만든 인물로 알려져 있다. 기독교는 출발 당시 대개 유대인으로 구성된 종파였으니 이것은 어느 정도 신빙성이 충분하다. 소규모 유대인 종파에 머물던 기독교는 로마의 탄압으로 이스라엘 땅의 여러 유대인 공동체가 파괴되고 난 뒤에 모두에게 개방적인 자세를 취해 크게 성장했다.

복음서 자체는 유대인에 대한 적대적 언급이 두드러지지 않지만, 경쟁적인 종교로 발전하면서 기독교는 이전 종교와 차별화를 강력하게 추구했다. 이를 위한 한 가지 방법은 예수님을 죽인 것, 기독교로 개종하지 않고 예수님을 진정한 메시아로 인정하지 않는 것으로 유대인을 비난하는 것이었다. 당시 그리스도인은 자신이 진정으로 선택받았고 유대인은 예수님의 사명을 제대로 이해하지 못할 뿐 아니라 그 역할을 상실했다고 주장했다. 로마에 기반을 둔 로마 가톨릭과 콘스탄티노플의 정교회라는 두 개의 기독교 제국은 로마제국이 존재하는 동안 유대인을 늘 일관되지 않게 대했다.

하지만 대개는 최소한의 수준에서 생존을 허용했고 기독교 국가에서 그들이 맡아야 할 역할을 놓고 많은 논쟁을 벌였다. 그리스도인은 지도자를 무례히 대하고 교회의 위상을 전적으로 부정하는 이 유대인 공동체를 파괴하는 게 마땅하지 않았을까? 일부는 확고하게 이런 노선을 취했지만 나머지는 유대인이 예수님이 태어난 공동체와의 연속성을 상징하는 구실을 할 뿐 아니라 그들에게 호의를 베풀지 않더라도 예수님의 소중함이나 구세주임을 인정하지 않은 결과로 두드러지게 비굴한 상태로 살아가게 할 수 있다고 주장했다.

성경에 관한 진실과 예수님과 관련된 내용을 완강하게 거부한 유대인은 당연히 기독교 문화에서 애매한 역할을 했다. 유대인은 대부분 오랫동안 고집스럽게 예수님을 메시아로 인정하지 않았고 극심한 압박을 받고 나서 기독교에 끌리게 되었다. 반면에 기독교가 권력을 확보하기 이전에도 유대인에게 상당한 매력이 있었다는 점도 인정해야 한다. 레오 백이 말했듯이 "바울은 '오직 믿음으로'(sola fide)를 설교하는 순간 유대교와 작별했다"(Baeck, 1958, 177). 백은 바울을 자주 언급하면서 그가 기독교를 황홀하고 환상적이고 감성적이고 신비롭고 구속의 은총을 지향하는 낭만적인 종교로 만들었다고 주장한다.

반면, 바울이 결별한 유대교는 계명과 감정, 신앙과 의무 사이에서 균형을 유지하는 고전적 신앙이다. 이 섬세한 균형은 바울 같은 유대인만이 최초로 한쪽을 강조하고 나머지를 희생해 뒤집을 수 있었다. 새로운 종교는 오래된 종교 수행자들이 가치를 인정하지 않으면 상당히 곤란해진다. 사람들이 오래된 컴퓨터 시스템이 쓸모없는데도 새로운 시스템으로 업그레이드하지 않는 것과 같다. 하지만 오래된 기계를 새것보다 좋아하고 오래된 소프트웨어를 새것보다 좋아하면서 자신의 선택을 고수하려고 사이비 종교 같은 주장을 펴는 사람들은 있게 마련이다.

유대인에 대한 비난은 숱하게 많았다. 구약성경처럼 그리스도인 역시 소중하게 떠받들던 성경과 유대인을 타락시킨, 특히 탈무드와 같은 주석을 확실하게 따로 구분했다. 중세 유럽에서는 수 세기 동안 권력과 논쟁으로 유대인을 개종하려는 운동이 벌어졌지만 성공 여부는 매번 달랐다. 히브리어와 아람어 본문을 읽을 준비가 되었거나 읽을 수 있는 개종자가 많아 그 내용을 반박하고 검열하려고 들었다.

일부 개종자는 랍비 출신이거나 적어도 랍비 가문 출신이었고 유대교와 그 신봉자들을 맹렬히 반대했다. 그들은 탈무드에서 이의를 제기할 만한 구절을 찾아내서 접근이 가능한 판본에서 삭제했고 공개된 논쟁에서는 그런 구절이 유대교가 얼마나 타락하고 반기독교적인지를 보여준다고 주장했다. 개종자뿐 아니라 전문적인 히브리어 학자도 대학에 들어가 히브리어를 공부하고 얻은 지식으로 그 언어를 만들어 낸 종교를 공격했다. 이런 '논쟁'에서 유대인은 늘 열세였다. 하지만 비난에 대응하려고 상당한 노력을 기울였고 종종 아주 능숙하고 명쾌하게 반응하기도 했다.

탈무드가 예수님과 미님('이단자')을 언급한 부분을 자세히 살펴보아도 기독교를 제대로 파악할 수 없다. 우물에 독을 풀고 그리스도인의 피를 의식에 사용한다는 식의 유대인의 적대적 행동에 대한 소문은 지나치게 터무니없어서 반박하기가 쉽지 않았다. 반면에 유대교와 기독교 간의 주요 신학적 논쟁은 신약성경 전체에 걸쳐 이루어졌기 때문에 존중할만한 수준에서 진행되었다. 이런 논쟁에 참여한 유대인은 그리스도인이 수 세기 동안 자신들의 종교에 제기해 온 비판에 대해 충분히 반박할 수 있는 답변을 확보하고 있었다.

기독교 유럽에서의 유배

기독교가 압도적인 유럽에 유대인이 대거 정착하기 시작하면서 이런 긴장 상태가 때때로 증폭하거나, 지역 통치자들에게 유용하면 통제되면서 유지되었다. 이베리아반도의 유대인 공동체는 이미 1세기에 형성되었다. 번창할 때도 있었지만 1492년에 본격적으로 추방되기 전에도 부분적으로 파괴되었다. 유대인 대부분이 어려운 처지였지만 학문의 중심은 중동에서 이베리아반도와 유럽, 특히 프랑스와 라인란트(*라인강 유역 독일의 서부 지역)로 이동했다.

이 무렵 일정한 패턴이 나타나기 시작했다. 지역 통치자들은 유대인을 자기 도시나 국가에 살도록 불러들여 한동안 경제체제의 일부로 활용하고 자본을 제공하고 수공업과 같은 일부 전문 분야에서 일하게 했지만, 불필요하거나 서비스 비용을 지급하는 게 불편할 때는 회복이 불가능할 정도로 적대적인 주민들에게 추방되거나 살해될 수 있었다. 십자군 원정은 유대인에게 무척 힘든 시기였다. 성지를 회복하려는 종교적 열정은 그리스도인 사이에 있는 이방인을 떠올리게 했고 완전히 무방비 상태였던 유대인 공동체가 대량으로 학살을 당했다.

문화의 놀라운 특징 중 하나는 어려운 환경에서도 곧잘 번성하다가 편안해지면 시든다는 것이다. 스페인 지역 유대인의 생활이 대표적인 사례이다. 그 삶은 때때로 아주 힘겹고 결국에는 불가능해졌지만 유대인 문화에서 가장 인상적이고 영구적인 문헌들과 일부 사상들을 완성했다. 처음에 스페인 기독교 통치자들은 가톨릭의 영향으로 유대인에게 강경한 정책을 추진했다. 덕분에 유대인은 8세기에 무슬림 정복을 환영했고 거의 500년 동안 지속된 정권이 들어섰다.

첫 두 세기 동안 유대인의 삶은 확대되었고 상당한 정치적 영향력이 유대인에게 배당되었다. 특히 우마이야 왕조는 소수 민족을 등용하고 호의를 베푸는 데 개방적이었던 것 같다. 하지만 나중에 북아프리카에서 온 알모하드 왕조는 그다지 개방적이지 않았고 불신자를 개종하거나 몰아내려고 단호하게 조처했다.

이슬람교와 기독교가 스페인에서 충돌하는 사이 유대인은 양쪽 모두에 거주하면서 두 진영에서 싸운 게 분명했다. 그들은 전국적으로 동료 종교인들과 인맥을 유지하고 있어서 상대방과 협상을 진행하고 정보를 수집하는 데 유용했을 것이다. 13세기가 되자 기독교 왕국이 부상하면서 유대인의 입지가 점차 줄어들었다. 진정한 종교적 열정이 유대인을 강제로 개종시키거나 추방하는 일에 집중할 때가 많았다.

스페인이 다시 완전한 기독교 국가가 되면서 유대인은 정치적으로 어쩔 수 없이 떠나거나 아니면 남아서 세례를 받아야 했다. 유인책이 주어졌음에도 남은 사람이 많지 않았다는 사실은 주목할 만하다. 포르투갈에 임시 피난처를 마련했지만 포르투갈 역시 얼마 지나지 않아 유대인을 추방하거나 그리스도인(때로는 상징적으로)이 되도록 강요했다.

이렇게 해서 새로운 그리스도인이 대량으로 생산되자 기존 그리스도인은 개종자들의 진정한 충성심을 의심했다. 개종의 진정성을 시험하기 위해 종교재판소를 설치했다. 유대인이 아니라고 생각될 정도로 열성적이지 않다고 판단되면 가혹한 처벌을 피할 수 없었다. 상당히 많은 유대인이 그리스도인이 된 게 분명하다.

오늘날에는 스페인과 포르투갈 사람들 상당수가 자신의 조상을 유대인으로 확신하고 있다. 요즘 이 두 나라에서는 그런 배경을 소유한 게 무척 기분 좋은 일이지만 불행히도 진짜 유대인에게는 세월이 지나치게 많이 흘렀다. 진심으로 개종한 유대인 대부분은 본래 종교와의 관계를 신속하고 완벽하게 포기해서 그들 모두가 실제로 유대인의 후손일 가능성은 거의 없다.

하지만 부분적으로는 마라노처럼 어둡고 비밀스러운 존재도 없지는 않았다. 그들은 유대교를 실천하는 방법에 대한 지식을 점차 멀리하면서도 고유한 생활 방식을 보존했고 특정 종교 활동에서 나름대로 의식과 상징을 개발하는 데 관심을 가졌다. 이베리아반도를 떠난 유대인은 대개 오스만제국에 정착했다. 이미 다문화 성격을 유지하던 오스만제국은 숙련되고 교육받은 다수의 인재를 기꺼이 받아들였다.

중세 유럽의 다른 지역 유대인은 규모는 비교적 작아도 활기찬 사회에 퍼져 있어 상인이나 금융가로 활동할 수 있었다. 그리스도인은 이자를 받고 돈을 빌려주는 일이 금기였는데 토라를 따르는 유대인도 마찬가지였다. 하지만 유대인들은 대륙 전역과 실제로 전 세계에 좋은 인맥을 곧잘 확보하고 있어 여행자와 상인에게 신용장, 상품이나 운송에 대한 자금을 지원하고 먼 지역의 주요 사업가를 알선하는 식으로 무역을 촉진하는 완벽한 위치에 있었다. 지역 통치자들은 유대인을 이용해 돈을 빌렸을 뿐만 아니라 자신들의 영토에서 세금을 부과해 상업을 육성하거나 유용한 자금을 조달해서 전체적으로 번영을 구가했다.

유대인은 법적으로 통치자의 소유물인 경우가 많고 예상할 수 있듯이 교회가 세속 당국과 분쟁을 겪을 때는 관계가 몹시 취약했다. 유대인은 그런 분쟁을 벗어나지 못했고 교회는 그들을 비판하고 박해해서 통치자에 반발하는 주민들의 충성심을 확보하려고 했다. 마침내 유대인은 공적 세계에서 배제되었고 왕과 지방 귀족이 돈을 빌려야 할 정도로 살림이 쪼들리거나 일꾼으로 확실하게 눈도장을 받을 때만 함께 어울릴 수 있었다.

유대인을 공격하는 것은 부유해질 뿐 아니라 교회로부터 인정을 받는 방법이었다. 충분히 가능할 수 있듯이 지역 통치자들은 유대인을 유용하게 여기면서도 이익보다 부담이 크면 곧장 외면했다. 대중 사이에는 유대인에 대한 온갖 소문이 난무했다. 유대인이 그리스도인을 납치해서 살해하고 피를 무교병(마짜)에 사용한다는 비방은 물론, 우물에 독극물을 풀었다거나 기독교 세계에 대한 전반적인 적대감에 이르기까지 다양했다.

오랜 박해가 잠시나마 중단된 것은 역설적으로 개신교라는 기독교 개혁 운동 때문이었다. 가톨릭교회의 관심은 기존 적대 세력에서 새로운 분열 쪽으로 방향을 틀었다. 16세기에 마틴 루터는 유대인에 대해 처음에는 상당히 온건한 의견을 제시했다. 유대인이 새로운 형태의 기독교로 개종할 것을 기대했기 때문일 수 있다. 하지만 그들이 개종하지 않자 훨씬 더 독설에 가까운 견해로 바뀌었다. (흥미롭게도 이와 똑같은 경향이 꾸란에서도 발견된다. 꾸란은 점차 유대인들에게 비판적으로 변하는데 아마도 그들 가운데 다수가 꾸란의 메시지에 저항했기 때문일 것이다.)

유대인의 비정상적 위상은 기독교 국가에서 계속되었고 통치자에 따라 복지 수준이 달라져서 종종 안전 때문에 게토라고 부르는 곳에 갇혀 지내야 했다. 여러 국가로 분열한 독일에서는 행정부의 재정을 담당하는 궁정 유대인이 상당히 익숙했지만 세금을 내는 당사자인 주민들에게는 따뜻한 인상을 심어주지 못했다. 책임자들은 늘 자신과 착취당하는 사람들 사이에 중개자를 끼워 넣는 신중한 전략을 구사한다. 운이 좋으면 실제로 전체 과정을 주도하는 최종 권위자가 아니라 중개자에게 가혹한 조치에 대한 비난이 돌아갈 수 있기 때문이다.

반유대주의

중세 유럽은 유대인을 궁극적 타자로 낙인찍었다. 덕분에 그들은 아주 부당한 대우를 자주 받아야 했다. 지정된 지역에 거주해야 하고 정해진 재정적 업무만 맡을 수 있었다. 이런 업무 때문에 전체 주민에게는 인심을 크게 잃었지만 유대인이 담당하는 재정적 역할을 자기 이익에 활용하는 통치자에게는 무척 쓸모 있었다. 유대인에게 돈을 빌리고 난 뒤에 추방하거나 죽여버리는 것보다 쉬운 일은 없었다. 어쨌든 그들은 유대인이었고 아마도 그 돈은 제대로 갚지 않았을 것이다. 물론, 이 전략을 자주 구사할 수는 없었을 테지만 이런 성격의 대형 사기를 몇 번 저지르면 왕실 재정에 적잖이 도움이 되었다.

계몽주의에 참여한 유대인은 무엇보다 반유대주의가 여전하다는 사실에 크게 낙심했다. 합리성과 과학이 널리 확산하면 유대인에 대한 적대감을 포함해서 오랜 편견이 점차 사라지고 이 집단에 대해 한층 더 정확한 평가가 이루어질 것으로 예상했다. 사실 반유대주의는 종종 가장 성공적인 정치적 교리로 간주된다. 반유대주의는 수세기, 또는 2천 년에 걸쳐 존재했고 유대인은 오래도록 정상적 규범과 대조적인 민족의 역할을 맡았다. 실제로 문화가 나름의 정체를 규정하려면 성격이 전혀 다른 문화가 필수적이기 때문이다. 이 대목에서 유대인의 디아스포라가 특히 유용했다. 역사상 일찍부터 유대인은 전 세계에 흩어져서 전혀 다른 생활 방식이나 종교를 대표하게 되었고, 이런 이유로 그들은 자신들이 얼마나 괜찮은 존재인지 의심받아야 했다.

특정 민족과 마찬가지로 종교의 기원을 규명하는 것은 간단한 일이 아니다. 기독교와 이슬람교 역시 유대교를 상대로 이런 문제를 똑같이 겪고 있다. 어떤 의미에서 두 종교는 신흥 종교였다. 새롭게 등장한 두 종교 모두 토라를 존중하면서도 예수님의 교훈이나 훨씬 더 완벽하고 발전된 진리인 꾸란의 초기 형태에 불과하다고 주장했다. 유대인 다수가 새로운 종교들을 수용하지 않자, 유대인들의 진심은 물론 진리가 분명한데도 수용하지 않으려는 동기마저 당연히 의심받았다.

그리스도인과 무슬림은 유대인들이 선지자를 죽이고(행 7장) 하나님에게 순종하지 않는다고 비난했다. 당연히 유대인이었던 초창기 그리스도인들은 과거에 자신이 속했던 공동체에 날 선 비판을 제기했다. 오늘날에도 다른 종교로 개종한 사람이 결별한 종교에 강력하게 반발하는 것은 그리 낯선 일이 아니라서 놀랄 정도는 아니다. 그러면 그들은 올바른 결정을 내렸다고 스스로 설득하고 다른 사람들에게는 자신이 정말 달라졌다고 이해시켜야 한다. 기독교는 국가 종교가 되자 유대인에게 불리한 조처를 했다. 유대인 역시 마찬가지로 동족 출신 그리스도인이 공동체에 참가하지 못하게 막고 '진정한' 유대인과 엄격하게 구분했다.

그리스도인들은 유대인 사회의 주류에서 밀려나자 매우 극단적 형태로 적대감을 드러냈다. 유대인을 돈과 동일시하는 것은 오늘날까지 강력한 소재로 남아있다. 20세기 소설 「광년」에서 제임스 솔터는 돈에 무감각한 유대인 재단사를 괴물이라고 불렀다. 그는 계속해서 말한다. "돈 없는 유대인은 이빨 빠진 개와 같다"(Salter, 1975, 14). 2006년 프랑스에서 북아프리카 이민자 집단이 유대계 일란 할리미를 납치해 고문하고 살해한 사건이 발생했다. 그들은 할리미 집안이 부유하다고 크게 오판해서 가족에게 돈을 뜯어내려고 했다.

유럽에서 기독교 열기가 식은 뒤에도 사악한 유대인이라는 부정적 이미지는 줄곧 굳어졌고 이런 식의 이야기는 전 세계를 떠돌 정도로 효과적이어서 유대인을 본 적이 없는 지역, 과거 유대인과 매우 다른 관계를 맺었던 지역까지 퍼져나갔다. 반유대주의는 봉건주의는 물론 산업혁명이나 근대 이전 사상과 함께 흔적 없이 사라지는 게 마땅했고 주석자들 다수의 주장처럼 계몽주의와 그에 따른 영향으로 소멸해야 했다.

낡아빠진 종교적 다양성의 잿더미에서 새로운 형태의 반유대주의가 빠르게 자라났다. 유대인들이 사회 진출에 대한 공통적인 열망을 좇아서 다른 사람들과 경쟁하는 경우가 잦다 보니 그들에 대한 적대감이 어느 정도 존재하는 것은 어찌 보면 당연한 일이었다. 유럽에서 종교의 쇠퇴는 점진적이었지만 100년 전까지만 해도 아주 확연해서 유대인에 대한 반감을 설명할 수 있는 또 다른 근거를 찾아야 했는데 그것은 주로 인종적 반감이었다. 즉, 유대인은 위협적인 특이한 종족이니 문명을 유지하려면 가혹하게 다루지 않을 수 없다는 것이었다.

홀로코스트에 지적 토대를 제공한 게 바로 이런 방식의 접근이었다. 유대인은 유럽이 반드시 극복해야 할 바이러스이고, 공격적인 '질병'의 요소를 두루 갖춘 유대인은 완전히 파괴해야 한다는 것이다. 이런 적대감은 유대인이 인종적으로 이방 세계를 적대시해서 나타나기도 하지만 어느 때는 사악한 음모와 계략으로 세계를 지배하려 한다는 생각과 연결되기도 한다. 유대인이 이것을 목적으로 다양한 정치 운동과 사상의 배후에서 더 많은 이익을 얻어내려고 조종한다는 것이다.

음모론은 명백한 거짓이라고 강력한 비난을 받기도 하지만, 그 덕분에 세상을 괴물이나 숨겨진 전략은 물론이고 늘 있는 사건을 지배 권력을 대변하려고 음모로 돌릴 필요가 넘쳐나는 훨씬 더 흥미로운 곳으로 만든다는 점에서는 찬성하지 않을 수 없다. 게다가 음모에 얽힌 일화는 음모론자를 전능한 존재로 묘사하는 경우가 잦아서 대상이 되는 사람들의 무능함을 어느 정도 변명하거나 해명한다.

돼지를 든 랍비와 젖을 빠는 유대인을 묘사한 장면(유덴자우). 루터가 설교했던 독일 비텐베르크의 교구 교회 벽에 조각된 부조.

반유대주의가 유대교와 유대인에 대한 비판거리를 제공하자 유럽의 유대인 대부분이 심각하게 받아들였다. 그들은 종교의 전통적 특징을 가능한 한 많이, 때로는 종교 그 자체를 포기하려고 했다. 반유대주의의 만연과 드레퓌스 사건에서 드러났듯이 서유럽 유대인에게 그것이 갖는 심각한 의미와 동유럽 및 러시아제국에서의 대학살을 유대인들은 당연히 알고 있었고, 그렇게 해서 최선의 대응 전략이 무엇인지를 놓고 논쟁이 벌어졌다.

시온주의가 조금 더 그럴듯해 보이기 시작했지만 19세기와 20세기 초반까지 대다수 유대인에게는 열정을 찾아볼 수 없었다. 당시까지 유대인은 비정상적 삶을 살았고, 그래서 다른 사람들과 비슷하게 바뀌면 미움받을 이유가 사라질 수 있다는 반유대주의의 전제를 수용했다. 일부는 사회주의나 거주하는 국가에 참여하면 가능하다고 생각하기도 했다. 반면에 이탈리아, 그리스, 독일과 같은 신흥 국가처럼 유대인이 직접 나라를 세우고 자신들의 뿌리와 관계를 재정립해서 좋아지지는 않아도 나쁠 게 없는 하나의 민족으로 인정받아야 한다고 생각하는 사람들도 있었다.

이 논쟁은 지금도 여전히 계속되고 있다. 이스라엘 국가의 활동이 만족스럽지 않고 가끔 표출되는 반감의 원인을 국가 탓으로 돌리는 유대인이 적지 않기 때문이다. 이스라엘의 성공을 반유대주의에 대한 최상의 답변으로 간주하기도 한다. 유대인이 스스로 방어하고 동물처럼 도살당하지 않는다는 것을 직접 입증했다는 것이다. 물론 최종적인 결과가 달라질지는 여전히 알 수 없지만 어떻게 보면 이것은 가장 중요한 문제가 아니다. 19세기 민족주의의 전성기에는 누구도 옛 폐허에 새 나라를 손쉽게 세우거나 옛 식민지 지배자들이 새롭게 등장한 국가의 요구에 갑자기 굴복할 것을 예상할 수 없었기 때문이다.

여전히 과거 정부들에 공감하는 사람들이 적지 않았고, 그래서 충성심이 미심쩍을 수도 있지만 이 모두가 새로운 국가의 등장 과정에서 나타나는 아주 정상적인 모습이다. 따라서 이스라엘 국가가 보편적으로 사랑받지 못하고 일부 시민과 가끔 어려움을 겪고 있다는 사실은, 비록 이것이 일반적인 활동이라고 해도 국가 건설의 전형적 모습이 아니다. 유대인이 평범한 국가(이스라엘은 어느 정도 그렇다)에서 스스로 삶을 꾸릴 수 있다는 것을 사람들이 알게 되면 반유대주의가 증발할 수 있다는 생각이 너무 낙관적이었다는 게 밝혀졌지만,

편견과 맞서는 일은 한 줌의 증거로 편견에 사로잡힌 사람을 상대하는 단순한 문제가 결코 아니었다.

반유대주의의 확산은 자기 혐오적 유대인이라는 흥미로운 반응을 만들어 냈다. 사람들이 부당한 대우를 받으면 자신을 그와 비슷하게 생각하는 경향이 있는데 자기 혐오적 유대인이라는 개념 역시 그에 따른 결과이다. 유대인의 유산을 부끄러워하고 결과적으로 그것을 숨기려 하거나 유대인과 동일시하지 않는다. 이런 태도를 보이는 유대인이 분명히 존재하지만 그것이 유대교나 이스라엘 국가를 비판하는 유대인을 묘사할 때 쉽게 사용되는 수식어가 되어버린 것은 안타까운 일이다.

편견에 어떻게 반응해야 할지 분명하지 않다는 점은 짚고 넘어갈 필요가 있다. 강력한 반응이 가장 적절한 대응처럼 보일 수 있지만 그것이 오히려 반대하려는 행동을 더 강화할 수도 있다. 유대인에게 적대적인 사람들은 자신의 태도 때문에 쏠리는 관심에 매우 만족해할 수 있다. 마치 교실에서 주목받고 싶어 하는 아이들처럼 충격적인 말을 통해 대중의 시선을 끌고 토론의 중심이 될 수 있다고 생각하는 것이다. 그들이 무엇보다 즐기는 것은 바로 이것이다.

이란의 아마디네자드 대통령(2005-2013)이 홀로코스트의 존재에 의문을 제기하고 이스라엘을 몰살하겠다고 위협하는 발언을 자주 한 것도 서방과 이슬람 세계 모두에서 대중의 이목을 끌기 위한 목적이었기 때문이라고 생각할 수밖에 없다. 이런 발언은 서방에 충격과 공포를 촉발했고 중동에서 그의 위상은 한층 더 높아졌다. 중동 지도자들은 유대인과 그들의 역사에 대해서 진실을 말할 정도로 용감하지 않다는 게 대체적인 의견이다. 이슬람의 우호적 반응이 없어도 아마디네자드는 발언 이후로 언론의 관심을 확실하게 즐겼다. 언론이 그렇게 충격적으로 받아들였다는 사실은 유대인들이 전부 통제하고 있다는 일반적인 가설을 뒷받침했다. 그게 아니라면 굳이 소란을 피울 다른 까닭이 있을까?

계몽주의

유럽 계몽주의가 유대인의 세계에 상당한 영향을 끼쳤다는 말을 종종 듣는다. 사실은 유럽 문명 전체가 계몽주의의 영향을 크게 받았다. 계몽주의를 이해하는 방법은 여럿이고 정의하는 방법 역시 다양하지만, 여기서는 세상을 상대로 행동하고 이해하는 궁극적 지침으로 이성을 활용한다는 뜻으로 사용한다. 계몽주의는 당연히 종교에 영향을 미쳤다. 계몽주의는 과거에 종교가 누렸던 영향력과 우월한 지위에 도전했다. 계몽주의는 두 가지 유형의 기독교가 유럽에서 성장한 것과 일정한 관계가 있지만 30년 전쟁 이후로 종교적 갈등은 일정 부분 동력을 상실했고 덕분에 새로운 방향을 모색하는 좋은 계기가 되었다.

새롭게 등장한 관용이라는 개념 역시 그런 상황과 무관하지 않았다. 적을 파괴할 수 없다면 함께 지내야 하고 그러려면 그 행동을 뒷받침할 만한 적당한 구실을 찾아야 하기 때문이다. 진정한 종교는 기본적이고 합리적인 원칙을 공유한다는 자연종교가 출현해서 종교는 일정하게 진리를 구현하니 모두 존재하도록 허용해야 한다고 주장했다. 유대교는 이런 주장과 상충한다고 간주했다. 유대교는 전통과 의식을 의지해서 비이성적이고, 유대인이 채택해야 하는 생활 방식은 합리적인 도덕 규칙을 고수해야 한다는 생각에 상당한 도전이 되었기 때문이다.

유대인은 유럽에서 가장 큰 비기독교 소수 민족이라서 그들을 대하는 방식은 계몽주의가 생활 방식, 언어, 관습을 보유한 각기 다른 공동체를 상대하는 시금석이 될 수 있었다. 일각에서는 유대교에 아주 다른 것이 있다고 주장했다. 유대인은 구제받을 수 없는 존재라서 현대 국가의 일원이 될 수 없다는 것이다. 이런 주장을 인정하면 굳이 유대인을 받아들일 필요가 없다. 반면에 유대인은 서구에서 어쩔 수 없이 맡았던 역할 때문에 남다르게 보인 것뿐이라서 상황이 바뀌면 그들 역시 달라질 것이라는 주장도 있었다.

모제스 멘델스존

모제스 멘델스존은 유대인 계몽주의와 반계몽주의의 상징이었다. 1729년에 태어나 탈무드 같은 유대교의 교훈과 세속 철학을 공부했다. 그는 이 분야에 탁월했지만 작가로도 재능이 뛰어나 그의 책과 글은 광범위한 독자층을 확보했다. 어쩌면 이것은 그가 당시로서는 아주 드물게 유대인 저자였기 때문이었을 수도 있다. 그는 가능한 한 빨리 더 큰 독일 기독교 세계로 모습을 감추려고 했던 동시대 유대인들과 달리 신앙을 실천하면서 유대교를 옹호했다.

유대교에 대한 그런 태도는 많은 독일 그리스도인을 혼란스럽게 만들었다. 그들은 새롭게 발전된 종교가 있고 쉽게 채택할 수 있는데 어째서 낡은 종교를 고수하는지 이해할 수 없었다. 멘델스존은 독일에서 계몽된 유대인의 대표자가 되었고 자신이 유대인으로 남은 이유를 끊임없이 설명해야 했다. 그가 말하고 또 계몽주의가 주장한 것처럼 모든 주요 종교가 진리의 또 다른 형태에 불과할 뿐이라면 편리할 때 한 종교에서 다른 종교로 갈아타면 되지 않을까? 실제로 그렇게 하는 게 가능해지자 독일의 많은 유대인이 개종했다. 멘델스존은 유대교가 다른 종교보다 낫지 않고 그렇다고 나쁘지도 않다면 무엇 때문에 귀찮게 개종하느냐고 물었다.

이에 대한 반박은 개종이 유리하면 개종해야 하지 않느냐는 것인데 여기서 논쟁은 아주 흥미로운 방향으로 흘러가기 시작한다. 멘델스존은 기독교가 자신의 종교가 아니라는 사실을 제외하고는 반대하지 않았기 때문이다. 누군가 집을 소유하고 거주하면 굳이 그 집이 세상에서 가장 좋다고 말할 필요가 없듯이 멘델스존은 유대교에 충실하겠다고 선언했다. 그를 비판하는 사람들은 이것이 더 나은 집이 생겼는데도 우연히 성장했던 집에서 계속 지내겠다고 말하는 것과 다르지 않아서 비합리적이라고 지적했다. 그렇지만 멘델스존은 사실 모든 집이 고만고만하면 굳이 이사해야 할 까닭이 없다고 응수했다.

그의 작품에서 표준이 된 한 가지 주제는 국가와 종교의 분리에 대한 그의 주장이다. 전자는 시민들이 그것에 복종하는 데 동의하기 때문에 정당한 강제적 조직이지만, 아주 다양한 종교는 모든 시민의 동의를 얻을 수 없어서 사람들에게 적절한 방식으로 행동하도록 강요하기보다는 설득하는 수준으로 제한해야 한다는 것이다. 여기서 멘델스존은 유대교가 신념보다는 행동에 더 중점을 두고 있어서 유대교의 율법은 합리적인 종교의 원칙과 연결된 것으로 볼 수 있다고 주장했다.

그는 유대교와 기독교, 이슬람 등 서로 다른 종교 간의 매우 실질적인 차이점을 강조한다. 기독교와 이슬람은 다른 사람들을 개종시키고 그들에게 구원을 얻는 방법을 제시하는 데 집중한다. 같은 종교를 믿지 않으면 심각한 어둠 속에 있다고 보기 때문이다. 이것은 유대인의 표준적 견해가 아니고, 만일 그렇다면 천국은 우리가 어떻게 해석해도 빈자리가 남게 될 것이다.

그리스도인과 무슬림에게는 사람들을 자신의 신앙으로 개종시키는 게 중요하지만 유대인은 그 반대이다. 일반적으로 개종을 권장하지 않을 뿐 아니라 쉽지도 않다. 착해지거나 하나님에게 순종하려고 유대인이 된다는 것은 사람들에게 중요하지 않기 때문이다. 만약 그렇게 된다면 세상에는 착하고 순종하는 사람이 거의 남아나지 않을 것이다. 레싱은 유명한 희곡인 '지혜자 나탄'에서 아브라함과 관련된 세 가지 신앙이 비슷하고 거의 교체가 가능하다고 계몽주의의 방식으로 주장하지만 이것은 그 종교들이 일반적으로

계몽주의 철학자 모제스 멘델스존. 극음악 〈한여름 밤의 꿈〉에 나오는 유명한 결혼행진곡의 작곡가 펠릭스 멘델스존(1809-1847)의 할아버지다.

인정하는 방식이 아니다.

멘델스존의 접근 방식에서 주목할 만한 특징은 이방인 공동체뿐 아니라 유대인을 위해서도 글을 쓰고 있었다는 것이다. 그는 유대인에게 매우 제한적이고 편협한 삶을 버리고 현대 사회 안으로 들어가도록 설득했다. 그래서 히브리어 성경을 독일어로 번역하고 고대의 본문을 합리적인 현대의 방식으로 설명하는 해설을 덧붙였다. 이런 해방이 직접 감당한 임무 가운데 하나는 히브리어에 대한 이해를 통제하는 것이었다. 히브리어는 얼마 전까지만 해도 유대교 지도부의 특권이었지만 옛 권력의 중심지에서 히브리어를 손에 넣으려는 시도가 이루어졌다. 히브리어가 널리 전파되면 일반 유대인도 랍비와 그들이 대표하는 단체가 제공하는 성경을 직접 이해할 수 있다고 주장했다.

프랑스 혁명

프랑스 혁명은 유대인에 대한 처우를 계몽된 국가가 해동할 수 있는 방식의 최전선으로 끌어올렸다. 프랑스의 유대인은 대부분 한 세기 전에 그 나라가 점령한 알자스에 거주했는데 (알자스) 주민과 상당히 동떨어진 곳에서 지냈다. 이 아쉬케나지 유대인은 다양한 직업을 열망하면서도 상대적인 자율성을 유지하려고 했다. 하나의 공동체가 국가와 분리되어 있으면서도 완전한 시민이 될 수 있는지를 놓고 논쟁이 벌어졌는데 이것은 오늘날까지 계속되고 있다. 유대인을 완전한 시민으로 간주하면서도 활동을 대부업으로 제한하면 주민의 처분에 맡겨질 수 있다는 현실적 견해도 있었다. 유대인이 프랑스 국민 대다수와 끊임없이 불행한 관계를 유지하게 된 것도 바로 이 때문이다.

실제로 혼란이 있었지만 유대인은 1791년에 다른 프랑스 국민과 법적으로 동등한 권리를 갖게 되었다. 유럽 전역으로 퍼져나간 프랑스 군대는 유대인을 다른 국민과 동등한 지위를 가진 시민으로 간주한다고 발표했다. 하지만 유대인의 해방이 모든 문제를 해결할 수 없었다. 특히 수 세기에 걸쳐 발전하고 유대인이 일정 부분 독자적으로 업무를 처리하도록 허용된 유대인 기관과 모든 시민은 형벌과 세금의 부과를 독점하는 국가에서 생활한다는 개념을 어떻게 조화시킬 것인가 하는 문제는 여전히 남았다.

유대인의 지위가 얼마나 중요한지는 나폴레옹이 기대하는 내용을 직접 밝히고 대표를 지정해서 유대인 전체가 자신이 바라는 일에 참여하도록 일련의 자문 조치를 마련하면서 분명해졌다. 나폴레옹은 유대인에게 프랑스 시민권을 부여하는 문제에 관심이 있었지만 이것이 가능하도록 그들이 무엇을 포기할 수 있는지 알고 싶어 했다. 유대인은 그리스도인보다 우월하고 자신들의 법과 지도자에게만 복종한다는 식의 불합리하고 무례한 생각을 상당히 갖고 있다고 가정했다. 유대인들은 그를 만나 자신들은 전혀 그렇지 않다고 말했다. 그들은 자치 공동체로서의 이전 지위를 포기하고 프랑스 시민권을 기꺼이 받아들이겠다고 밝혔다.

하지만 나폴레옹이 그들에게 더 큰 요구를 할 계획을 세워두고 있다는 게 드러났다. 1808년에 그는 알자스 지역 유대인들이 동등한 시민이라는 생각을 포기하고 특별 거주 및 고용 규칙에 복종하라는 요구를 준수하기를 기대한다고 분명하게 밝혔다. 반면에 10년이 지

1806년 유대인에게 신앙의 자유를 부여하는 나폴레옹을 묘사한 판화

난 뒤에 이 규정들은 갱신되지 않았고 유대인은 프랑스의 시민으로 인정받았다.

나머지 유럽의 상황은 더 다양했다. 독일 연방의 일부 국가는 유대인을 해방한 나폴레옹 군대가 패배하자 또다시 그들의 활동을 제한하려고 했다. 반면에 일부는 유대인의 해방을 근대성과 함께 가는 것으로 간주하는 정반대의 방식을 취했다. 독일이 프랑스에 성공적으로 저항하기 위해서는 그것이 필요하다는 것이었다. 프랑스 혁명에 대한 반응으로 유대인의 열등한 지위는 혁명과 반대로 존중하고 지속해야 할 정책이라는 노선을 취할 수 있었지만 실제로 그런 일은 없었다.

이 문제에 대해서 진전은 고르지 않았으나 연방에 속한 상당수 국가는 유대인 주민들이 시민 사회에서 안정을 누릴 수 있는 지점을 찾아내서 다양한 직업과 가능성을 개방했다. 이것과 함께 지역의 유대인 공동체는 금전이나 유대인의 생활 방식을 변경하라는 요구를 받았지만, 그 시점까지 유대인에게 허락된 제한적인 역할을 고려하면 그렇게 빠르게 변화하는 것은 당연히 간단한 문제가 아니었다.

하지만 의제의 핵심 사항에 대한 협상은 타결되었다. 국가는 유대인에게 완전한 시민권을 부여하고 유대인은 독특한 관습과 언어, 외모를 포기해야 한다는 내용이었다. 여기서 우리는 거래와 관련된 핵심 문제를 마주한다. 국가는 얼마를 내주고 유대인은 얼마나 포기할 것인가? 국가가 정말 유대인에게 동등한 권리를 부여할 것인가, 아니면 이런 권리는 사회에서 일반적으로 인정하지 않는 형식에 불과한 것일까? 이것을 구분하는 것은 중요했고 나중에 유럽 사회가 유대인과 그들의 권리에 등을 돌리게 되었을 때 더욱 중요해졌다.

계몽주의의 다른 특징은 유대인 고유의 문화, 특히 그들의 종교와의 관계에 미친 급진적 영향이었다. 유대교에 대한 전체적인 접근 방식에 의문을 품게 되었고 히브리어 역시 논란의 일부가 되었다. 그 언어에 대한 합의를 통제하는 사람은 누구일까? 전통적인 랍비 교육 시설인가, 아니면 그 언어와 문법을 이해할 수 있는 인물인가? 유럽에서는 미쉬나와 탈무드 시대 이후로 많은 주석서와 그것들을 해석하는 방법이 축적되었는데 이것은 유대교의 기본 종교 문헌, 즉 모세오경이라는 좁은 의미의 '토라'나 예언서와 문서가 포함된 보다 더 폭넓은 '타나크'보다는 유력한 랍비 권위자들의 해석학적 접근과 훨씬 더 관련이 있었다.

독일에서 개혁 운동이 일어나서 유대교 율법의 경직된 성격과 그것을 따라야 할 필요성에 의문을 제기했다. 이것이 합리성보다는 전통과 더 관련이 있고 계몽주의의 원칙을 위배하기 때문이었다. 그 과정은 교육과정에 독일어 같은 세속적 과목을 도입하면서 시작되었다. 이것과 함께 유대교 자체를 완전히 새롭게 이해하게 되면서 여러 종교 가운데 하나로 간주했고 다른 신앙과 관련해서 연구할 수 있고 연구해야 하는 종교가 되었다. 이것은 그 자체로도 큰 진전이다. 종교가 스스로 다른 종교 가운데 하나로 인식하면 즉각적인 거리 두기가 이루어지고 객관성이 분석에 포함되기 때문이다.

유대학

이런 방식은 19세기 초반 유대교에 학문적으로 접근하면 다른 종교처럼 건전하고 합리적이라는 사실을 증명할 수 있다고 생각한 유대학 운동으로 계속 이어졌다. 이 운동은 수 세기에 걸쳐 유대교에 축적된 비본질적인 요소를 제거하고 기본으로 돌아가서 유대교를 개혁하려고 했다. 이방인들의 분노를 산 게 바로 이와 같은 피상적 요소들이었으니, 이런 불행한 요소를 제거하면 유대교는 추종자들과 마찬가지로 존경을 받게 될 것이라고 주장했다.

대표적인 표적 가운데 하나가 탈무드였다. 사실 탈무드는 과거에 유대교에 비판적인 사람들로부터 마치 유대교를 잘못되게 만드는 주요 원인처럼 공격받기도 했다. 랍비들은 기독교의 목사처럼 새로운 부류의 현대적 성직자들로 대체되고, 종교뿐 아니라 세속 분야를 교육해야 하고 법은 이제 유대인 공동체가 아닌 국가의 특권이라서 탈무드의 법적인 내용은 자신들과 무관하다고 강조했다. 일부 전통적인 공동체조차 조직과 사고 체계에서 현대적 원칙을 구현할 필요성을 인식하고 과학과 종교를 연결하는 데 문제가 없다고 주장했다. 근대성과 관련된 것을 완벽하게 거부하는 공동체 역시 존재했다. 그들의 전략은 주변에서 진행되는 발전을 외면하는 것이었다.

유대인이 점차 시민이나 준시민으로 인식되고 처음으로 공공 영역에서 자기 이익을 추구할 수 있게 되자 국가 문제에 관여하기 시작했다. 그들은 스스로 동등한 권리를 위해 캠페인을 벌이고 여러 국가의 독립 투쟁에 참여했다. 19세기 후반에는 새로운 헌법과 다수의 국가가 출범했는데 유대인들은 이 모든 투쟁에 참여했다. 그들은 종종 사회주의와 공산당으로 발전한 새로운 급진적인 운동에서도 상당한 역할을 담당해서 20세기에 이르러서는 유대인을 돈이나 재산과 동일시하는 초기의 인식이 국가를 전복하고 사회를 완전히 바꾸려는 유대인 혁명가라는 또 다른 고정관념과 섞이게 되었다.

이 두 가지를 유대인에 대한 하나의 개념으로 결합하기 위해서는 재치 있는 사고가 필요했으나 불가능하지는 않았다. 어쨌든 혁명가는 금융가처럼 음모에 능한 것으로 알려져 있다 보니 적어도 공통된 특징은 아주 쉽게 확보할 수 있었고 유대인들이 협동하면서 움직인다는 원칙은 그들이 지지하는 어떤 대의에도 유용했다.

물론 유대인이 협동하면서 움직이는 경우는 거의 없다. 이슬람 세계에서 거의 부인할 수 없게 된 온갖 이야기 가운데 하나는 911사태가 있기 직전 안식일에 뉴욕의 유대인들이 월요일에 무슨 일이 일어날지 모르니 출근하지 말라는 소식을 회당에서 들었다는 것이다. 이 이야기가 재미있는 대목은 그 내용이 거짓이라는 것보다 월가의 유대인이 안식일에 대규모로 회당에 모이는 것 자체가 불가능하다는 것이다. 미국에 있는 유대인 대부분은 회당이 어디에 있는지 알지 못하고 그곳에 가지도 않을 게 분명하다.

하지만 유대인을 모두의 냉혹하고 독단적인 적, 그러니까 무지막지한 미디어 조작이나 돈으로 권력과 영향력을 확보한 존재로 여기는 것은 전 세계적으로 극소수에 불과한 유대인을 적으로 간주할 수 있어서 그것과 긴밀한 또 다른 개념이 실제로 필요하다. 그렇게 해서 유대인을 인종으로 분류하는 개념이 요청되었고 독일의 나치는 유대인을 종교 집단이 아니라 민족 집단으로 강조하는 데 성공했다.

계몽된 세계조차 적을 해체하고 외세의 점령에 저항할 필요성을 인식한다. 유대인은 종종 사회적, 경제적 변화의 최전선에 있었기 때문에 그와 같은 변화를 두려워하는 사람은 누구든지 그들의 주요 적대자, 그러니까 유대인을 쉽게 찾아낼 수 있었다. 따라서 유대인에게 계몽주의는 다양한 방식으로 뒤섞인 일종의 축복이었다.

유대인은 착한 시민이 될 수 있을까

간혹 유대인 같은 특정 집단을 다른 것을 가리키는 데 사용하면 대중의 인식에서 늘 문제가 되었다. 볼테르와 같은 계몽주의의 위대한 수호자에게 유대인은 문젯거리였다. 그는 유대인을 성경과 결부시키거나 기독교에 대해서 싫어하는 것은 무엇이든 그들에게 가져다 붙였다. 반면에 니체에게 유대인은 칭찬의 대상이었다. 그는 이것을 기독교를 공격하는 또 다른 방법으로 받아들였다.

볼테르는 유대인을 전통적 유럽의 일부이며 새로운 진보와 합리성 시대로 도약 불가능한 존재로 보았다. 지나치게 미개한 전통과 무능력함이 근대 사회로 제대로 나가지 못하게 만든다는 것이다. 적어도 이런 도약을 할 수 있는 유일한 방법은 유대인이기를 포기하는 것이었다. 볼테르가 18세기에 글을 쓸 당시에 프랑스의 작은 유대인 공동체는 거의 보이지 않았고 특정 지역과 직업으로 국한되었지만, 그보다 더 작은 세파르디(*이베리아반도에 정착한 유대계의 후손) 공동체가 프랑스 사회에 합법적으로 진출하는 데 성공했다는 증거는 여전히 남아 있다. 그 공동체는 결국 새로 획득한 알자스 지방뿐 아니라 프랑스 본토에서 한동안 거주했다.

볼테르와 많은 사람이 유대인을 특히 불쾌하게 여긴 것은 '선택받음'이라는 개념에 대한 독특한 이해, 그러니까 유대인은 유별난 공동체라서 계몽된 국가의 시민이라는 보편 개념 안에 녹아들 수 없다는 생각이었다. 루트비히 포이어바흐 역시 이것을 언급하면서 성경의 기적을 "다른 모든 민족을 배제하고 오직 이스라엘 민족의 인격화된 이기심에 불과한, 이스라엘만을 위해 고민하는 여호와의 명령에 따른 것"이라고 비판했다(Feuerbach, 1881, 113-114).

그는 일신교가 종교적 형태를 띤 이기주의라고 주장한다. 유대인의 문제는 관습이나 신념을 바꾸지 않은 채 역사의 바깥에서 움직이면서 대부분의 상업 활동을 사회 전반이 아니라 자기들끼리 처리하는 것 같이 보인다는 것이다. 다시 말하면 그것은 이기주의의 혐의, 즉 유대인은 다른 사람과 단절된 채 살아가는 사람들이라는 생각이다. 그렇다면 그들은 공통된 이성이 작동해서 일상생활의 행동과 제도를 결정하는 새로운 현대 프랑스나 유럽의 구성원이 되기에는 전혀 적합하지 않다. 홀로코스트가 끝나고 몇 년이 지난 뒤에 트루먼 대통령은 일기(1947년 7월 21일)에 이렇게 적었다.

> 내가 보기에 유대인들은 매우, 매우 이기적이다. 그들은 특별한 대우를 받기만 하면 에스토니아인, 라트비아인, 핀란드인, 폴란드인, 유고슬라비아인, 그리스인이 얼마나 많이 살해당하거나 이주민으로 학대당하는지 신경 쓰지 않는다. 하지만 그들이 물리적, 재정적, 정치적으로 권력을 유지할 때 히틀러나 스탈린도 그들만큼 약자에게 잔혹하거나 불공평하지 않았다.

실제로 일어난 일에서 알 수 있듯이 볼테르의 우려는 한편으로는 지나치게 비관적이었지만 어느 정도는 정확했다. 유럽의 유대인은 계몽주의를 촉진하는 데 아주 열정적인 역할을 했고 어떤 측면에서는 과학과 근대, 진보와 변화를 대표했고 계몽주의에 자신을 반영할 정도로 현대 사회에 매우 잘 통합되었다. 많은 개종자처럼 그들 역시 새로운 사고방식에 상당히 열광하게 되었다.

하지만 그들은 파멸을 피해 갈 수 없었다. 한편으로는 유럽의 평범한 일반 시민 군중 사이에서 특이한 집단으로 바뀌어 점차 사라지기 시작하면서 다른 사람들과 거의 구별할 수 없게 되었기 때문이다. 그러나 다른 한편으로 그들은 유대인이 가장 싫어하고 두려워하는 모든 것, 특히 문제와 분쟁을 해결하기 위해 현대 사상을 활용하려는 욕구를 확인한 반동과 전통 세력으로부터 분노를 샀다.

20세기 유럽에서는 파시즘과 인종주의가 부상해서 조직적인 학살과 강제수용으로 유대인 공동체 전체를 파괴하는 데 거의 성공했다. 21세기에 유럽의 일부 집단 사이에서 종교가 어느 정도 되살아나고 있다. 유대인 대부분이 세속적이라는 것과 그들이 익숙한 이스라엘과의 연결고리를 통해 나머지 세계나 이스라엘 지역에 대한 열망과 거리를 유지하고 있다는 것은 충분히 알려져 있다.

볼테르는 유대인이 시민답게 행동하고 계몽주의의 일원이 될 수 있는지 의심했었다. 하지만 지금은 유대인이라는 개념을 시민과 계몽된 개인이라는 개념으로 종종 간주하기 때문에 유대인이나 그들이 미래 사회에서 담당할 역할에 새롭게 의심이 제기되고 있다.

이렇게 유대교를 일반화하는 데 따르는 문제는 실체로서의 종교에 대한 일반화(물론 그것도 역시 일반화이지만)만큼 정확하지 않다는 것이다. 성경의 하나님은 유대인에게만 관심을 두시지 않는다. 사실 성경에 기록된 사건은 대부분 유대인이라는 개념이 등장하기 이전에 발생했다. 그리고 유대인이 일종의 독립적인 공동체를 구성한 이후에도 유대교 문헌의 나머지 부분은 깔끔한 분류가 쉽지 않아도 나머지 인류와 관련이 있고 상당히 많은 논의의 주제가 된다.

성경은 주로 유대인의 율법을 다루고 있어서 주로 유대인과 관련된 것이 사실인데 어째서 다른 사람이 관심을 가질까? 하지만 이방인에 관한 자료나 노아 시대의 율법 이외에도 유대인과 이방인의 관계에 관한 내용 역시 상당 부분 포함되어 있다. 그러니 유대교에서 언급하는 하나님은 당연히 극소수의 유대인뿐만 아니라 모든 피조물에 관심이 있다는 것은 의심할 여지가 없다.

> 로마 통치에 대한 반란이 여러 차례 있었으나 그때마다 잔혹하게 진압되었다. 135년 바르 코크바의 반란을 끝으로 주민과 종교 관습에 엄격한 반유대주의 조치가 취해졌다. 하드리아누스 황제는 로마제국의 평화를 거듭 방해하는 유대인의 성가신 행동을 끝내기로 하고 이 문제를 확실하게 매듭지었다. 반면에 갈릴리 지역은 로마를 상대로 반란이 있었을 때 적극적으로 나서지 않아 로마인들이 그 지역에 다시 돌아온 뒤에도 그대로 남겨두었고 덕분에 유대인의 삶이 부분적으로 존속할 수 있었다. 마침내 로마인들은 갈릴리 지방에서 자신들이 인정하는 유대인의 정치적 존재감을 다시 확립하는 게 정치적으로 타당하다고 판단했고 그때부터 그곳은 팔레스타인으로 알려졌다.

SECTION 03

갈등과 생존

✳ ✳ ✳ ✳ ✳ ✳

동유럽

유럽에서 처음으로 유대인에게 우호적으로 반응한 곳은 동유럽, 특히 폴란드, 리투아니아와 우크라이나 인근 지역이었다. 13세기에는 폴란드의 정치 상황이 상당히 안정되었고 폴란드 왕실은 식민지로 삼으려 했던 숲과 공터에 유대인들이 정착하여 개발하도록 장려했다. 서유럽 다른 지역에서 어려움을 겪은 유대인들은 이 제안을 매력적으로 전망하고 받아들였지만 왕과 그 땅을 차지하려는 귀족 사이에서 중개자 역할을 맡아야 했다.

이곳에서 유대인의 삶과 재산이 급속히 확장하자 또다시 학문의 발전으로 이어졌고 덕분에 동유럽의 유대교 아카데미들은 나치가 완전히 파괴한 이후에도 여전히 유대인 세계 전체에 큰 영향을 미치고 있다. 이런 성공에도 불구하고 이 지역의 다른 정착민, 특히 귀족들의 반대가 있었다. 그들은 국왕이 특권으로 유대인에게 주요 경제 활동을 할당하고 유대인은 왕실에 부를 돌려주는 방식에 분개했다.

그렇지만 유대인은 지역 귀족의 업무를 처리하면서 사업과 관련된 일을 맡아달라는 요청을 자주 받았고 그렇게 해서 일반 주민은 물론 고용주들과도 자연스럽게 접촉할 수 있었다. 그들은 보통 자신들만의 공동체에 거주했고 고유한 언어인 이디시어를 사용하는 것은 물론, 자신들만의 종교를 추종하다 보니 외부 사람이 자주 유입되는 지역 주민들에게 의심의 눈총을 받았다.

1648년 우크라이나의 불만 세력이 폴란드를 상대로 일으킨 흐멜니츠키 봉기(1648-1657) 당시 상당수의 유대인이 학살당했다. 흥미롭게도 그들은 유대인을 폴란드 당국자들과 동일시했는데, 이를 통해 유대인이 국가 권력 구조에 얼마나 잘 통합되었는지 알 수 있다. 이후 몇 세기에 걸쳐 유대인에 대한 다양한 공격이 있었고 그 때문에 유대인은 19세기부터 이 지역을 완전히 벗어나서 유럽과 미국, 나중에는 이스라엘로 대거 이주했다.

18세기에는 폴란드가 해체되면서 적지 않은 유대인이 당시 러시아에 거주하게 되었다. 이것은 바람직한 선택이 아니었다. 러시아 통치자들은 대체로 적대적이었고 유대인의 직업과 거주 지역을 제한하면서 정교회로 개종하는 것을 적극적으로 장려했기 때문이다. 유대인 소년을 25년 동안 강제로 군대에 입대시키는 정책을 부분적으로 시행하기도 했는데 유대인 공동체와의 유대감을 제거하고 기독교를 받아들이도록 강요하는 게 목적이었다. 이런 조치에도 공동체는 생존했고 결국 제한적이지만 일부 전문직과 러시아 대도시로 이동할 수 있게 되었다.

그런데 1881년 알렉산드르 2세가 암살되자 우크라이나에서는 대학살이 빈번히 발생했고 유대인은 모스크바에서 추방되었다. 이후 수십 년 동안 동유럽 전역, 특히 당시 러시아제국에서 유대인에게 폭력을 행사하는 폭동이 거듭 발생했는데 제국의 적지 않은 지도자들이 유대계 주민에게 적대적이었다는 것은 분명한 사실이다. 이것은 특권을 누리는 것처럼 보이면서도 다수의 생활 방식을 따르지 않는 공동체에 어쩌다 표출하는 적대감과는 거리가 멀었다. 살인과 추방이 본격적으로 제도화하자 유대인은 도망치는 것 말고는 달리 선택할 여지가 거의 없었다.

유대인의 동유럽 생활은 정치적 혼란이 격화할수록 그만큼 더 힘들어졌다. 18세기 일어난 폴란드의 세 차례 분할은 그들의 삶을 상당히 위태롭게 만들었다. 당시 러시아에는 유대인 인구가 아주 적었고 또 공식적으로 권장하지 않다 보니 모두 러시아에 이주하는 게 쉽지 않았다. 예카테리나 대제는 유대인이 제국에 가져올 이점을 잘 알고 있어서 처음에는 유대인이 러시아, 특히 오스만제국으로부터 빼앗은 남쪽의 새로운 영토로 이주하도록 드러내지 않고 장려했다. 게다가 대제는 가톨릭계 폴란드인이나 다른 소수 민족이 유대인을 한동안 법적으로 동등한 존재로 간주하는 것에 분개하자 폴란드의 수준에서 권리를 허용했다.

유대인은 대다수 러시아인처럼 특정 지역에 거주하면서 일하도록 제한을 받았지만 러시아인의 경우에는 개인에게만 해당했다. 시간이 지나면서 더 부유하고 영향력 있는 유대인(예를 들어, 자녀가 징집을 피하도록 돈을 댈 능력이 있는 사람들)은 '지정 거주지'(페일)로 알려진 곳을 벗어나 수도나 러시아 주요 대도시로 이주할 수 있었다. 일부 유대인은 대학에 입학해 의사와 변호사가 되었고 새로운 국가산업과 금융 조직에서도 상당수 일했다.

하지만 지정 거주지는 1차 세계 대전 도중에야 종말을 맞았다. 독일 침략군을 상대하던 러시아 군대가 이 지역에서 유대인을 강제로 추방하면서 그곳의 삶은 대부분 붕괴하고 말았다. 유대인이 그곳에서 거주할 수 없다면 다른 지역에서 지내도록 허용하는 것 외에는 다른 대안이 없었다. 이 문제는 수십 년 뒤에 나치가 같은 지역을 장악했을 때는 다르게 처리되었다. 장기간 전쟁과 그에 따른 참혹한 결과로 1917년에 차르 정권이 몰락했고 유대인은 아주 익숙할 정도로 차별을 일삼은 기존 체제를 종식할 수 있는 자유에 열광했다.

정치적으로는 좌파에 속했던 유대계 정치 운동은 두 개가 존재했다. 유대인 노동자 계급과 비유대인 동료를 통합하려는 사회주의 정당 분트(유대인 노동자 연합), 그리고 사회주의를 새로운 국가에서 유대인의 새로운 삶을 위한 기회로 간주한 시온주의자들이었다. 이 두 집단과 덜 급진적인 정당에 속했던 유대인은 거의 모두 차르 정권의 종식이 상징하는 상황 변화를 마다할 이유가 없었다.

1차 세계 대전이 끝난 뒤 일어난 한 가지 중대한 변화는 러시아제국에 소규모 국가들이 다수 탄생한 것이다. 그렇게 해서 거의 모든 유대인이 폴란드, 리투아니아, 라트비아와 에스토니아의 시민이 되었다. 불안정한 신생 국가인 우크라이나에서는 러시아에 협력한 것으로 간주 된 상당수 유대인이 학살당했고 지역 주민들은 볼셰비키들에 대한 반감을 종종 박해의 대상이었던 유대인들을 공격하는 방식으로 표출했다. 그렇지만 볼셰비키들은 분트나 시온주의자들에게 냉담했다. 그들이 통합하려는 국가 소속 집단들이 개별적인 공동체로 분리되는 것을 우려했기 때문이다.

물론 기본적으로 볼셰비키들은 이념상 종교 전반에 아주 적대적이었다. 스탈린이 거둔 궁극적 승리가 유대인에게는 긍정적으로 작용하지 않았다. 어쨌든 간에 스탈린은 개인적으로는 유대인에게 적대적이었고 정부와 당에 속한 유대인마저도 적으로 여겼기 때문이다. 게다가 그는 자신을 겨냥한 음모가 존재한다고 믿었는데 유대인은 종종 그런 상상에서 중요한 역할을 도맡았다. 그래도 많은 유대인이 대도시로 이주해서 성장하는 산업 국가의 새로운 분야에서 합리적으로 경력을 쌓았고 유대인의 문화나 정치에 종사하는 경우를 제외하면 이전 정권의 상황보다는 훨씬 더 괜찮게 생활했다.

나치

어쩌면 독일 공화국이 1933년에 나치당으로 줄여 부르는 국가사회주의 독일 노동자당과 당수 아돌프 히틀러의 지배를 받게 된 것은 승전국을 비롯한 모두에게 놀라운 일이었을 것이다. 이 정당은 갑자기 나타나 대중의 표를 상당수 확보했는데 그 덕분에 지금도 많은 극단적 인종차별주의 정당에 영감을 제공하고 있다. 나치당은 복잡한 이념들에 기초했었지만 여기서 우리는 유대인이 독일과 아리아인에게 해롭다고 진심으로 확신했던 전투적 반유대주의에 집중한다.

독일 원주민으로 추정하는 아리아인은 유대인은 물론 슬라브족, 로마니('집시') 같은 인종과 사회주의자, 장애인, 동성애자 집단의 영향력이 늘어나자 자신들의 운명이 위협받고 있다고 생각했다. 1933년에 나치가 재빨리 독일 전체를 장악하자 유대계 주민의 미래는 예측이 쉽지 않았다. 1935년에는 뉘른베르크법을 근거로 유대인은 다른 사람들과 철저히 분리되었고 국가 조직이나 전문직, 문화 기관에서 배제되었다.

하지만 대다수 유대인은 더는 상황이 악화하지 않으리라 낙관했다. 미국처럼 적절한 피난처가 될 많은 국가가 이민자의 할당을 늘리지 않으려다 보니 이민을 기대하는 사람들은 어려움을 겪었다. 상황이 어떻든지 이민을 떠나려는 유대인은 얼마 되지 않았다. 유대인들은 독일인을 자처했고 과거 유럽에서 부정적인 세력의 위협을 받을 때 종종 그랬던 것처럼 어려운 상황은 시간이 지나가면 해결될 것이라고 기대했다.

1938년 11월 9일, 처음으로 전국에서 대학살이 일어난 날(*수정의 밤)은 아주 중대한 의미가 있었다. 파리에서 독일 외교관이 어느 유대인 십 대가 쏜 총에 맞았다. 소년의 부모는 독일에서 추방되어 국경 지역에서 어려움을 겪고 있었다. 폴란드 역시 그들을 외면했는데 비슷한 처지의 유대인이 18,000명이었다. 독일 정부는 이것을 독일에 대한 전 세계 유대인의 공격으로 간주하고는 독일 지역 유대인을 상대로 보복을 결정했다.

외교관이 사망한 11월 9일은 공교롭게도 히틀러가 처음 바이마르 공화국을 전복하려고 시도한 맥주 홀 폭동이 일어난 지 15주년이 되

수정의 밤. 1938년 11월 9일 밤부터 10일 새벽까지 나치 친위대와 돌격대가 유대인들의 상점이나 회당을 약탈하고 살해했다.

는 날이었다. 과거에는 숫자가 너무 적고 지원을 거의 받지 못했으나 지금은 독일 전체를 손에 넣은 세력이 폭력적으로 반응하기에 시기적으로 아주 적당했다. 인명은 해치지 않으면서 회당을 불태우고 유대인의 소유물을 공격하라는 명령이 내려졌다. 하지만 적지 않은 인원이 목숨을 잃었다. 일부는 공격에 나선 나치 조직원들의 가혹한 행동 때문에 사망했다. 약 30,000명의 유대인이 강제 수용소로 보내졌다.

이것은 이후 몇 년 동안 일어날 일을 보여주는 암울한 예고였다. 독일인은 유대인의 사유 재산을 몰수했고 24시간 동안 유대계 주민을 괴롭히면서 모욕할 수 있는 행동을 가리지 않았다. 소방대는 물러나서 비유대인의 재산이 위험에 처할 때만 개입했다. 이 사건은 유대인의 이민에 대한 욕구를 부추겼고 결국 더는 독일에 미래가 없다는 것을 깨닫게 했다는 점에서 상당한 의미가 있었다.

2차 세계 대전이 시작되자 유대인 지위는 한층 더 악화했다. 생활 조건은 급속도로 열악해졌고 재산은 점차 몰수되었다. 게다가 독일의 유럽 지배가 확대되자 훨씬 더 많은 유대인 공동체가 어떻게든 삶을 어렵게 만들려는 것 같은 사람들의 통제를 받게 되었다. 애초에 나치는 유대인을 폴란드의 일부 지역에 이주시켜 죽을 때까지 노동에 투입하고 군수품 생산을 늘려서 유대인이라는 적을 점차 제거하는 바람직한 결과를 기대했던 것으로 보인다.

일단 소련이 공격받자 수많은 유대인이 나치의 통제권에 들어갔다. 노동으로 유대인을 제거하는 절차가 너무 더디다 보니 더 효율적으로 처리할 수 있는 다른 방법을 모색하는 것으로 의견이 모였다. 이것은 어느 정도는 항상 그래왔듯이 유대인을 다루는 절차 가운데 일부였다. 유대인은 마을 밖으로 끌려가 강제로 구덩이를 파고 난 뒤에 총을 맞고 그곳에 던져졌다. 어떤 식으로든지 무작위로 유대인을 살해하는 것은 아주 흔한 일이었다.

이렇게 만연한 살인마저 나치의 야망에 비하면 지나치게 느렸다. 그렇게 해서 가스를 사용해 유대인을 죽이고 시신을 불태우는 대규모 수용소를 중부 유럽에 건설한다는 결정이 내려졌다. 유럽 전역에서 기차로 희생자들을 수용소에 실어 날랐고 전쟁이 끝날 때까지 약 600만 명의 유대인이 살해되었다. 일부는 직접 가스실이나 또 다른 방식으로, 그리고 일부는 굶주림과 질병으로 죽었다. 나치는 오랫동안 그 과정을 비밀에 부치는 데 성공했다. 그렇지 않으면 저항할 여지가 거의 없기는 했지만 그 정도로 순순히 피해자들이 협조하지 않앉을 것이다.

당시 동부 유럽에서 겪게 될 일에 대해 지금껏 알려진 유대인들의 생각은 나치가 강제로 일을 시킬 수 있는 사람들을 살해할 것이라고는 예상하지 않았다는 것이다. 게다가 독일과 같은 문화의 중심지가 그렇게 규모가 크고 무고한 집단을 그토록 야만적으로 살해할 수 있다는 사실 역시 받아들이는 게 쉽지 않았다.

하지만 경험은 유대인들의 이런 환상을 곧장 깨뜨렸다. 독일이 동쪽과 서쪽, 남쪽의 적, 즉 의도적으로 유럽 대륙에 상륙한 적을 상대로 목숨을 걸고 싸우는 마당에 동쪽으로 유대인을 수송해서 학살하는 데 전쟁으로 확보한 자원을 사용하겠다는 발상은 지금도 이해하기 어렵다. 유대인은 어느 정도 나치에 저항했으나 대부분이 가족으로 이루어진 집단이었고 거의 언제나 지역 주민이 독일인보다 훨씬 더 적대적이다 보니 저항은 괜찮은 전략이 될 수 없었다.

동유럽 신생국들의 상황은 어떤 면에서는 훨씬 더 심각했다. 공식 헌법에는 소수 민족의 권리를 명시했음에도 불구하고 지역 주민은 대체로 유대인에게 여전히 적대감을 품었다. 적어도 전쟁 전에는 소련의 상황과 다르게 모든 국민을 상대로 일원화된 이데올로기를 만들려는 정책이 없다 보니 집단끼리 비교적 분리된 채 문화생활을 할 수 있었다. 하지만 나치가 동유럽 국가를 빠르게 정복하고 해당 지역 유대인 공동체를 대상으로 한 살인과 절도 정책을 열성적으로 함께 추진할 동맹을 발견하자 지역 주민의 바탕에 깔린 적대감은 비싼 대가를 치렀다.

홀로코스트 희생자 대부분은 동유럽 출신으로 전체 600만 명 가운데 약 475만 명이 희생되었다. 폴란드에서 특히 피해가 컸는데 주요 학살 수용소 대부분이 폴란드에 자리 잡고 있었다. 독일군이 폴란드를 선택한 것은 옳았다. 폴란드는 완전히 독일군의 통제를 받은 데다가 예정된 희생자의 숫자가 충분했고 많은 폴란드인이 유대인 시민에게 아주 적대적이었다. 따라서 처형이나 강제 수용, 조직적 살인 등을 피해 가까스로 탈출한 유대인들도 현지 주민에게 살해당하거나 체포되는 경우가 잦았다.

그런데도 동유럽에서는 유대인의 폭력적 저항이 일부 있었는데 1942년 바르샤바의 게토가 가장 유명한 사례였다. 이런 저항은 가족들 대부분이 살해되었을 때 빈번히 발생했다. 젊은이가 생존하면 달리 거리끼거나 더 이상 가까운 사람을 도와야 할 책임이 없었기 때문이다.

폴란드에서 나치의 패배가 유대인의 문제를 해결하지 못했다는 사실이 곧잘 주목받는다. 전쟁이 끝난 뒤에 고향에 돌아온 수백 명, 또는 그 이상의 유대인이 집단학살을 당했다. 전후에도 현지의 격렬한 반유대주의는 그대로 유지되었고 나라를 점령한 러시아인과 유대인을 서로 동일시할 때가 많다 보니 여전히 인기가 없었다. 유대인이 추방당할 때는 적지 않은 폴란드인이 재산을 차지하고 돌려주려 하지 않았다. 어쨌든 나치가 폴란드에서 유대인을 제거했으니 지역 주민은 그들의 귀환을 반기지 않았고 심지어 돌아오는 것을 허락하지 않을 때도 있었다. 대도시는 비교적 안전했지만 소도시와 시골에서는 귀환하는 유대인이 살해되기도 해서 귀환을 고려하는 사람들에게 예측이 가능한 영향을 미쳤다.

이런 현상은 폴란드에 국한하지 않았다. 여러 국가가 전국적으로 유대인이 추방되는 것에 따로 불만을 제기하지 않았다. 우선, 그것은 기껏해야 중립적으로 대하고 적대적으로 취급할 때가 더 많은 소수 집단이 사라진다는 뜻이었다. 일과 사업에서는 경쟁자가 사라지고 많은 재산이 지역 주민에게 개방된다는 것을 의미하기도 했다. 그들은 사라진 이웃의 소유와 토지를 거리낌이 없이 약탈할 때가 많았다. 그런 이웃이 곧 돌아올 것처럼 보였을 때 그들이 얼마나 걱정했을지는 어렵지 않게 상상할 수 있다.

이런 죄책감의 영향은 종전 후에도 계속되었다. 가령, 오늘날 유대인이 5,000명에 불과한 상황에서 2009년부터 2010년까지 그리스에서 발생한 반유대주의 사건들은 이 지역, 특히 현대 테살로니키의 상당수 주택이 살로니카로 알려진 지역에 거주하다가 추방되고 살해된 유대인들의 소유였다는 사실이 널리 알려진 것과 무관하지 않다는 주장이 제기되었다. 당시 기록은 유대인이 끌려가자마자 즉시 가용할 수 있는 재산을 얼마나 손쉽게 차지했는지 보여준다.

이런 식으로 무단으로 전용하게 만든 자격지심, 죄책감, 자기 정당화의 감정, 그리고 그것이 오늘날 이방인들과 과거 일부 유럽 지역에서 살았던 유대인 공동체의 잔존자들 사이의 관계에 끼친 영향은 쉽게 짐작할 수 있다. 나치 시대에 유럽의 비유대인이 유대인을 도와준 아주 인상적인 사례가 있었던 게 사실이지만, 대개는 새로운 상황에서 이익을 확보할 준비가 되어있었고 또 실제로 그것을 열망한 사람들은 그보다 훨씬 더 많았다.

소련

독일이 공격해 오자 소련과 유대인 사이의 관계가 다소 누그러졌다. 소련은 서구에 동정적으로 보일 필요가 있었다. 그러나 전쟁이 끝나고 분위기가 바뀌면서 서구의 적대감이 별다른 의미를 갖지 않게 되자 익숙한 편견과 의심이 또다시 불거져 나왔다. 이스라엘은 건국 초기에 소련 진영에게 외교적, 물질적 지원을 받았다. 아마도 러시아인들은 그것을 통해 서방이 지배하는 중동을 혼란에 빠뜨릴 수 있다고 생각한 것으로 보인다. 그러면서도 소련에 거주하는 유대인이 이스라엘과 일체감을 유지하는 것은 철저히 반대했다.

시온주의자이고 뿌리 없는 세계주의자라는 딱지는 많은 공산주의 언론에서 유대인을 가리키는 별칭으로 쓰였다. 유대교와 유대인이 운영하는 기관들에 대한 지속적 탄압은 1953년에 6명의 유대인 의사가 공산당 고위층을 살해하려는 음모를 꾸민 것으로 '발각된' 유대인 의사 음모 사건으로 절정에 달했다. 같은 해 스탈린이 사망하면서 소련에 거주하는 유대인 전체에 끔찍한 결과를 초래할 수도 있었던 가짜 재판은 중단되었다.

다른 바르샤바 조약 회원국의 상황 역시 그다지 우호적이지 않았다. 그 지역의 초기 공산주의 지도자 중에는 유대인이 많아서 유대인이라는 이유로 지역 주민의 비난을 받았다. 유대인은 공산주의자일 뿐만 아니라 모스크바에 충성했기 때문에 자신들의 입지를 위해 러시아를 의지할 때가 많았다. 서구와 이스라엘로 이민을 떠나는 게 크게 유행하면서 현지 유대인의 규모가 급격히 줄어들었고 결국 유대인은 오랜 추억 속에서만 존재하는 향수의 대상이 되었다.

아메리카

크리스토퍼 콜럼버스가 아메리카 대륙을 발견한 1492년은 유대인이 스페인에서 추방된 날로 유대인의 역사에서 악명이 높다. 유대인 가운데 일부가 당시 스페인이 지배하는 아메리카 대륙으로 이주했다. 마라노('돼지') 또는 강제 개종 유대인이라고 불리는 유대인들은 신세계가 자신의 신앙과 관습에 스페인만큼 호의적이지 않다는 사실을 실감했다. 스페인과 포르투갈에서 탈출한 유대인만 공개적으로 종교 생활을 할 수 있었다.

스페인 식민지였던 네덜란드가 독립할 무렵 중요한 공동체가 그곳에 등장했다. 이런 움직임은 스페인 정권의 가톨릭을 반대하는 것과 무관하지 않았다. 공동체는 미국 식민지 건설에 필요한 자금 조달에 참여했고 상당수 유대인이 네덜란드인과 함께 미국으로 이주했다. 나중에 뉴욕이라는 이름을 얻은 뉴암스테르담에는 17세기에도 소규모 공동체가 존재했는데 새로운 영국 통치자들 역시 이런 상황을 계속해서 인정했다.

유대인에 대한 심각한 적대감이 전혀 없다 보니 이민이 촉진되었고 영국이 지배하는 해안선 위아래와 서인도 제도로 유입되었다. 이 지역이 관용적이라는 소식이 알려지면서 점점 더 많은 유대인 이민자가 생겨났다. 그 열기는 1776년 독립 전쟁 당시 일부 유대인이 전

> **TIP**
>
> ### 〉〉〉 콜럼버스는 유대인
>
> 크리스토퍼 콜럼버스는 1492년 8월 3일 스페인 팔로스항을 출발해 10월 12일 '신세계'라고 불리는 오늘날의 카리브해 지역에 도착했다. 유럽과 아메리카 대륙을 연결한 이 항해는 세계사에 중요한 전환점이 되었다. 제노바 직공 아들로 알려진 콜럼버스는 기독교로 개종한 마라노 유대인들과 자주 어울렸다. 이 때문에 그를 유대계 혈통의 스페인 가문 출신으로 간주하기도 한다. 콜럼버스 선단의 항해를 위해 상당한 금액을 지원한 것도 정통 유대인들에게 비난받은 아브라함 세뇨르를 비롯한 마라노들이었다는 점에서 상당한 설득력이 있는 것으로 받아들여지고 있다.

투와 명분을 다투는 소송에서 두각을 나타내면서 시험대에 올랐다. 다음 세기에 벌어진 남북 전쟁의 경우에는 분쟁에 대해서 유대인의 공통된 입장이 없었다. 북부에 거주하면 연방주의자를 지지하는 경향이 있었고 남부에 살면 남부 연합의 편을 들었다.

 미국 경제의 급속한 성장은 그곳에 거주하는 유대인들에게 유리하게 작용했고 그들은 점점 더 그 나라와 하나가 되어갔다. 독일계 유대인 주민 사이에 자연스럽게 자리 잡은 개혁파 유대교의 높은 인기도 이런 일체감에 한몫 거들었다. 그런데 이 집단은 동유럽에서 적대감을 피해서 이주한 유대인 때문에 곧장 수적으로 열세에 놓였다. 새로운 공동체는 다소 형식적인 개혁파 유대교를 가까이하지 않은 것은 물론, 정통파와 그 전통에 대해서도 미지근한 반응을 보일 때가 많았다. 상당수 유대인은 사회주의나 시온주의 단체와 관계를 유지했고 다른 종교와의 연계는 아주 약하거나 아예 존재하지 않았다.

유대교와 관련된 사람들에게는 선택의 여지가 많았다. 대개 동유럽 지역에서 유래한 근대 정통파로 알려진 집단과 함께 아주 다양한 성격의 전통적 집단들이 존재했는데 탁월한 지성인으로 정통파 유대교와 세속 지식에 모두 집중한 랍비 솔로베이치크(1903-1993)의 사상에 기반을 두었다. 계속해서 유대교의 전통적 형태를 유지하면서도 현대성을 고려하는 보수주의 운동이 등장해 의식 자체보다 내용에 대한 이해를 부분적으로 조정하려고 했다. 예를 들어, 보수주의 운동은 한층 더 전통적인 해석이 고수하듯이 토라가 시나이산에서 기록이나 구전 형태로 모세에게 주어지지 않았을 수도 있다는 점을 인정했다.

개혁주의 운동은 교회와 비슷한 방식으로 기도하는 미국식에 더 가까운 유대교를 만들려고 했고 여성이 랍비가 되거나 예배와 행정에 참여하는 보다 더 평등한 접근 방식을 추구했다. 끝으로, 소규모 재건주의 운동은 미국의 비전통적 유대교 회당에 상당한 영향을 미쳤으면서도 크게 성장하지 못했다. 창시자 모데카이 카플란(1881-1983)은 유대교의 사회적, 문화적 역할을 강조해서 유대인의 정체성에서 늘 중요하면서도 종교의식에서는 대체로 명확하게 인정되지 않았던 측면을 부각했다.

최근까지 세계에서 가장 규모가 큰 미국 유대인 공동체는 특히 홀로코스트 때문에 유럽 유대인 집단이 파괴되면서 더욱 커졌다. 미국은 2차 세계 대전 이후로 부와 영향력이 늘어나면서 유대인 세계에서 가장 강력한 세력이 되었다. 유대인이 미국 정치계에서 충분한 역할을 하기까지는 어느 정도 시간이 걸렸지만 1945년부터는 이스라엘 국가를 옹호하고 다른 지역 유대인의 권리를 효과적으로 방어했다.

　미국의 유대인 공동체는 유대인 세계에서 과거만큼 중요하지 않다. 유대인의 미국 이주 350주년이었던 2005년 이스라엘 중앙 통계국이 발표한 바에 따르면 스스로 유대인이라고 주장하는 인구는 총 555만 명에 달했다. 이와 가장 유사한 수준의 미국 유대인 인구는(정확도가 떨어지고 다른 방식으로 수집된 것으로 보이지만) 529만 명이다. 이런 소식과 더불어 홀로코스트 이후 미국이 유대인 집단의 중심지로 확실하게 등장했던 시대는 이미 막을 내렸고 이스라엘이 미국을 제치고 세계에서 가장 많은 유대인이 거주하는 지역으로 부상했다. 게다가 2천 년대가 시작할 무렵에는 전 세계 유대인의 자녀 대부분이 히브리어를 구사했다. 상당수 어린이가 이스라엘에 있었기 때문이다.

　실제로 미국의 유대인 공동체는 위축되고 있다. 여기에는 몇 가지 이유가 있다. 정통파 유대교에 속하지 않는 유대인의 가족 규모가 크지 않다. 게다가 국제결혼에 대한 열기가 점차 증가해서 많은 유대인 가정이 더는 유대인을 자처하지 않거나 자녀를 유대인으로 키우지 않게 되었다. 출석 인원이 줄어서 문자 그대로 회중이 바닥난 회당이 적지 않다.

　반면에 전통을 고수하는 공동체는 적어도 숫자상으로는 계속 번창해 왔고 하부라 운동처럼 비공식적인 기도 모임이 한층 더 증가했다. 그리고 21세기 초반에는 공식적인 기관들과 무관하게 직장과 가정에 기반을 둔 소규모 민얀(최소 규모의 기도 모임)이 성장했다. 유대인은 종종 자신의 정체성을 종교보다는 문화적 범주로 간주해서 종교에 대한 열정이 부족해도 줄곧 유대인을 자처하면서 이런 감정을 타인에게 전할 수 있다는 것 역시 언급할 필요가 있다.

시온주의와 이스라엘 땅으로의 귀환

유대인은 수천 년 동안 오늘날의 이스라엘에서 살았지만 숫자는 일정하지 않았다. 로마와 다른 침략자들의 가혹한 조치로 오랫동안 유대인이 거의 존재하지 않은 때도 있었다. 유대법은 그 땅에 사는 게 값진 일이라고 가르쳤으나 유대인의 대규모 귀환은 19세기에 이르러서야 가능했다. 당시 러시아가 지배하는 유럽 일부 지역과 러시아 국내에서 박해받던 일부 유대인이 농업 공동체를 꾸려 다시 정착했다. 종종 유럽의 유대인 자선가들이 자금을 댔기 때문이다.

소수의 종교적 유대인이 이 땅에 늘 이주해도 현지 주민은 대부분 그들을 무시했다. 그런데 유럽 유대인의 대규모 이민과 넓은 영토를 장악하려는 시도는 현지 아랍인에게 상당한 적대감을 초래했다. 그들은 이것을 당시 오스만제국이 통치하는 나라의 인종적 균형을 변경하려는 외세의 침략으로 간주했다. 시온주의자들은 유대인의 이민을 더 많이 허용하도록 오스만제국을 설득하려 했지만 이것은 당연히 따뜻한 환영을 받지 못했다.

그들은 영국 덕분에 더 큰 행운을 잡게 되었고 하임 바이츠만(1874-1952)은 밸푸어 선언을 도출하는 데 성공했다. 그 선언에서 영국은 독일의 동맹국인 튀르크가 패배한 이후의 중동 지역과 전리

품을 처리하는 것에 관심을 보였다. 팔레스타인은 실제로 영국군에게 점령되었고 튀르크 군대는 패배하고 난 뒤에 축출되었다. 선언은 유대인들이 그곳에 조국을 갖게 되더라도 기존의 팔레스타인 공동체가 갖는 권리를 침해하는 어떤 행위도 해서는 안 된다고 명시했다.

영국은 1922년에 국제연맹으로부터 이 지역을 접수했고 심각한 반유대인 폭동에도 불구하고 어느 시점에 독립을 대비하기 시작했다. 바이츠만은 밸푸어 선언을 끌어낸 덕분에 시온주의 운동의 지도자로 선출될 수 있었다. 그는 1948년까지 자리를 유지했다.

영국의 위임 통치 덕분에 유대인의 팔레스타인 이주와 기존 아랍 봉건지주로부터의 토지 매입이 대폭 증가했다. 그 결과로 1920년과 1921년, 1929년에는 토지나 일자리를 잃은 아랍인을 중심으로 폭동이 발생했고 때로는 유대인의 학살이 뒤따랐다. 희생자들은 1929년에 파괴된 헤브론 지역의 공동체처럼 시온주의자와 무관한 정통파 유대인 지역 공동체였다.

영국은 원칙적으로 유대인의 이민을 지지하면서도 실제로는 아랍인의 폭력에 대응하는 수준에서 제한을 가했다. 2차 세계 대전 동안 영국은 유대인의 이민을 통제했고 전후에도 같은 시도를 반복했다. 하지만 강제 수용소 생존자들이 팔레스타인에 입국하려다 영국군에 체포되는 장면 때문에 특히 미국에서 위임 통치에 대한 비난이 일어나면서 처음으로 시온주의 진영에 열정적으로 뛰어들었다. 영국은 테러를 구사하는 유대인 무장 단체로부터 도전을 받았다.

유대인을 위한 국가의 건국이 유엔의 승인을 받았지만 해당 지역 아랍 국가들은 거부했다. 그 이후 여러 차례 전쟁을 치르면서도 아랍인들은 시온주의에 대한 세계 곳곳의 반발에도 불구하고 지금껏 유대인을 쫓아내는 데 성공하지 못했다.

시온주의가 인종주의로 매도되거나 광범위하게 비난받은 이유를 이해하기는 쉽지 않다. 한 집단이 이기고 또 다른 집단이 패배하는 민족 갈등은 자주 있었고 또 결국에는 그런 상황에 대해 화해하거나 사태를 용인하는 방법을 찾아냈다. 이스라엘은 스스로 유대인의 국가라고 부르고 있지만 많은 비유대인이 시민으로서 그곳에 거주한다. 대부분의 아랍 국가는 헌법에 국가의 종교를 이슬람으로 명시하고 있다. 따라서 국가가 특정 종교나 특정 집단과 관련되어 있다는 생각은 이 지역에서 새로울 게 없다.

더구나 시온주의를 반대하는 사람들 가운데는 아주 헌신적인 유대인도 있고 반유대주의자가 아닐 때도 있어서 반대한다고 모두 반유대주의로 분류하기는 어렵다. 반면에 이스라엘에 대한 아주 구체적인 적대감에는 반유대주의적 표현이 확실히 존재하는 것으로 보인다. 탐욕스럽고 폭력적이며 피에 굶주린 유대인이라는 개념은 유대 국가를 악마화하는 데 일조했다.

덕분에 이스라엘을 비판하는 사람들은 난처한 처지에 놓이기 마련이다. 이스라엘을 공격하면 반유대주의적 입장이나 반유대주의자와 결부되는 것을 피하기 어려울 때가 많기 때문이다. 하지만 그런 비판 자체는 아주 합리적이거나 고전적인 반유대주의와 전혀 무관할 수도 있다. 실제로 디아스포라 유대계 비평가들은 이스라엘의 유대인들이 서슴지 않고 제기하는 비판을 제대로 하지 못할 때가 많다.

시온주의는 형태가 다양하지만 유대교의 두 가지 교리를 강조한다. 하나는 세속적 교리이고 다른 하나는 종교적 교리이다. 현대 시온주의 운동의 창시자인 테오도르 헤르츨(1860-1904)은 헝가리 출신으로 빈에서 활동한 세속 언론인이었다. 드레퓌스 사건을 계기로 장기적으로 유럽에는 유대인의 미래가 없다고 생각했다. 드레퓌스는 프랑스 군대 장교였고 알자스 출신 유대인들처럼 독일의 끄나풀이라는 의심을 받았다. 그가 한동안 감금되자 무죄를 주장하는 운동이 벌어졌고 유대인이 정상적인 시민이 되는 것을 반대하는 사람들은 유죄를 주장했다. 이것은 유대인이 전통적인 고립 상태와 전문적인 직업을 포기하고 유럽의 주류 사회에 진입하려고 해도 결국 배척될 수 있다는 것을 뜻했다.

이것을 계기로 헤르츨은 유대인에게 국가가 필요하다는 것을 실감했다. 19세기에는 이탈리아인, 그리스인, 독일인 등 여러 민족이 각기 다른 형태로 국가를 세우기 위한 운동을 벌여 승리를 거두었다. 이런 열망을 좇아 시온주의가 출범했는데 헤르츨은 굳이 팔레스타인을 고집하지 않았다. 그는 가능한 곳이면 어디든지 대처할 준비가 되어있었다. 영국, 심지어 아르헨티나의 제안처럼 동아프리카에 있는 지역을 대상으로 심각하게 고려하기도 했다.

시온주의 운동은 유대인에게 이스라엘 땅으로 이주하도록 장려했고 마침내 1948년에 유대인의 조국, 이스라엘을 건국하는 데 성공했다. 지지자들은 그 목표를 유대인의 자결권으로 간주한다. 이 운동이 시작된 이후 이스라엘에 거주하는 유대인의 비율은 꾸준히 증가했다. 2010년에는 전 세계 유대인의 대략 40%와 유대인 자녀들 대다수가 이스라엘에 살고 있다.

1948년 5월 14일 건국의 아버지 벤 구리온이 이스라엘 건국 선언을 낭독하고 있다. 단상 뒤쪽 초상화는 시온주의 운동 창시자 테오도르 헤르츨의 초상화.

헤르츨은 「오래된 새로운 땅」이라는 소설에서 유대인이 조국을 소유하면 정상적 삶을 살게 되고 이방인 세계에서 정상적인 공동체로 받아들여질 수 있다고 주장했다. 그의 또 다른 저서 「유대 국가」가 관심을 끄는 것은 단일한 형태의 '유대 국가'를 굳이 표방하지 않기 때문이다. 그는 다양한 유형의 유대인들이 같은 나라에 거주할 수 있고 서로 갈등하지 않거나, 아니면 적어도 최소한의 수준으로 갈등을 줄일 수 있게 일정한 생활양식을 모색할 필요가 있다고 생각했던 것 같다.

종교적 시온주의는 토라를 근거로 하나님이 이스라엘 땅을 유대인에게 약속하셨으니 유대인에게는 거주할 권리가 있고 실제로 그 땅에 정착할 의무가 있다는 교리를 갖고 있다. 여기서 구사하는 언어는 은유적이다. 누군가 이스라엘에 가면 이스라엘로 올라간다는 뜻으로 알라(alah)라고 하고 이스라엘에서는 예루살렘으로 올라간다고 말한다. 예루살렘이 주변 지역보다 상당히 높은 게 사실이지만 여기서 언급하는 것은 분명히 영적으로 올라간다는 뜻이다. 이스라엘을 떠나는 것은 예리다(yeridah), 즉 내려간다고 종종 표현한다.

유대교에는 이스라엘, 특히 예루살렘의 중요성을 강조하는 방대한 문헌이 존재한다. 어쩌면 본래 있던 곳에서 아주 행복하게 생존한 종교라고 해도 불가능할 정도의 분량이다. 시온주의는 다양하게 해석할 수 있지만 유대인이 과거에 살았던 팔레스타인에 조국을 세워야 한다는 교리와 긴밀한 관계가 있다.

종교적 유대인은 성경에서 하나님이 이 땅을 약속하셨다는 사실에 집중한다. 온 세상을 만든 하나님은 누가 어디에서 살아야 할지 말씀하실 수 있다. 세속적 유대인은 중동에 속한 이 지역과 유대인의 오랜 정착 기간의 역사적 연관성을 거론한다. 시온주의는 예루살렘의 시온산을 가리키는 히브리어에서 유래했고 예루살렘은 나중에 도시를 가리키다가 마침내 국가라는 뜻을 갖게 되었다. 팔레스타인과는 근본적으로 관련이 없다. 다른 곳을 고려하고 많은 시온주의자가 이를 수용할 때도 있었지만 과거나 오늘이나 대다수 시온주의자는 국가의 위치로 팔레스타인 지역에 집중하고 있다.

거의 모든 유대인은 현재 각자 거주하고 있는 국가를 조국으로 삼고 있다. 심지어 그곳이 유대인이 살기에 더할 수 없이 좋다고 주장하기도 한다. 이스라엘 건국 이후 30년 동안 아쉬케나지 유대인이 이끄는 일종의 사회주의 시온주의가 정치를 주도하면서 유대인이 새로운 국가의 전체 경제생활에서 생산자와 적극적 참여자가 되어야 한다고 역설했다.

종종 종교에 회의적이었던 그들은 유대인이 타인에게 복종하는 디아스포라의 정신을 버리고 스스로 미래를 책임지는 세속적인 현대 국가를 건설하려고 했다. 최근 몇 년 동안에는 이런 접근이 자유 시온주의에 압도당했다. 자유 시온주의는 자유 시장 및 개인주의에 대한 믿음과 이스라엘이 서구 진영에 확고하게 편입된 고도로 기술적이고 기업 친화적인 현대 국가가 되어야 한다는 원칙을 표방한다. 사실 이스라엘은 이미 여러 가지 측면에서 그런 모습을 갖추고 있다.

민족주의 시온주의는 블라드미르 자보틴스키(1880-1940)가 만든 당을 기반으로 삼아 이스라엘의 아랍계 주민과 주변 국가에 비우호적인 리쿠드당으로 발전했다. 이 당은 1977년 이후 주요 여당으로 자리 잡았으나 나중에 지도자가 떨어져 나가 카디마당을 창당하는 바람에 흔들렸다. 카디마당은 타협을 모르는 리쿠드당의 접근 방식과 상당히 다르게 평화 노선을 확실하게 추구했다. 최근 몇 년간 이스라엘의 좌파 정당들은 꾸준히 쇠퇴해 왔다. 어쩌면 이것은 사회주의 시온주의의 전망에 대한 시민 다수의 열망이 변화했음을 반영하는 것일지도 모른다.

종교적인 정당들은 성격상 세속적인 국가와 타협하는 데 어려움을 겪고 있지만 국가 차원에서 일부 유대교 법이 유대인 시민에게 개인법으로 적용되고 있다. 일부 정당은 국가와 전혀 관계를 맺지 않고 외면하거나 반대하는 일에 집중하지만 대부분은 정치적 거래를 통해 자원과 영향력을 확보할 목적으로, 또 종교적 유대인의 숫자가 점차 증가하면서 정치적 영향력이 확대되고 있어서 국가와 일정한 수준에서 타협하고 있다.

전통적 유대인들은 대부분 이스라엘에서 유대인이 다수를 차지하고 근본부터 유대교적인 유대 국가가 되어야 한다고 주장한다. 이것은 유대교의 종교법이(적어도 유대인들에게는) 국가법이 되고 토라를 준수하는 것에 기초한 유대교의 가치를 국가에 주입해야 한다는 뜻이다. 일부 종교적 시온주의자들은 이스라엘 땅에 정착하는 문제를 메시아적 미래 세계에서 아주 중요한 국면으로 받아들인다.

이것은 유대인이 이스라엘로 귀환하는 것을 예수님의 재림에 대한 예비 단계로 간주하고 이스라엘의 적들과 맞서 지원하는 일부 기독교 시온주의자의 의견과 다르지 않다. 반면, 종교적 유대인 가운데 일부는 시온주의가 메시아 도래와 유대인의 이스라엘 귀환 시기를 하나님보다 앞서 결정한 것으로 보고 철저하게 배격하기도 한다. 세속적인 유대인들은 종종 시온주의를 반대했고 때로는 편협한 민족주의로 평가하기도 한다. 그들은 유대인을 위한 국가적 고향을 강조하는 것을 비유대인이 대다수인 국가에 거주하는 유대인의 통합을 가로막는 나쁜 대안으로 간주한다.

이스라엘 사람들은 대부분 시온주의가 그들이 태어나고 여전히 거주하는 땅에서의 삶과 거의 무관한 추상적 개념이고 대개 그렇듯이 자신들은 현재 있는 곳에서 살아갈 권리가 있다고 생각한다. 그런데 일각에서는 유대인과 이방인이 모두 평등하게 생활하는 국가가 현재 상황보다 바람직하다고 주장하면서 유대인이 이스라엘을 독점해야 한다는 시온주의자들을 배격한다. 종교적인 유대인 공동체의 숫자나 영향력이 빠르게 성장하고 있음에도 불구하고 이스라엘 사람들은 대부분 세속적이다. 그들은 이스라엘을 유대인의 민족적 고향으로 간주하면서도 종교적 생활 방식을 유대 시민에게 강제로 부과할 필요가 없다는 헤르츨의 시온주의 사상을 추종한다.

이스라엘의 적대적인 세력들은 시온주의를 인종 차별적인 몹시 악한 사상이고 이스라엘은 아주 문제가 많은 국가라고 매도해 왔다. 중동에서 비무슬림이 다수를 차지하는 유일한 국가라는 사실이 이와 관련이 있을 것이다. 주변 국가는 대체로 이스라엘의 경우처럼 대다수 구성원이 추종하는 이슬람을 국교로 인정한다. 일반적으로 그들은 이스라엘처럼 자국의 소수 종교에 호의적이지 않았고 그 지역에서 시온주의가 영향력을 행사한 이후로 줄곧 격렬하게 반대해 왔다.

이슬람 공동체 내부, 특히 수니파와 시아파 사이에서 곧잘 폭력이 발생하기도 한다. 지나칠 정도로 상대를 용납하지 않아 다른 집단에 속한 다수의 사람을 한꺼번에 살해하려고 자폭을 시도할 때도 있다. 아랍 국가는 대체로 이스라엘만큼 민주적 가치를 강력하게 고수하지 않는다. 시온주의가 중동의 완전한 이슬람화를 방해한다는 사실을 제외하면 시온주의가 어째서 분노의 대상이 되는지 이해하기 어렵다.

반면, 시온주의 반대자들은 이스라엘 건국이 오늘날 중동에서 발생하는 모든 문제, 즉 아랍 세계에서 유대인의 추방이나 이슬람과 다른 두 아브라함 종교(*유대교와 기독교) 간의 갈등을 초래했다고 주장하기도 한다. 이스라엘을 불가촉천민 국가로 치부하는 것을 시온주의에 대한 응당한 평가로 간주하는 사람도 적지 않다. 시온주의의 교리는 백인 우월주의 시대에 남아프리카공화국이 특정 인종 집단을 우대했던 아파르트헤이트 교리와 다르지 않다는 것이다.

많은 사람이 이스라엘에 대해 말하는 것과 다르게 이스라엘은 사실 아주 평범한 국가이고 고도의 현대 기술을 갖춘 세계 경제의 일원으로서 미국이나 여러 유럽 국가와 거의 구분할 수 없다. 유대교와 이슬람과 같은 종교 또는 이집트와 이스라엘과 같은 국가를 다룬 책 가운데 상당수가 낙타를 타고 있는 사내나 서쪽 벽에서 기도하는 전통적 유대인이 등장하는 오래된 모습을 마치 그 국가나 종교의 모든 것처럼 소개하는 것은 실망스럽다.

이스라엘은 유대인들이 서쪽 벽에서 기도하려는 욕구가 넘쳐나는 나라처럼 보이지만, 사실 이스라엘에 거주하는 유대인은 대부분 서쪽 벽이나 다른 곳에서 어떻게 기도하는지 잘 모르거나 알고 있어도 그런 행위에 별다른 관심을 보이지 않는다. 안식일에 주차장을 운영하거나 인기 있는 랍비가 어떤 범죄 때문에 체포됐다고 해서 예루살렘에서 일어나는 폭동은 철저히 고립된 주민들 가운데 극히 일부가 참여하는 사건이다.

마찬가지로 이스라엘의 아랍 시민 가운데는 다른 지역의 팔레스타인 사람들과 완벽한 일체감을 느끼고 이스라엘 국가의 멸망을 바라기도 한다. 심지어 이 목적을 실행하려고 폭력을 행사할 준비가 된 사람들도 있고 아랍 민족주의는 물론 팔레스타인을 이슬람 국가로 믿는 사상을 아주 강력하게 추종하기도 한다.

이스라엘 경찰이 군 복무에 항의하는 초정통파 유대인들을 해산하고 있다.

하지만 이스라엘의 아랍인은 대부분 이런 주장에 동의하지 않고 이스라엘 국가에서 평범한 삶을 살고 있다. 현지 아랍 공동체에서 이스라엘 국가를 반대하는 주민들조차 법을 준수하고 효율적인 경제 관행을 채택한 나라에서 물질적으로나 법적으로 아주 괜찮은 삶을 영위하고 있다고 생각할 정도이다. 동쪽으로 몇 킬로미터 정도 떨어진 점령 지역과 요르단, 또는 대규모 팔레스타인 공동체가 존재하는 주변 국가와는 수준이 다르다. 팔레스타인 사람들은 그 지역에서 이스라엘에서보다 훨씬 열악한 대우를 종종 받아왔고 오늘날 팔레스타인 영토라고 부르는 곳도 사정은 다르지 않았다.

이것은 극적인 것과는 상당한 거리가 있는, 아주 지루하고 보도할 가치조차 없는 뉴스라서 대개 보도되지 않는다. 이것은 이스라엘이 여러 측면에서 건국자들이 염두에 둔 평범한 국가라는 사실을 암시한다. 물론, 건국자들은 이스라엘이 어떤 성격의 나라가 되어야 할지를 놓고 의견이 분분했다. 이스라엘이 처음 30년 동안 막연히 사회주의 국가로 남아있었거나 훨씬 더 종교적이었더라면 서구의 여러 나라와 비교했을 때 정말 특이한 국가가 되었을 것이다.

하지만 이스라엘이 서방이 아니라 중동 지역에 있고 또 스스로 서구와 동일시하고 그렇게 인정받고 있다는 점에서 이스라엘의 독특한 위상이 잘 드러난다고 볼 수 있다. 서구는 이제 지리적인 용어가 아니다. 아시아나 중동에서도 서구와 가깝게 지내는 국가가 적지 않고 모든 나라가 세계화의 영향을 받게 되면서 이런 식의 구분이 점차 의미를 잃고 있다.

여기서 우리는 국가 형태라는 실존적 문제가 이스라엘은 물론 이웃 나라를 비롯한 다수 국가와 무관하지 않다는 사실을 인정해야 한다. 전반적으로 이 국가들은 초기 식민지 개척자들이 만들었고 국경이 있고 반드시 어떤 실체를 따를 필요가 없는 공동체를 포함한다는 사실을 기억하는 게 중요하다. 아랍 세계의 독립 국가들이 국경에 적응하는 데 어려움을 겪고 있지만 이라크 시민이나 시리아 국민이라는 개념이 얼마나 빠르게 발전했는지 주목할 필요가 있다.

여기에는 그냥 지나칠 수 없는 문제가 존재한다. 특히 많은 시리아 사람이 자신들의 국경이 다른 사람들이 믿는 것보다 훨씬 더 넓다고 생각하면서도 개인들은 자국 중심적이다. 심지어 국경 너머에 있는 인종적으로나 종교적으로 자신들과 가까운 사람들과 갈등할 때도 다르지 않다. 비록 제대로 주목받지는 못했으나 아랍 세계에서도 이스라엘에서 목격되는 국가나 종교의 정체성에 얽힌 문제가 발생하고 있다는 것이나, 그것이 반드시 이스라엘의 존재 때문만이 아니라는 사실을 고려해야 한다. 이런 문제들은 오스만제국을 어떻게 처리해야 할지, 또 그 제국이 전복된 후 아랍 세계를 어떻게 조직할지에 대한 논의가 진행되던 19세기에 대부분 발생했다.

더 구체적으로 말하자면 이런 논의는 중동의 신생 독립 국가에만 국한하지 않는다. 자신이 사는 나라의 성격은 미국과 유럽 국가에서도 근본적으로 논란의 여지가 있는 개념으로 간주하기도 한다. 최근에 튀르키예의 유럽연합 가입 여부를 논의하는 과정에서 튀르키예가 유럽에 속하는지가 쟁점이 되었다. 이것은 유럽이 무엇인지, 유럽의 개별 국가들이 어떻게 전체적으로 연합을 형성하는지, 그리고 그 연합의 성격이 어떠해야 하는지에 관한 여러 문제를 제기하는데 이런 논의는 중동의 정치적 논쟁에도 일정 부분 활기를 불어넣고 있다.

이제 유럽은 분명히 기독교 이후 시대에 들어섰다. 기독교에 대한 열정이 급감하고 있지만 그렇다고 해서 유럽 국가들이 본래의 특징을 전혀 무시하고 있다는 의미는 아니다. 유대인이 종교적이거나 유신론자가 아니어도 유대인이 되는 방식에서 알 수 있듯이 유럽의 그리스도인은 기독교를 정체성의 핵심 요소로 간주할 수 있다. 그렇다고 그들이 기독교 신자이거나 교회에 다닌다는 뜻이 아니라 다른 무엇, 그러니까 요즘 증가 추세에 있는 무슬림이 아니라는 것이다.

이런 유형의 정체성이 그리스도인을 다른 사람과 구별하게 만드는 실질적인 근거가 될 정도로 매우 강력한지는 아직 확인할 수 없다. 하지만 사회적 정체성을 구축할 수 있는 구성 요소가 제한적이어서 가능한 범위 내에서 만족해야 할지도 모른다. 만약 활용할 수 있는 게 과거의 종교적 생활 방식에 대한 희미한 기억뿐이라면, 어쩌면 그것으로도 충분할 수 있다.

이슬람에 대한 유대인의 경험

이스라엘 국가가 출범하자 아랍 세계의 유대인은 어려운 처지에 놓였다. 그들의 충성심은 자국과 이스라엘 사이에서 분열된 것으로 폭넓게 의심받았다. 현지 아랍 정부들이 자국의 유대인 시민을 몰아내고 재산을 박탈하는 게 신생 유대인 국가를 정복하는 것보다 훨씬 간단하다는 게 증명되었다. 외국인에 대한 혐오는 거의 실패하지 않는 정치적 전략이고 적어도 잠정적으로는 아랍 정부의 입지를 강화하는 데 충분히 효과적이었다.

아랍 정부는 최소한 자국 시민에게 그곳을 떠나는 유대인의 재산을 제공할 수 있었다. 아랍 국가에서 이주한 유대인은 이스라엘의 인구 비율을 아쉬케나지 유대인에서 세파르디 유대인이나 미즈라치(*아랍어나 페르시아어를 구사하는) 유대인으로, 대부분 유럽에서 건너 온 유대인에서 중동 지역 출신의 유대인으로 변화시켰다. 하지만 엘리트들은 한동안 바뀌지 않았고 오늘날에도 인구 통계학적 변화를 제대로 반영하지 못하고 있다.

이런 추방은 이슬람 세계 유대인이 겪은 일반적인 경험을 대변하지 못한다. 이슬람 세계는 전반적으로 기독교 유럽보다 훨씬 더 긍정적이었다. 반면에 유대인의 추방은 소수 민족이라면 세계 어느 곳에서든 겪을 수 있는 사례가 갖는 임의적 성격을 보여준다. 과거에는 이슬람 땅에서 지내는 유대인의 삶이 가끔 불안정하거나 때로는 불가능했다. 모로코를 제외하면 오늘날 아랍 세계에 남아있는 유대인은 거의 눈에 띄지 않을 정도이고 일부 국가에서는 실제로 한 자리 숫자에 불과하다. 이전 공동체의 오랜 역사와 최근까지 그 숫자가 상당했던 것을 고려하면 이것은 놀라운 수준이다.

아랍 세계 곳곳에서 유대인이 제거되었는데 세계가 유대인과 끝없이 갈등한다고 여기는 사람들의 두려움을 확증하는 방식으로 진행되었다. 시온주의의 반대자들은 그것을 유대 국가의 출범에 따른 필연적 결과로 간주한다.

오늘날까지 상당한 규모의 유대인 소수 민족이 존재하는 중동 유일의 이슬람 국가는 튀르키예와 이란이다. 어쩌다 발생하는 문제를 제외하면 나름대로 특별한 간섭 없이 평화롭게 살고 있다. 이란의 유대인은 그곳에서 어려운 시간을 보내고 있다는 인식이 널리 퍼져 있고 다른 나라에 강력한 지지자가 많아서 어렵지 않게 국외로 이주할 수 있다.

유대인에 대한 이란의 태도는 아마디네자드 정권 지지자 사이에서도 상당히 온건하다. 이란인들은 유대인과 이스라엘을 별도로 구분한다. 정부는 시온주의를 거부하는 네투레이 카르타('도시의 수호자')와 같은 극단적 정통파 유대인을 회의에 초대해서 이점을 노골적으로 부각하기도 한다. 하지만 그들은 유대인 세계에서 아주 소수에 지나지 않는다.

2009년 아마디네자드 대통령의 반대파에 섰던 유대인은 이스라엘에 대한 특별한 애정보다는 이란 정부가 이스라엘과 맞서고 무엇인가 이란에 이익이 된다는 생각에서 조용히 이스라엘을 지지했다. 이란처럼 폐쇄적인 사회에서, 또 이스라엘이 이란을 자주 위협한다는 것을 고려하면 아주 당연한 일이지만 이스라엘에 특히 회의적인 곳에서 그런 태도를 평가할 방법을 찾는다는 것은 쉬운 일이 아니다. 그들 대부분은 이란에 반유대주의가 거의 존재하지 않는다고 주장한다.

경우에 따라서는 이렇게 뚜렷한 친유대주의가 너무 지나칠 때도 있다. 예를 들어, 2009년에 뉴욕 타임스 기자 로저 코헨이 이란을 방문해서 유대인 공동체는 다른 모든 사람과 더불어 자유롭게 이스라엘을 반대하는 시위를 할 수 있다는 뉴스를 취재한 적이 있다(뉴욕 타임스, 2009년 2월 22일). 그들에게 이스라엘을 지지할 수 있는 자유가 있는지 확인했더라면 훨씬 더 흥미로웠을 것이다.

유대인 공동체의 몫으로 배정된 의석으로 국회의원이 된 유대인 무함마드 모타메드는 자신이 일차적으로는 이란인이고 그다음이 유대인이라고 인정했다. 사람들은 그 순서를 바꾸어도 이란에서 공적 생활을 이어갈 수 있을지 궁금해했다. 하지만 이란 정권의 반대자들은 미국과 이스라엘처럼 이란 정부가 끝없이 비난하는 국가들을 상당히 긍정적으로 인식하고 있다는 점을 지적할 필요가 있다.

튀르키예

이란과 달리 튀르키예는 세계 최초로 이스라엘을 인정한 국가이고 이슬람 세계에서 가장 가까이 지내는 공식적인 동맹국이다. 2009

년 튀르키예 정부는 가자지구 전쟁 이후 이스라엘과 단호하게 거리를 두었고 에르도안 대통령은 유대인과 무슬림의 행동을 극명하게 대조하는 듯한 몇 가지 흥미로운 발언을 하기도 했다. 수단의 대통령은 무슬림이라 전쟁 범죄자가 될 가능성이 없다고 말하면서도 유대인은 사람을 죽이는 데 아주 능숙하다고 낙인찍었다.

이것은 유대인을 비롯해 관련된 사람 모두, 심지어 수 세기 동안 튀르키예에서 무슬림으로 살아온 된메 무슬림(이슬람으로 개종한 유대인들) 종파까지 크게 의심하던 역사와 무관하지 않다. 튀르키예의 서점마다 유대인이 어떻게 모든 상황을 통제하는지, 유대인 또는 비밀 유대인 지도자가 실제로 얼마나 많은지, 다른 유대인들과 함께 이방 세계에 맞서 어떻게 일사불란하게 행동하는지를 다룬 책들이 넘쳐난다.

이스라엘에 대한 열렬한 비판자인 튀르키예 총리 레제프 에르도안과 세속적인 튀르키예 공화국의 창시자 케말 아타튀르크 모두 된메 무슬림으로 잘못 알려진 인물들이다. 아타튀르크가 된메가 운영한 학교에 다닌 것은 사실이지만 많은 무슬림이 그랬고 오늘날 이슬람을 철저히 추종하는 된메는 가족끼리는 일부 관계가 있어도 과거에 그들이 주도하던 일탈적인 유대교와는 전혀 무관한 상태이다. 된메는 거짓 메시아인 샤베타이 즈비(1626-1676)가 이스라엘 땅으로는 가는 여정에 동행했던 유대인의 후손들이다. 여정은 1666년 이슬람 오스만제국에서 즈비가 목숨을 구하려고 개종하는 바람에 튀르키예에서 멈추고 말았다.

추종자들 대부분은 즈비가 개종하자 그를 포기했다. 다른 종교로 개종하면 유대인 메시아의 지위를 유지하기 어렵다. 그런데 어떤 사람들은 이것이 메시아적 계획의 일환이고 그의 개종은 단지 명목상일 뿐이라서 임무는 순조롭게 진행 중이라고 주장했다. 이 작은 집단은 오스만 영토에 남아서 살로니카를 근거지로 삼았고 튀르키예 공화국이 건국되고 그리스와의 전쟁이 끝난 뒤에는 튀르키예로 이주해야 했다. 덕분에 그들은 도시에 거주하던 그리스의 유대인을 몰살한 나치를 피할 수 있었다.

된메는 한동안 튀르키예에서 특정 집단을 대표하면서 청년 튀르크 운동에 열정적으로 참여하고 개혁을 옹호했지만 오늘날에는 튀르키예의 일반 무슬림 사이에서 흔적을 전혀 찾아볼 수 없게 되었다. 하지만 대중의 상상 속에서는 여전히 강력하고, 서로 협력하거나 다른 지역의 유대인과 힘을 모아서 자신들의 의도대로 세상을 주도한다.

술탄 압뒬하미트 2세가 팔레스타인에 유대인 국가를 건설하려는 헤르츨의 요구를 거부하자 그것에 대한 앙갚음으로 유대인들이 폐위를 결정했다는 말이 있다. 나중에 유대인 에마누엘 카라소가 술탄에게 살로니카로의 유배를 알려준 것이나, 유대계 알라티니 가문이 주택을 제공한 것은 모두 이와 같은 주장과 일치한다. 왕조의 종말을 촉발한 청년 튀르크 운동과 왕조를 최종적으로 끝장낸 케말 아타튀르크가 유대인과 관계가 있고, 또 살로니카와 그곳의 대규모 유대계 주민과 조금이라도 관련이 있다는 사실은 그런 거래를 증명하는 것과 다르지 않다.

무스타파 케말은 살로니카 출신이었다. 흥미롭게도 이런 주장이 튀르키예에서 너무 유명하다 보니 증거를 제시해도 수백 년 전 이슬람으로 개종한 유대인조차 어떤 의미에서는 여전히 유대인이고 다른 유대인과 협력하면서 움직인다는 의심을 받고 있다는 것이다. 당연한 일이겠지만 역설적으로 샤베타이 즈비의 추종자들은 아쉬케나지나 세파르디를 막론하고 어떤 주류 유대인도 수용할 수 없는 유대교 교리를 따른다는 이유로 오랫동안 유대인 세계에서 배제되었다.

사실 최근 몇 년 동안 튀르키예가 유대인과 이스라엘에 보여준 우호적 태도는 대부분 반유대주의라고 부를 수 있는 시각을 상당히 반영하고 있다. 현재는 급격하게 줄어든 유럽연합(EU) 가입에 대한 희망 때문에 미국을 비롯한 여러 지역에서 막강한 힘을 가진 유대인을 영입하는 게 자신들을 옹호하는 데 도움이 된다고 생각했던 것 같다. 게다가 튀르키예는 군사 쿠데타의 가능성을 걱정해서 전 세계적으로 강력한 힘을 보유한 유대인을 자기편으로 끌어들이면 쿠데타를 예방할 수 있다고 기대했다.

과거에 에르바칸이 주도한 종교적인 튀르키예 정부를 군부가 강제로 해산했는데 유대인이 모든 사건의 배후에 있다고 전제하면 그들이 세속주의를 위해 군사 개입을 유도한 것이라고 어렵지 않게 해석할 수 있다. 튀르키예에서는 「시온 의정서」가 히틀러의 「나의 투쟁」만큼 널리 읽히고 있고 덕분에 유대인은 전능하다는 음모를 믿는 분위기가 만들어지고 있다. 이것 때문에 유대인들이 난처할 때도 있었다.

유대인들은 20세기 초 튀르키예에서 일어난 홀로코스트와 비슷한 아르메니아인들의 학살을 축소하거나 심지어 부정하도록 압박을 받았다. 모든 문제에 막강한 영향력을 행사하는 미국 유대인들을 친절하게 대하면 튀르키예가 유럽에서 포부를 성취하는 데 중요한 동맹을 확보할 수 있다는 생각 덕분이었다. 실제로, 미국 내 유대인 조직들 사이에서 상당한 지지를 모으는 데 성공했지만 이것이 유럽에 끼친 영향은 불분명했다. 전 세계 유대인이 자신들만의 목표를 추구한다는 반유대주의적 가설에도 불구하고 미국에 있는 사람의 견해는 그가 유대인이든 아니든 유럽에 있는 사람에게는 별다른 의미가 없기 때문이다.

이스라엘에 등을 돌리는 것은 당연히 다른 사건들과도 관계가 있다. 이라크나 시리아 같은 튀르키예의 이웃 국가들로부터 위협이 줄었다거나 튀르키예의 집권당 AKP(Adalet ve Kalkınma Partisi, 정의발전당)가 이슬람 국가의 비슷한 정당들과 자연스럽게 좋은 관계를 지속하는 게 거기에 해당한다. 하지만 된메를 진정한 무슬림으로 간주하지 않거나 무슬림이 벌인 행동을 집단학살로 인정하지 않는 것은 이슬람에 대한 심각한 오해를 드러낸 것이라고 할 수 있다.

일단 이슬람으로 개종했다면 다른 사람처럼 좋거나 나쁜 무슬림으로 간주하는 게 마땅하다. 무슬림은 과거에도 그랬지만 지금도 가끔 잘못을 저지를 수 있다. 2009년부터 10년까지 튀르키예 총리를 지낸 에르도안은 무슬림이 무슨 행동을 하든지 다른 종교를 믿는 사람보다 더 따뜻한 관계를 유지했고 무슬림 사회에서 유대교에서 이슬람으로 개종한 사람과 그 이외의 사람을 따로 구별했다. 그렇지만 이슬람의 미덕은 진짜 무슬림이 되면 적어도 형식적으로는 인종적, 민족적 차이를 무시하고 모두 수용하는 것이다.

어쩌면 된메를 진짜 무슬림이 아니라고 여겼을지 모른다. 하지만

> TIP
> **〉〉〉 시온 의정서**
>
> 「시온 의정서」는 1897년 8월 29일부터 사흘간 스위스 바젤에서 열린 시온주의자 회의에서 발표한 장로들(14명)의 결의 내용을 담고 있다고 주장한다. 1903년 러시아 신문에 일부 연재되었고, 1905년 러시아 작가 세르게이 닐루스가 「소수 국가의 위대한 목표: 적그리스도와 사탄의 지구 점령」의 부록으로 처음 출간했다. 1917년 러시아 혁명 이후 유럽과 미국, 남미, 아시아, 중동으로 퍼졌다. 히틀러와 나치는 유대인이 세계를 지배하려는 한다는 근거 없는 신화를 그대로 받아들여 반유대주의 정치 선전에 악용했다. 여전히 일각에서 사실처럼 받아들이고 있는 「시온 의정서」의 허구성을 노벨 평화상을 수상한 엘리 위젤은 이렇게 지적한다. "만약 한 책이 대중의 증오심을 일으킬 수 있다면 이 책이 바로 그런 책이다. …이 책은 거짓과 중상모략에 관한 것이다."

그들이 무슬림이라는 증거는 확실하고 그들은 실제로 최근 몇 년이 아니라 이미 4세기 전에 개종했다. 아마도 현재의 시점에서는 유대인으로 정체성을 밝히고 이스라엘이나 미국으로 이주하는 게 이익이라면 그랬을지 모른다. 하지만 그들은 그런 선택을 하지 않았다. 따라서 우리는 그들이 진심으로 무슬림을 자처했다고 볼 수 있다. 현대 튀르키예에서는 실제로 유대인만 편견의 대상이 되는 게 아니지만 그들이 받는 의심은 그 나라에서 유대인을 대하는 태도를 보여주는 중요한 지표가 된다.

국가 차원의 반유대주의적 분위기가 그 나라의 외교 정책에 아주 강력하게 작용하는 요인이 될 수 있다는 것 역시 지적할 필요가 있다. 튀르키예를 방문하면 오스만제국의 다문화적 성격, 그 당시에 번성한 기독교와 유대교 소수 민족, 튀르키예 도시에 여전히 존재하는 많은 교회와 회당에 대해 종종 듣게 된다. 그 가운데 일부는 눈에 띌 정도로 활발하지는 않더라도 여전히 존속하는 게 사실이다.

하지만 주변의 분위기는 압도적으로 무슬림이 많을뿐더러 전반적으로 소수 민족에게 적대적이다. 건축물 대부분이 예배자들이 사라진 그저 비어 있는 건물에 불과하고 다수가 무슬림이면서도 비무슬림의 존재에 불안을 느끼는 국가에서 자신들의 역할이 매우 제한적이고 어쩌면 일시적일 수 있다는 현실에 완전히 주눅이 든 예배자들이 약간 존재할 뿐이다.

여기서 우리는 반유대주의의 중요한 특징을 지적하지 않을 수 없다. 반유대주의는 쉽게 자극받지만 일단 그렇게 되면 간단하게 제지할 수 없을 정도로 강력한 사상이다. 음모를 꾸미는 집단이 세상을 움직인다는 주장은 정치를 선악이 충돌하는 흥미진진한 게임으로 만들어 버린다. 그리고 그 집단이 바로 유대인이라는 생각은 전통적인 타자, 즉 예수님이나 무함마드를 통해 주어진 계시가 거짓이라고 수세기, 또는 수천 년 동안 줄곧 떠들어 대고 있는 완고한 유대인이라는 의심과 정확하게 일치한다.

이슬람의 관점에서 튀르키예 유대인은 세속주의나 케말주의와 관련 있고 과거에 몇몇 대표적인 유대인들이 그런 운동에 직접 참여하기도 했다. 유대인은 특정 종교에 소속되지 않은 국가에서 더 잘 지내기 때문에 세속주의적인 기질이 강하다. 튀르키예가 이슬람 국가가 되는 것을 가로막는 음모를 보여주는 증거가 없다는 사실이 음모가 존재하지 않는다는 증거가 되지는 못한다. 음모자들이 비밀리에 움직이다 보니 그런 증거는 당연히 남지 않는다.

하지만 유대인이 세속적인 사회에서 사는 것을 선호한다는 증거는 많다. 이것은 그들이 이슬람 국가를 반대하고 엄청난 권력과 영향력으로 이슬람 국가의 등장을 가로막고 있다는 명백한 증거가 될 수 있다. 유대인에 대한 이런 강력한 비판은 이슬람주의자들뿐만 아니라 아랍인을 대하는 이스라엘의 행동에 분노하고 중동에 유대인의 국가가 존재한다는 생각 자체에 전적으로 적대적인 좌파나 민족주의자 사이에 파다하게 퍼져 있다.

세속주의자들이 대체로 세속주의자인 유대인을 지지할 것이라고 예상했을지 모르지만, 그들은 유대인을 비난하는 이슬람주의자들의 외국인 혐오에 패배하는 것을 두려워하면서도 유대인의 국가를 거부하고 튀르키예의 문제에 대한 그들의 영향을 내켜 하지 않는다는 점을 드러내고 싶어 했다. 대중은 이스라엘이 미국과 아주 가깝다고 생각해서 후자에 대한 비호감을 전자에 대한 적대감과 연결 지을 때가 많다. 그러면서도 이스라엘은 미국보다 뒤처지는 적이라서 그만큼 더 안전하게 본다.

튀르키예의 좌파는 이스라엘을 반미 대열에 끌어들였는데 그것 자체는 전혀 문제 될 게 없다. 이스라엘이나 그 정책에 반대한다고 해서 반유대주의는 아니기 때문이다. 반유대주의는 대체로 구사하는 언어에 달려 있다. 그런데 좌파의 언어는 국제 유대인의 사악한 계획과 서구 유대인의 권력, 이스라엘의 행동은 나치만큼 악할 뿐 아니라 실제로는 그 이상이라는 완전히 균형을 상실한 태도에 대부분 근거한다. 따라서 가자지구에 대한 이스라엘의 공격은 아우슈비츠보다 더 나쁘고 가자지구의 팔레스타인 사람들에 대한 처우는 나치가 유대인을 강제 수용소에 가둔 것보다 더 나쁘다고 말한다. 정치에서 과장은 어느 정도 허용해야 하지만, 그것을 심각한 주장으로 받아들이는 것은 곤란하다. 유대인 이외에 다른 대상에 대해서도 이런 식의 주장을 제기한 적이 있었을까?

관용과 한계

이런 당면한 문제들에도 불구하고 최근까지 이슬람 세계에 거주하는 유대인의 역사는 기독교권에서의 경험과 매우 달랐다는 것은 의심의 여지가 없다. 아라비아반도 같은 이슬람의 원조 중심지에서는 유대인 소수 민족이 곧장 살해되거나 강제로 개종해야 했고 또 자발적인 개종 역시 잦았던 게 분명하다.

반면에 오스만제국처럼 유대인을 유용하게 생각하는 특정 통치자와 연관 있거나 이베리아반도처럼 유대인, 그리스도인, 무슬림 간의 세력 균형에 도움이 되면 이슬람 세계에서도 오래도록 아주 행복하게 지낼 수 있었다. 법적으로는 '책의 사람들', 즉 아흘 알-키타브로 분류되었고 다신교도와 달리 일정하게 특권을 누렸다. 그러나 이런 지위는 지역 상황에 따라 차이가 있었고 지금도 여전히 변화하고 있다.

오늘날 이슬람 세계가 소수 민족에게 얼마나 관대했는지에 대해서는 과장이 적지 않고 관용이라는 개념은 매우 현대적 개념이다 보니 사실과 거리가 멀다. 포이어바흐는 유대교를 염두에 두고서 "절대적 불관용이야말로 유일신교의 은밀한 본질"이라고 주장한다(Feuerbach, 1881, 113-114). 평화롭게 공존하거나 유대인을 살해하고 개종과 이주를 강요한 시기도 있었지만 유대인은 대개 지역 주민들의 적대감이 강하지 않았을 때 살아남았고 그런 태도가 바뀌면 처지 역시 달라졌다.

이런 일이 일어난 것은 이스라엘이라는 국가의 건국 때문만이 아니었다. 무슬림 세계 전역에서 유대인은 종종 가혹한 대우를 받았고 그렇지 않은 경우에도 수시로 변심하는 통치자나 폭도의 뜻에 따라서 지내야 했다. 이것은 아주 바람직하지 않은 상황이었다. 그런데도 기독교의 통치보다 더 나을 때가 많았는데 이런 차이를 인정하는 게 중요하다. 아브라함을 조상으로 둔 다양한 종교가 완벽한 조화를 이루면서 공존한 일종의 '황금기'가 존재했다고 가정하지 않는 것도 마찬가지다. 그런 상황은 실제로 존재하지 않았기 때문이다.

유대인 공동체가 지역 주민과 함께 살면서 종종 겪은 어려움이 그들의 문화생활까지 어쩌지는 못했다. '유배'라고 불리는 기간 내내 엄청난 양의 지적 창의성을 발휘했기 때문이다. 제대로 돌보지 않는 식물이 잘 자랄 때가 있듯이 문화는 더 열악한 환경에서 번창한다는 다소 거친 일반화가 있는데 어느 면에서는 이 경우가 거기에 해당한다. 사람들은 일단 사회와 단절되면 자신이 고수하는 원칙이 더 큰 공동체의 원칙과 얼마나 관련이 있는지, 또 그것이 얼마나 잘 들어맞는지 확실하고 신속하게 가늠하도록 자극을 받게 된다.

유대인은 대개 자신이 생활하는 문화를 놓고 토론하는 데 능숙하다. 문화에서 약간 비켜나 있으면서도 외부인의 열정이나 적대감을 공유할 때가 많기 때문이다. 게다가 그들은 고유한 문화와 다른 문화를 연결한 경험을 이미 갖고 있다. 그러니 개종하도록 요구받는 상황이 우호적이든 그렇지 않든 간에 한 문화를 다른 것과 연결하는 일은 중대한 문제이다. 어쨌든 수용할 가능성이 있는 문화가 적어도 자기 문화보다 나쁘지 않다면 개종을 마다할 이유가 있을까? 현대에는 이 문제가 개종보다 동화에 더 가깝지만 중요하기는 마찬가지다.

이슬람 세계에서 겪은 유대인의 경험이 기독교 세계와 상당히 다르다고 종종 말하지만 실제로는 그렇지 않다. 급속하게 성장한 이슬람 제국은 얼마 지나지 않아 중동과 북아프리카의 주요 유대인 중심지를 점령했다. 이것은 현지 유대인에게 문제가 될 수 있는 상황이었을 것이다. 마침내 무함마드는 아라비아의 유대인을 아주 거칠게 다루게 되었고 전진을 막으면 대부분 학살하거나 노예로 삼았다.

꾸란이 유대인을 대하는 방식은 아주 다양하다. 자발적인 개종자가 많을 수 있다는 희망의 시기가 반영될 때는 동정적이지만 대다수 유대인 공동체가 이슬람의 메시지에 빠져드는 것을 거부하면 아주 날카로운 태도를 보인다. 그래서 처음에는 기도 방향이 예루살렘이었다가 메카로 바뀌었다. 아라비아의 유대인 공동체는 비중이 급격하게 줄어들면서 확산하는 이슬람 세력에 종속되었고 실제로 아라비아반도에 잔류한 유대인은 정치적 영향력을 두 번 다시 회복하지 못했다.

유대인 소수 민족이 거주하는 지역을 추가로 정복한 신흥 세력은 비단 유대인뿐만 아니라 이 집단을 처리하는 방법을 모색해야 했다. 그들도 아라비아반도를 떠나면 소수 민족에 불과해서 적어도 무슬림이 국가 전체를 확실하게 장악하기 전까지는 아랍인들이 이런 집단들과 타협하는 게 정치적으로 합리적이었다. 어쨌든 처음에는 정복자 아랍인들에게 언어, 조세 체계, 사회 구조가 거의 완벽하게 낯설었고 광활한 영토와 다양한 종류의 사람들을 흡수하는 데 시간이 필요했다.

이 지역의 급속한 이슬람화는 이슬람 정복의 무수한 성공 사례 가운데 하나로 간주해야 한다. 꾸란에서 유대인과 그리스도인을 가리키는 '책의 사람들'은 무슬림이 아니라서 특별 세금을 내거나 사회적으로 열등한 지위를 받아들여야 했지만 그 밖에는 계속해서 일하고 신앙생활을 할 수 있게 허용될 때가 많았다. 실제로 유대인이 겪은 법적 장애는 다양했으나 늘 그대로 적용하지는 않았다. 어떤 면에서는 늘 엄격하게 법을 적용할 때와 비교하더라도 그렇게 부담되지 않을 정도였다.

무슬림과 유대인의 관계는 꾸란 구절(29:46)처럼 다소 부드럽고 평화롭고 관용적이었다. "정당한 방법이 아니면 책의 백성(그리스도인과 유대인)과 다투지 말라." 비슷한 명령이 여러 곳(2:62, 2:136, 2:256, 그리고 5:82의 후반부)에 있지만 마지막 구절의 앞부분은 호전적이다. 이슬람이 기독교와 유대교의 예언자와 주요 인물을 존중하고 꾸란이 유대교 예언자를 다수 언급한 것은 분명한 사실이다.

이제 바빌로니아의 주요 유대인 중심지는 이슬람 세계의 일부가 되었다. 처음에 유대인들은 다윗과 관련이 있는 것으로 알려진 로쉬 갈루타(유배 공동체의 족장), 그리고 이어서 법률 전문가로 바빌로니아 아카데미의 수장을 지낸 게오님의 지휘로 점차 제도적 독립을 일정 수준 확보했다. 제국의 부가 증가하고 도시화가 급속히 진행되자 유대인은 특정 지역에 집중적으로 거주하면서 자신들과 관련된 문제

> **TIP**
>
> **〉〉〉 중국 상하이는 바빌로니아 출신 유대인의 작품**
>
> 1842년 난징조약 체결 전 중국 상하이는 무명의 도시였지만 불과 50여 년 만에 영국 런던 수준의 교통과 가스 공급망을 갖추었다. 1930년대에는 미국 시카고에 버금가는 세계에서 네 번째로 큰 도시가 되었다. 상하이가 '중국의 뉴욕'으로 변신하고 금융, 상업, 산업의 중심지가 된 것은 고대 바빌로니아에 포로로 끌려갔다가 돌아오지 않고 바그다드에 정착했던 유대인의 후예인 데이비드 서순과 엘리 커두리 덕분이었다.
>
> 중국으로 건너간 둘은 서로 경쟁하면서 상하이에 기업가 정신을 불어넣었고 화려하며 세련된 건물을 지어 유럽 못지않은 도시 문화를 건설했다. HSBC은행 설립을 주도했던 서순 가문이나 커두리 가문 모두 1949년 중국 공산당 집권 이후 상하이에서 몰락했지만 커두리 가문은 홍콩에서 끝까지 살아남아 유명한 페닌술라 호텔과 홍콩 최대 전력회사를 경영하는 등 여전히 영향력을 발휘하고 있다.

에 대한 법적 지위를 더 쉽게 파악할 수 있었다. 그렇게 해서 유대인 공동체는 게오님의 권위를 중심으로 더욱 긴밀하게 결속했다. 멀리 떨어진 사람들이 전문가에게 문의 사항을 편지로 보내면 결국 답장을 받을 수 있게 되었고 점점 좋아지는 도로를 통해 소식이 전해지면서 무역도 당연히 증가했다.

10세기에 이르러 이슬람 세계의 통일성에 의문이 제기되었고 이후로 무슬림 사이에서 갈등이 계속되자 소통이 단절되면서 아주 중요한 발전, 그러니까 지역 사회의 법적 자율성과 법 해석 방식에 대한 자율성이 훨씬 더 커졌다. 여러 단계마다 중앙 당국이 일정한 획일성을 강요하려 했지만 오늘날까지도 유대인 세계의 지역 법원과 기관은 무엇이 코셔인지, 어떤 개종을 인정할 수 있는지, 이혼이 유효한지에 대해서 더 높고 최종적인 권위에 호소하지 않아도 직접 결정을 내릴 수 있다.

당시 경제 상황을 보면 유대인은 광범위한 상업 및 공예 활동에 참여했고 종종 이슬람 세계와 그 너머 지역과의 인맥을 동원해 상품을 이동하거나 중동에서 공급이 부족한 품목을 수입했다. 그들은 점차 도시화했는데 당시 대도시는 전 세계적으로 대단한 문화와 상업 중심지였다. 이런 사례는 스페인에서 단연 두드러졌다.

8세기에 북아프리카에서 온 무슬림이 국가를 점령했을 때 인구 구성은 다양했다. 하지만 유대인 공동체는 자신들의 종교를 강요하는 서고트족 왕들에게 제대로 대우받지 못했다. 앞서 언급했듯이 유대인은 이후 수 세기 동안 양쪽 진영에서 싸웠고 스페인의 무슬림과 그리스도인 모두에게 높은 대우를 받았지만 전자가 후자보다 개방적이었다. 여기에 도움이 되었던 한 가지는 이슬람 세계의 심장부에서 아바스 왕조에게 패배한 동쪽 출신 우마이야 왕조 잔당이 스페인을 통제한 것이었다.

우마이야 왕조는 이슬람 세계 서쪽에서 상대적으로 고립되자 유대인을 포함해서 이베리아반도에서 발견한 것에 더 의존하게 되었다. 통일된 국가의 안정은 11세기에 북아프리카 베르베르족의 침입으로 국가가 작은 단위로 분할되고 서로 빠르게 경쟁하기 시작하면서 깨졌다. 유대인은 지역 통치자와 궁정의 야망을 키우는 데 유용한 국가의 신민으로 곧잘 고용되었다. 물론 유대인을 효율적으로 고용하게 된 동기 중 하나는 지역 주민의 지지가 없었기 때문이다. 유대인이 무슬림 국가를 주무른다는 생각 때문에 무슬림 주민이 상당히 불쾌해했다는 증거는 많다. 덕분에 유대인 모두가 고용주들을 한층 더 의지하게 되었다.

하지만 11세기 말에는 북아프리카에서 알모라비드 왕조가 스페인에 들어와서 무슬림을 상대로 점차 드세지는 기독교의 도전에 맞서 싸웠다. 그들은 초기에 기독교도를 성공적으로 격퇴했지만 유대인의 공동체를 통제하는 수준에서 만족하려고 하지 않았다. 다음 세기에 더 적대적인 알모하드 왕조가 들어서면서 유대인은 북쪽 기독교 영토로 이주해야 했고 이제부터는 그리스도인이 유대인의 후원자가 되었다. 그러나 이베리아반도에서 그리스도인의 세력이 강해지자 그런 태도는 서서히 쇠퇴했고 결국에는 기독교가 완전히 지배하면서 유대인은 추방되고 공동체는 종말을 고했다. 무슬림이 비슷한 성공을 거두었다면 결론이 비슷했을지 궁금하다.

이슬람 세계가 12세기 이후 긴장 상태에 빠지면서 소수 민족에 대한 포용력도 감소했다. 점차 이베리아반도를 잃어버렸고 십자군은 한동안 이슬람 세계 중심부에 비무슬림 국가를 건설했다. 무엇보다 중요한 것은 1258년 몽골이 바그다드의 아바스 왕조를 파괴한 것이었다. 이 모든 일은 이슬람의 땅에 무슨 일이 일어나고 있는지에 대한 깊은 성찰로 이어졌고 오스만제국이 그 지역을 점령한 후에도 이런 논쟁은 바뀌지 않았다. 오스만제국은 사실 무슬림이면서도 아랍인이 아니었기 때문이다.

오스만제국의 점령은 오히려 운이 좋은 편이었다. 이 외국 제국에는 다양한 분야에서 무역 대리인은 물론이고 현지 주민이 아닌 이스탄불에 충성을 다할 개인이 필요했고 유대인은 이 임무를 수행하기에 적합했기 때문이다. 이베리아에서 유대인이 추방되었을 때 오스만제국은 그들을 받아들여 일방적으로 가장 좋다고 생각하는 곳에 거주하게 했다. 물론 유대인만 이런 방식으로 활용한 것은 아니었다. 다른 소수 민족에게도 정치적 임무를 맡겼고 그 덕분에 소수 민족에 대한 상당한 경쟁심과 악감정이 생겨났다.

오스만제국의 유대인은 직물과 가죽공예, 보석 사업 같은 특정 분야에 집중했다. 같은 종교를 가진 다른 지역 유대인과의 관계가 상업과 외교의 중개자 역할을 하는 데 도움이 되었다. 제국이 개별 국가로 분열하면서 유대인과 다른 소수 민족은 아주 곤란한 처지가 되었다. 특히 이스라엘이 국가로 출범하고 아랍과 또 다른 무슬림 적대 세력을 상대로 승리를 거두자 더욱 그랬다.

우리는 이 과정에서 이스라엘의 비중을 지나치게 강조해서는 안 된다. 아랍 세계의 그리스도인, 이라크의 예지디족, 이란의 바하이교도 등 다른 소수 민족 역시 무슬림이 다수를 차지하는 지역에서 생존하는 데 어려움을 겪었기 때문이다. 이스라엘에 대한 비난에는 한계가 있지만 그 범위를 확장하는 방식은 종종 놀라울 정도이다. 이슬람 세계의 유대인은 대부분 이스라엘, 미국, 유럽으로 이주했다. 부분적으로는 2,500년 전까지 거슬러 올라가는 중동의 아주 오래된 유대인 공동체는 이제 완벽하게 소멸했다.

이슬람권 유대인의 경험을 기독교권 유대인의 경험과 대조하는 것은 중요하다. 오랫동안 전자는 후자보다 유대인에게 더 나은 터전이었고 이슬람 세계에는 홀로코스트가 없었지만(아직은), 유대인은 대부분의 이슬람 세계에서 살아남지 못했다. 이슬람 세계에서는 유대인에 대한 폭동, 살인, 추방 등이 자주 발생했다.

"종교에는 강요가 없다"(2:256)거나 "모두가 동일하지 않다"(3:113)는 꾸란 구절을 인용하는 것과 유대인에 대한 이슬람의 태도는 전혀 무관하다. 꾸란에는 훨씬 더 가혹한 구절이 많고 어떤 경우든 개인의 희망에 맞추어 신학적 구절을 해석하거나 각색하는 경향이 있기 때문이다. 아랍 세계에는 아랍인이 셈족이라서 반유대적일 수 없다는 주장이 있다. 이런 주장은 아랍어로 번역된 반유대주의 고전 작품들이 적었거나 아랍 세계에 널리 퍼지지 않았더라면 더 설득력이 있을 것이다. 그것들은 아랍에서 이슬람 세계 전체로 건너갔다.

반면에 유럽의 인종 차별적 작품들이 이슬람 세계에 편입되었다는 것은 다소 부적절한 측면이 있다. 대부분의 이슬람 문화권에서는 유럽처럼 혈통이 사람을 결정한다는 생각을 거의 찾아볼 수 없다. 무함마드는 유대인 여성과 결혼하면서 무슬림이 되도록 요구했다고 한다. 하지만 일단 결혼한 뒤로는 다른 사람들과 따로 구분하지 않았던 것으로 보인다. 시간이 지나면서 다수의 유대인이 이슬람으로 개종했고 특정 종교로 개종한 사람이 가끔 겪는 것처럼 의심받았다. 하지만 전반적으로 이슬람은 개종자를 확보하고 새로운 종교에 익숙해지게 만드는 데 성공했다.

이슬람 초기에는 유대인 개종자가 많았기 때문에 유대인 전승과 관습을 바탕으로 이스라일리야트('이스라엘 민족 이야기')라는 연속적인 이야기가 만들어졌다. 하디스 문헌(무함마드와 동료들의 발언)을 다루는 일부 학자의 주요 임무 중 하나는 이 자료를 훨씬 더 정통적인 이슬람의 근본 사상과 분리하는 것이었다. 다른 종교로 개종한 후에도 여러 세대에 걸쳐 유대인으로 남는다는 개념은 이슬람의 법과 문화에서는 완전히 이질적이기 때문에 이슬람 세계의 반유대주의 문학에 대한 현대적 태도를 외부 세계와 동일한 열정으로 간주하면 안 된다.

SECTION 04

유대인의 관습

✶ ✶ ✶ ✶ ✶

계명들

유대교는 정론(正論, orthodoxy)이 아니라 정행(正行, orthopraxis)이라고 종종 말한다. 바른 신념보다는 바른 실천에 필요한 것으로 대부분 구성되었다는 뜻이다. 물론 이것은 틀린 말이지만 전통적인 유대교가 율법과 관습, 그러니까 아침에 화장실을 다녀온 뒤에 하는 기도, 잠들기 전에 하는 기도, 그리고 무엇을 입고 먹을 수 있는지 등 생활 전반에 걸친 규칙 체계에 중점을 두고 있다는 것은 사실이다. 그런데 이런 규칙은 모두 신앙에 근거를 두고 있어 자의적이지 않고 유대인이 해야 할 일에 대한 히브리어 성경의(이미 상당히 광범위한) 설명에서 상당한 법적 논의가 발전했다.

계명 또는 미쯔봇은 전통적으로 613개의 개별 규칙(타리악 미쯔봇)으로 이루어져 있다. 이것들 가운데 대부분은 토라가 기록될 당시 유대인 삶과 예배의 중심에 있었던 성전 의식과 관련이 있다. 반면에 신명기는 일부 제사를 특정한 거룩한 공간에 국한한 것으로 보이지만 레위기는 성전과 예루살렘이 필수적인 제사 장소가 아니다. 나머지 규칙은 신정 국가인 이스라엘에서만 적용할 수 있다. 그 가운데 약 270개만(50% 미만) 여전히 적용이 가능한 것으로 추정한다.

미쯔봇('계명')의 핵심은 하나님이 이런 방식으로 행동하라고 실제로 명령하셨기 때문에 우리가 순종해야 한다는 것이다. 하나님은 미쯔봇을 지키지 않아도 되지만 우리는 반드시 수행해야 한다. 우리가 그것을 포기하면 심각한 결과를 맞이하게 된다.

탈무드에 따르면 하나님은 날마다 슬퍼하는 사자처럼 포효하신다. "나의 자녀에게 화가 있으리라! 그들의 죄 때문에 나는 내 집을 파괴하고 내 성소에 불을 지르고 그들을 열방 가운데로 추방했다!"(Berakhot 3a). 문제의 집은 '베이트 미크다쉬', 곧 성전이다. 아마도 하나님은 자기 백성이 그들의 실수로부터 배우기를 바라셨고 그래서 교훈하려고 성전을 파괴하셨다. 어쩌면 파괴되도록 허락하셨다는 게 더 올바른 이해일 수 있다.

토라의 모든 미쯔봇은 우리가 하나님을 닮는 데 유익하다. 하나님은 옳은 일을 하시고 그분의 지시를 따를 때 우리도 옳은 일을 할 수 있다는 측면에서 그렇다. 물론 유한한 행위자가 무한한 존재와 같아지기는 어렵지만 가능한 한 그렇게 해야 한다. 이 대목에서 성전이 중요했다. 평범한 유대인의 상상력을 자극하고 의무를 수행하는 데 도움이 될 정도로 웅장한 건물이었기 때문이다. 따라서 하나님은 영감의 원천이 파괴되도록 허락해서 우리를 더 힘들게 만드시는 것처럼 보인다. 하지만 요점은 유대인이 성전을 다시 가치 있게 만드는 영적 성장의 수준, 그러니까 지금껏 심각하게 무너진 수준을 깨달을 때만 재건될 수 있다는 것이다.

이것은 세상을 바로 잡는다는 뜻의 티쿤 올람이 제대로 포착한 미쯔봇의 또 다른 특징을 잘 드러낸다. 미쯔봇은 하나님이 우리가 어떻게 살기를 바라는지 보여주기 때문에 영적 삶과 실제적 삶을 개선하는 역할을 하고 우리가 그분의 권위를 따를 때 우리는 그분의 백성으로 바뀌고 자신과 세상 모두가 포함된 사물을 한층 더 고상하게 바라보게 된다. 하나님이 우리에게 순종을 요구하시지 않아도 우리는 마땅히 순종해야 한다. 그것이 우리의 이익에도 부합한다. 우리가 따르는 많은 규칙이 무엇인지는 사실 중요하지 않다.

고대 율법이 현대에 얼마나 적합한지 충분히 검토해 볼 만한 가치가 있다. 인간과 하나님의 본성은 불변하고 그들을 연결하는 법도 변하지 않아야 한다면 신성한 법이 시간이 지나면서 달라져야 하는 이유를 이해하기 어렵다. 반면, 우리는 변하기 때문에 한때 상상력을 발휘해 우리를 올바른 사고방식으로 이끌었던 방식이 시간이 지나면 효과적이지 않을 수 있다. 상황이 달라졌기 때문이다. 이것은 미쯔봇이 세월이 흐르면 달라져야 한다는 것을 암시한다.

마이모니데스는 제사에서 기도로, 그리고 마침내 침묵의 명상으로 발전하는 과정을 모두 확실하게 수용했다(Leaman, 2008). 그런데 우리가 일단 변화의 가능성을 인정하는 순간 하나님과의 연결고리가 위험에 처하게 된다. 전통적인 유대교에 따르면 성문 율법뿐만 아니라 구전 율법도 시나이산에서 유대인에게 주어진 것으로 변하지 않는 법의 원천이자 영원히 유효한 것으로 간주된다는 점을 기억할 필요가 있다.

613이라는 숫자는 3세기에 랍비 심라이가 미쯔봇을 248개의 긍정적 계명과 365개의 부정적 계명으로 분류하면서 처음으로 등장했다. 이 숫자가 처음 발표된 이후로 많은 사람이 613개의 계명을 정리하는 일에 착수했다. 가장 오랫동안 중요한 의미를 지닌 것은 마이모니데스가 12세기에 쓴 「계명의 책」에 나오는 목록이다. 다수의 유대교 문헌은 계율을 여러 숫자로 나누는 방법을 탐구하고 있는데 이것이 어떻게 진행되고 있는지 또 그것이 갖는 의미는 무엇인지 생각해 보는 것은 흥미롭다. 그것은 얼마나 영리하게 행동할 수 있는지 보여주기 위한 것일까, 아니면 더 높은 목적이 있는 것일까?

613이라는 숫자는 '토라'라는 낱말의 숫자 값과 토라 이전에 존재했던 "나는 네 하나님 여호와니라"와 "너는 나 외에는 다른 신들을 네게 두지 말라"는 두 계명을 합친 것이라는 상징적 의미가 있다. 248개의 긍정적 계명과 365개의 부정적 계명으로 나누는 것도 수비학적으로 중요한 의미가 있다. 남성의 몸에는 248개의 뼈와 장기가 있고 태양력으로는 1년이 365일이다. 그러나 뼈의 개수는 다르게 셀 수 있고, 윤년 때문에 날이 다를 수도 있다(그리고 유대교는 음력을 사용해서 태양력의 중요성에 의문을 제기하기도 한다).

랍비 심라이는 시편 15편에서 다윗이 613개를 11개로 줄였다고 말한다(Makkot 23b-24a).

여호와여 주의 장막에 머무를 자 누구오며
주의 성산에 사는 자 누구오니이까.

정직하게 행하며
공의를 실천하며
그의 마음에 진실을 말하며
그의 혀로 남을 허물하지 아니하고
그의 이웃에게 악을 행하지 아니하며
그의 이웃을 비방하지 아니하며
그의 눈은 망령된 자를 멸시하며
여호와를 두려워하는 자들을 존대하며
그의 마음에 서원한 것은 해로울지라도 변하지 아니하며
이자를 받으려고 돈을 꾸어 주지 아니하며
뇌물을 받고 무죄한 자를 해하지 아니하는 자이니
이런 일을 행하는 자는 영원히 흔들리지 아니하리이다.

그러나 이것으로는 충분하지 않다는 듯이 이사야(사 33:15)는 그 숫자를 여섯 개로, 미가는 세 개로 더 줄였다(미 6:8). 이사야는 또다시 두 개로 줄였고(사 56:1), 아모스(5:4)와 하박국(2:4)이 그 뒤를 이어서 한 개로 줄였다. 랍비 심라이의 설명은 계속된다.

그리고 이사야가 와서 "오직 공의롭게 행하는 자, 정직히 말하는 자, 토색한 재물을 가증히 여기는 자, 손을 흔들어 뇌물을 받지 아니하는 자, 귀를 막아 피 흘리려는 꾀를 듣지 아니하는 자, 눈을 감아 악을 보지 아니하는 자"라고 여섯으로 줄였다.

그리고 미가가 와서 "사람아 주께서 선한 것이 무엇임을 네게 보이셨나니 여호와께서 네게 구하시는 것은 오직 정의를 행하며 인자를 사랑하며 겸손하게 네 하나님과 함께 행하는 것이 아니냐"라고 셋으로 줄였다.

그리고 이사야가 다시 와서 둘로 줄였다. "너희는 정의를 지키며 의를 행하라."

마지막으로 아모스가 와서 하나로 줄였다. "너희는 나를 찾으라. 그리하면 살리라."
하박국도 마찬가지였다. "의인은 그의 믿음으로 말미암아 살리라"고 역시 줄였다.

계명을 이렇게 더 작은 단위로 줄일 수 있다면, 이 모든 구절은 계명의 숫자가 중요한 게 아니라고 암시하는 것일 수도 있다. 수학 계산을 할 때 적은 수의 연산으로 값을 얻을 수 있다면 그렇게 하는 게 당연하다. 행동을 규정하는 규율을 한층 더 우아하고 명확하게 파악할 수 있기 때문이다. 그런데 이런 내용이 의례를 간소화하는 것으로 유명한 본문이 아니라 바빌로니아 탈무드에 나온다는 사실에 주목하는 게 중요하다.

힐렐은 줄여나가는 방식으로 개종자에게 유대교는 "당신이 싫어하는 일은 이웃에게도 하지 말라"는 것이라고 설명한다. (개종자는 '한 발로 서있는 동안 답을 달라'고 말한다. 당시 이것은 즉답을 바란다는 뜻이다!) 이 일화는 안식일과 관련된 율법을 다루는 탈무드에 기록되어 있다(Talmud Shabbat 31a). 힐렐은 질문자가 중심을 잃고 쓰러지려고 하자 이 문제에 대한 주석을 공부하라고 서둘러 조언하고는 대답을 이어간다.

우리는 여기서 랍비 유대교가 계명과 한층 더 폭넓은 윤리적 원칙 간의 연관성을 어떻게 바라보는지 확인할 수 있다. 후자는 종교의 의미론이고 전자는 구문이라 할 수 있다. 유대교는 윤리적인 원칙을 바로 세우는 게 무엇보다 중요하다. 하지만 이것을 실행하는 방법은 특정 방식으로 그것을 실천하고 구체화하는 것이다. 그리고 그 과정에서 행동은 아주 신중해야 한다.

탈무드에 의하면 따라야 할 매우 구체적인 행동 규칙들은 그 원칙들이 어떻게 행동으로 실천될 수 있는지, 즉 어떻게 사용될 수 있는지를 보여준다. 행동의 의미를 실제 행동으로 전환하는 규칙이 없다면 우리는 종교가 아니라 추상적인 원칙의 집합만을 가진 셈이다.

음식

유대교 관습에서 흔한 개념 중 하나는 음식에 관한 내용이다. '코셔'는 히브리어 카쉐르에 해당하는 영어 낱말로 토라에 따라 유대인이 먹기에 적합한 식품을 만드는 것을 가리킨다. 이런 규칙은 신명기와 레위기에서 비롯되었다. 그 이후로 기술과 상황의 변화를 반영하고 해석해서 발전시켰다. 그 가운데 일부는 수정을 거쳤으나 유대교의 전통적 형태를 고수하는 사람은 토라에 기록된 본래 형식을 계속해서 고수하려고 한다.

코셔라는 상표가 붙은 상당수 식품이 실제로는 전혀 코셔가 아니면서도 코셔 방식을 공유한다. 규칙을 살펴보기에 앞서 카슈룻(*유대교의 식사법)에 대해 먼저 지적할 점은 유대인 가운데 이 규칙을 지키거나 심지어 규칙을 아는 사람이 거의 없다는 것이다. 하지만 전통적 유대인은 코셔만 먹으려고 엄청난 노력을 할 뿐 아니라 어미 젖으로 새끼를 요리하지 말라는 토라 구절(출 23:19)을 근거로 우유가 들어간 음식과 고기로 만든 음식을 엄격하게 구분한다.

유대인은 의식에 따라 도살한, 결함과 질병이 없는 소, 양, 염소, 사슴을 먹을 수 있다. 자격을 갖춘 쇼헷이나 도축업자가 목을 베기 전에 축복하고 사체에서 최대한 많은 피를 빼내는 방식으로 고기를 얻는다. 돼지, 낙타, 토끼, 설치류, 파충류 또는 자연사했거나 사냥꾼이 죽인 동물은 코셔 식품이 될 수 없다. 닭고기, 칠면조, 메추리, 거위는 코셔가 되지만 독수리와 매는 코셔가 아니다. 연어, 참치, 잉어, 청어, 대구는 허용되지만 게나 바닷가재, 문어, 조개, 황새치, 철갑상어는 먹을 수 없다. 포도주나 포도 주스는 감독을 받으면서 만들어야 하고 그렇지 않으면 허용하지 않는다. 치즈는 제조에 사용된 응고 효소가 코셔 식품일 때만 먹는다.

포도 제품을 제외한 모든 과일, 채소, 곡물은 허용한다(창 1:29). 포도주와 포도 주스는 우상에게 바친 음식을 먹고 마시는 것을 금지하는 법과 이교도 제물과 축제를 위해 포도주가 종종 제조되었다는 사실 때문에 유대인의 통제를 받지 않고 제조된 것은 모두 금지된다.

유대교 법에 따른 도축을 시범 보이는 쇼헷.

반추동물이고 발굽이 갈라진 동물만 코셔에 해당한다(레 11:3, 신 14:6). 따라서 소고기, 양, 어린양, 염소, 사슴은 먹을 수 있으나 돼지고기, 낙타, 토끼는 먹을 수 없다. 이런 제한에는 살코기, 내장, 우유 및 부산물이 모두 포함된다. 따라서 소처럼 적절하게 도축된 코셔 동물로 만들지 않은 젤라틴과 코셔가 아닌 동물의 위 점막에서 추출한 응고 효소로 가공한 대부분의 단단한 치즈 역시 먹지 못하는 '트레이프'다. 이미 언급했듯이 코셔에 해당하는 동물은 질병이나 결함이 없어야 한다(민 11:22). 율법을 지키는 도축장은 폐의 사후 검사를 수행해서 유착을 확인한다. 유착이 없는 동물은 글라트(glatt, '부드러운') 코셔로 지정한다. 이것은 더 엄격한 수준으로 카슈룻을 준수했다는 뜻이다.

코셔를 유지하려면 의식을 갖추어 도축해야 한다(신 12:21). 도축 의식의 주된 목표는 동물의 피를 되도록 많이 제거하는 것이다. 토라는 피의 섭취를 금지해서 전체적으로 피에 대한 언급이 자주 등장한다. 도축 의식에는 흠집이 전혀 없는 아주 예리한 칼로 동물의 목을 자르는 게 포함되어 있다. 과거에는 이것이 가장 인도적인 도축 방식이었을 수 있지만 세부 규정은 언급하지 않는다. 이어서 사체를 매달아 최대한 많은 피를 빼내어 고기를 코셔로 만들어야 한다. 그런 다음에 고기를 씻고 소금에 절이고 나서 불에 잘 익혀 피의 흔적을 남기지 말아야 한다.

코셔 동물이라고 해도 일부 부위는 코셔가 아니다. 뒷다리 좌골 신경과 동물의 장기 주변의 지방은 허용하지 않는다. 닭, 칠면조, 메추라기, 거위 같은 가축화된 조류만 먹을 수 있다. 독수리와 매 같은 맹금류는 금지된다(레 11:13-19, 신 14:11-18). 지느러미와 비늘이 있는 해산물만 코셔다. 물고기는 의식에 맞추어 도살하지 않는다(민 11:22). 오늘날에는 곤충을 먹지 않는다. 토라는 예외적으로 허용하지만(레 11:21-22) 어떤 곤충이 허용되는지 알기 어렵다 보니 전면적으로 금지하는 것이다.

육류와 유제품은 한꺼번에 먹을 수 없다. 이 규정은 단순히 염소 새끼를 어미 젖으로 삶는 것을 금지하는 토라 구절(출 23:19, 출 34:26, 신 14:21)에서 비롯되었지만, 육류와 유제품을 동시에 먹지 못한다고 해석한다. 유제품이 들어간 생선이나 유제품이 들어간 달걀은 허용된다. 아무리 적은 양이라도 육류나 유제품을 동시에 섭취하면 육류나 유제품이 음식 상태에 영향을 미치기 때문이다.

파레베('중립')는 육류와 유제품이 전혀 포함되지 않아 어느 쪽이든 함께 먹을 수 있는 식품을 가리킨다. '분리 식사'는 어떻게 진행해야 할까? 세부 사항은 의견이 일부 엇갈리지만 전통적인 유대인은 대부분 고기를 먹고 나서 3~6시간을 기다렸다가 유제품을 먹는다. 육류나 지방 잔여물이 식사 후 몇 시간 동안 입안에 남을 수 있기 때문이다. 반대로 유제품을 먹었으면 입을 헹구고 파레베 식품을 먹어야만 고기를 섭취할 수 있다.

카슈룻 규칙은 비식품에도 적용된다. 냄비, 프라이팬, 싱크대, 식기 세척기, 냄비 받침, 접시와 같은 도구는 열이 있는 상태에서 닿는 음식 상태, 그러니까 '고기, 우유, 트레이프, 중립'(fleishig, milchig, treyf, pareve)에 따라 다르다. 예를 들어, 소시지를 튀기는 데 사용한 팬이나 닭고기 수프를 만드는 데 사용한 냄비는 플레이식('고기')이 유지된다. 계속해서 플레이식 냄비나 팬으로 우유를 끓이면 카슈룻을 위반한 것이다. 마찬가지로 이미 육류 제품에 사용한 그릇에 아이스크림을 담을 수 없다.

이 법이 얼마나 복잡한지 알 수 있는 한 가지 예를 가지고 어떻게 법적으로 대처하는지 살펴보면 이렇다. 어떤 사람이 다른 누군가에게 우유를 조금 흘린 고기가 담긴 냄비를 보냈고 보낸 사람은 그것을 먹을 수 있는지 물었다. 랍비와 음식을 받기로 되어있는 사람은 먹을 수 없다고 대답했다. 그래서 그 음식은 폐기되었다. 하지만 나중에 이 판단이 잘못이라는 게 밝혀졌다. 그렇다면 이 상황에서 랍비와 음식을 버린 사람 중 누가 버려진 음식을 배상해야 할까? 랍비 야코브 라이셔(1661-1733)는 랍비가 처음 내린 판단이 잘못되었다고 해도 옳은 일을 하려 했으니 잘못이 아니라고 주장한다. 음식을 버린 사람에게 잘못이 있는 것처럼 보이지만 사실 정당한 권위에 따라 시키는 대로 했을 뿐이라서 그에게도 잘못이 없다. 따라서 이 경우에는 배상이 적용되지 않는다(Responsa, 106).

이런 어려움을 피할 목적으로 코셔를 지키는 가정은 대부분 육류 및 유제품용 식기와 수저를 적어도 두 벌 이상 갖추고 있다. 설거지 역시 중요하다. 육류와 유제품은 별도의 설거지통, 수세미, 설거지 받침대, 식기 세척기를 사용해야 한다. 주방 기구를 정결하게 하거나 어떤 용도로든 사용할 수 있게 만들려면 아주 높은 온도(450°)로 가열한다든지 며칠씩 물에 담가두어야 한다. 수건과 같은 용품은 정기적으로 세탁해야 하지만 카슈룻 법에 따라 특정 식품군에 사용된 물건의 상태를 변경하는 규칙은 복잡하다. 하지만 여기에 적용되는 규칙에 어느 정도 익숙한 사람이라면 놀랄 정도는 아니다.

음식과 식기, 또는 반대로 상태가 전이되려면 열이 필요해서 차가운 음식은 상태와 관계없이 깨끗한 접시에 담아 먹을 수 있다. 같은 칼로 고기와 치즈를 자를 수 있지만 중간에 칼을 깨끗이 닦아야 한다. 하지만 이런 문제를 완전히 차단하려면 주방을 따로 갖추거나 최소한 다른 접시와 식기를 사용하는 게 더 간단할 수 있다. 집 밖에서 식사할 때는 코셔 시설이 아닌 이상 일회용 식기와 주방 기구, 컵과 음료 용기를 사용하는 경우가 많다. 그러면 잘못된 식품군과 접촉하는 문제를 피할 수 있다. 이런 물품은 식사 중에 한 번만 사용하고 버린다.

보수적인 유대인은 대체로 코셔라는 표시가 없어도 제품의 성분 표시를 읽고 코셔 식품인지 확인하는 선에서 그친다. 반면에 정통파

인증 기관이 코셔 기준을 충족하는지 식품 생산과정을 검사하고 감독해서 공식적으로 보증하는 코셔 인증 마크들. 코셔 인증 기관은 전 세계적으로 1,100개가 넘는다.

유대인은 훈련된 랍비인 마쉬기아흐('감독자')에게 코셔인지 고집스럽게 확인하는 경향이 있다. 제품의 제조 과정을 마쉬기아흐가 지켜보고 인증했다는 표시를 헤흐셔('인증 도장')라고 부른다. 모든 재료가 코셔라고 해도 식품을 직접 취급하는 사람이 금지된 식품과 접촉했는지는 알 수 없다.

코셔 상태를 표시하는 몇 가지 기호가 있다. 가장 일반적인 기호는 원 안에 K가 들어가 있는 것인데 '코셔'를 뜻한다. 원 안에 U가 있는 것은 정통 유대교 회중 연합의 인증 기호이다. 다른 종교 기관을 검사나 검증 기관으로 인용할 수도 있다. 그 밖에 유대인 중심 기호에는 유월절(발효 식품은 허용 불가)에 먹는 식품을 나타내는 원 안의 P, 육류 제품을 가리키는 문자 M, 유제품을 의미하는 문자 D,

중립 식품을 가리키는 '파레베' 또는 '파레브'라는 낱말이 있다.

많은 식품이 실제로는 코셔가 아니면서도 코셔라는 이름으로 불리기도 한다. 코셔는 마쉬기아흐나 검사관이 생산과정을 감독했다는 사실보다는 민족 음식의 한 종류를 의미할 때가 더 많다!

카슈룻의 목적

토라에는 유대인이 하나님의 선택받은 백성이고 그래서 다른 모든 사람과 다르다는 것 말고는 음식과 관련된 설명이 없다. "너희는 나에게 거룩할지어다. 이는 나 여호와가 거룩하고 내가 또 너희를 나의 소유로 삼으려고 너희를 만민 중에서 구별하였음이니라"(레 20:26). 음식이 왜 중요한지는 흥미로운 질문이지만 음식 자체를 존중하고 사람이 먹는 것을 하나님의 명령으로 여기게 되면 만물에 신성이 어느 정도 깃들여 있다는 것을 실감하게 된다. 어떤 것을 먹거나 피하면 어째서 거룩해지는지 궁금해하는 사람이 적지 않지만 오늘날 유대인은 대부분 음식법을 완전히 무시하거나 그것들이 무엇인지 제대로 알지 못한다.

19세기 독일에서 시작된 개혁 운동은 이런 규칙은 과거에나 적합한 문화적 규칙일 뿐 현재에는 적용되지 않는 것으로 간주해서 공개적으로 경멸하고 전반적으로 배격했다. 반면에 전통적으로 율법에 덜 엄격한 유대교 공동체의 구성원은 최근 식생활 규범을 어느 정도 존중하면서도 기존의 다양한 유대교 관습을 너무 엄격하게 구분하지 않으려고 노력하는 것 같다.

그러나 많은 조직이 반드시 따라야 할 규칙을 가지고 있다는 점은 지적할 필요가 있다. 이런 규칙은 대체로 전혀 근거 없이 임의적이고, 무엇을 입고 먹고 마시는 것과 관련된 사항을 다루고 있다. 사실, 구성원은 규칙 자체가 무의미할수록 규칙에 더 열광하는 경우가 많다. 규칙을 따른다는 것은 우리가 서로 속해 있고 서로 다른 사람이 관습과 판단에 대한 합의를 통해 함께 어울릴 수 있다는 뜻이다.

    이것을 잘 보여주는 사례가 문법이다. 물론, 문법은 어떤 방향이든지 바라는 대로 진행할 수 있고 시간이 지나면서 바뀌는 경우가 종종 있지만 그런 변화를 안타까워하는 것은 어리석은 일이다. 어쨌든 언어의 규칙은 따라야 하기 때문이다. 이해하는 게 규칙을 따른다는 것을 뜻한다면 그렇게 하는 게 당연히 합리적이다. 이런 규칙은 임의적이지만 일단 받아들이면 공동체 일원으로 인정받으려는 사람에게는 절대 임의적일 수 없다. 이것이 바로 다윗 왕이 강조한 원칙이었다. "내가 여호와를 항상 내 앞에 모심이여 그가 나의 오른쪽에 계시므로 내가 흔들리지 아니하리로다"(시 16:8). 그리고 그것은 우리가 무엇을 먹고 무엇을 먹지 않는지와 같은 일상생활과 관련된 법에도 똑같이 적용된다.

    일부에서는 유대교 음식법이 건강에 도움을 주려고 존재한다고 주장했다. 금지 목록에 포함된 어떤 동물은 건강에 완벽하게 도움이 되기도 한다. 사실, 위대한 유대 사상가이자 의사였던 마이모니데스는 돼지고기 섭취가 건강에 미치는 효능을 자세히 소개하기도 했다. 물론, 그는 유대인들에게 돼지고기를 먹도록 권장하지 않았다. 그는 음식법의 목적이 먹고 마시는 것에 대해 자제력을 기를 수 있게 돕는 것이라고 보았다. 식욕 때문에 아무거나 먹고 마시지 않고 적당하게 만족하는 게 중요했다.

음식과 음료의 중요성을 알려면 출애굽기를 보면 된다(24:9-11). 모세와 아론, 아론의 자식들과 70명의 장로는 모세가 백성에게 언약을 낭독한 뒤에 시나이산에 올라가서 하나님을 보았다. 이 내용은 10절과 11절에서 반복되는데 토라에서는 아주 드물게 영광스러운 장면에 해당한다. 그들은 하나님을 보고 난 뒤에 무엇을 했을까? 본문은 그들이 먹고 마셨다고 기록한다. 주석자 대부분은 이것을 문자 그대로 받아들여서는 안 되고 여기서 먹고 마셨다는 것은 영적인 자양분을 받아들인 것으로 해석해야 한다고 주장한다. 하나님과 접촉한 경험 덕분에 모든 감각이 크게 감동했기 때문이다.

하지만 나는 문자 그대로 받아들이는 쪽을 선호한다. 그들이 먹고 마셨다는 말은 그렇게 중요한 만남에서도 일상적인 활동의 중요성을 강조하고 있다는 뜻이다. 우리는 육체적 피조물이고 먹고 마시는 일은 우리에게 중요하기 때문에 종교가 이런 활동을 어떤 식으로든 규제하려고 노력하는 것은 아주 합리적이다.

요즘 동물을 죽이기 전에 기절시키는 것 때문에 논란이 벌어지고 있다. 칼이 아무리 날카로워도 동물의 목을 자르는 것보다 기절시키는 게 덜 고통스럽다는 증거는 많다. 하지만 카슈룻 법에 따르면 이것은 동물에게 상처를 입히는 것이기 때문에 트레이프에 해당한다. 손상된 동물은 어떻게 죽여도 코셔로 간주하지 못한다. 카슈룻 옹호자들은 반대에도 불구하고 동물 복지의 관점에서 기절시키는 게 옳지 않다고 주장한다. 최근에는 카슈룻 개념을 동물 복지로 확대하려는 움직임이 있다.

먹기 위해 동물을 도살한다는 생각은 그 자체가 동물을 잡아먹으면 안 된다는 뜻이라는 게 아쉬케나지 수석 랍비였던 아브라함 쿡의 결론이다. 그는 역사적으로 특정 시기에는 동물을 잡아먹는 게 허용되었지만 일단 동물과 비슷한 본능을 벗어나면 이런 행동을 초월할 수 있고 실제로 초월해야 한다고 주장한다. 이것은 피와 생명이 같다는 성경 구절에 괜찮은 대안이 있으면 동물을 잡아먹는 관행을 재고하라는 의미가 담겨 있다는 뜻이다. 아마도 처음에는 어쩔 수 없이 동물을 잡아먹었고, 식량이 부족하다 보니 그것을 아주 당연하게 여겼을 것이다. 하지만 윤리의식이 발전하면 이것이 비난받을 만한 행동이라는 것을 인식하게 된다. 고기 먹는 것을 복잡하게 만든 토라 규정은 이런 사실을 우리가 깨닫도록 고안된 것이다.

상당수 미국 대학 캠퍼스에서 흡연을 다루는 규정이 좋은 비유가 될 수 있다. 미국에서 흡연은 합법이지만 캠퍼스에서 흡연을 금지하고 학생의 흡연을 막는 것 역시 합법이다. 내가 이 글을 쓰던 2009-10년 겨울, 켄터키대학교 캠퍼스 경계에서 몇 명이 매서운 눈바람에도 불구하고 흡연을 즐기는 모습을 볼 수 있었다. 이것이 바로 특정 활동을 어렵게 만들어 그것에 참여하는 사람들이 과연 그런 행동을 해야 하는지 돌아보게 만드는 좋은 사례에 해당한다!

기도와 유대인이 되는 다양한 방법

기도문 낭송은 유대인 예배에서 중요한 부분을 차지한다. 이런 기도문은 종종 설명이나 주석이 함께 포함된 유대인의 전통적인 기도 책인 시두르에서 찾아볼 수 있다. 유대인들은 날마다 세 개의 기도문을 암송하고 안식일과 유대인 명절에는 더 많은 기도문을 암송해야 한다. 혼자서 기도하는 것도 유효하지만 회당에 참석해 민얀(전통 유대인의 경우 성인 남성 10명, 그 외의 경우는 성인 10명의 정족수)과 함께 기도하는 게 이상적이고 일부 기도는 필수로 여긴다.

최근 유대인 사이에서는 기도에 별다른 의미를 부여하지 않는 경향이 커져서 현재 그들 대부분은 기도를 제대로 알려주어도 이해하려 들지 않을 것이다. 따라서 유대인 세계에서 기도의 중요성을 전반적으로 지나치게 강조하면 안 된다. 반면에 많은 유대인에게 기도는 하루의 중요한 일과라서 어떻게 진행하고 어떤 기도가 다양한 예배에 정기적으로 포함되는지 파악하는 것은 중요하다.

히브리어 하시드('경건한')에서 파생한 하시딤이라는 이름을 가진 유대교의 영향력 있는 개혁운동이 동유럽에서 출현했다. 이 운동은 기도, 그러니까 구체적으로 율법에 대한 신비적 접근을 강조했다. 창시자는 '선한 이름의 주인'이라는 뜻의 바알 쉠 토브(1698-1760)였다. 이 운동은 의로운 사람이라는 뜻의 짜디크에서 유래한 카리스마 넘치는 지도자들, 즉 짜디킴('의인들')이 주도했다. 짜디킴은 추종자들이 참석한 법정을 주관하면서 합법과 비합법적인 것을 명확히 구분했다. 우리는 여기서 그들의 반율법적 성향을 부각할 필요는 없다. 율법에 대한 그들의 견해는 정상적이다. 단지 특정 상황에서 율법이 중단될 수 있다는 것을 인정했을 뿐이다.

예를 들어, 하시딤 운동은 자신들의 주장을 설명하기 위해 이야기를 자주 활용했다. 어떤 이유에서인지 그 이야기에는 평범한 유대인과는 전혀 다르면서도 아주 성실한 인물이 자주 등장했다. 거기에 담긴 교훈은 그 사람의 행동이 다른 평범한 사람들보다 대부분 우월하다는 것이었다. 그들은 율법을 문자적으로 엄격하게 고수하도록 강조했던 18세기 리투아니아의 유대교 지도자 빌나 가온(1720-1797)이 주도한 미트나그딤과는 전혀 상반된 입장이었다.

역설적으로 오늘날 이 두 집단은 훨씬 가까워졌고 하시딤은 율법에 대한 충실성에서 다른 전통적 유대인들과 경쟁하고 있다. 유일한 차이점은, 소속된 집단에 따라 여전히 고유한 신앙의 특징을 유지하고 있다는 것이다. 그들은 종종 자신이 유래한 동유럽 도시의 이름을 따다가 이름을 정하기도 한다. 루바비치 하시딤은 오늘날 우크라이나에 있는 루바비치, 사트마르 하시딤은 헝가리의 사트마르에서 유래했다.

루바비치 하시딤은 가장 외향적인 집단이다. 그들은 세계 곳곳에 '하바드의 집'을 세우고 오직 유대인만이 신앙을 실천하는 진정한 전통으로 돌아가도록 독려한다. 그들 중 상당수가 세상을 떠난 메나헴 슈네어슨(1902-1994)을 너무 존경해 그를 메시아라고 믿는다. 따라서 루바비치 하시딤 역시 메시아가 이미 도래했다고 주장하는 사람들처럼 세상이 어째서 더 나은 방향으로 바뀌지 않았는지 설명해야 하는 문제를 안고 있다.

사트마르 하시딤은 이스라엘 국가에 대해서 매우 적대적이다. 하시딤 집단은 모두 복장과 외모가 조금씩 다를 때가 많다. 일부는 사내들이 수염과 귀밑머리(파옷)를 기르고 술(찌짓)이 평상복 밖으로 나오게 매달아야 한다고 생각하는 반면에 다른 사람들은 깨끗이 면도하고 옷 안으로 술을 매단다.

참석하는 회당의 유형이나 예배자가 속한 유대교 종파에 따라 기도하는 방법도 상당히 다르다. 먼저, 아쉬케나지 유대인과 세파르디 유대인은 의식과 기도문이 서로 다르다. 전자는 유럽(히브리어로 아쉬케나지는 독일을 의미)에서 유래했지만 후자는 스페인(히브리어로 세파라드는 스페인이라는 뜻)에서 유래해서 다른 세계에 속한 지역, 그러니까 중동으로 대부분 이주했다. 예를 들어, 그리스나 이탈리아 같은 특정 지역 유대인들은 저마다 고유한 의식을 수행하고 있고 다른 지역으로 이주해도 고유한 관습을 줄곧 유지한다.

그리고 예배 장소는 종파에 따라 차이점이 있다. 전통적인 공동체는 예배가 길고 자주 모이며 공동체 구성원 대부분이 예배에 잘 참석한다. 남성과 여성은 분리되어 있고 여성은 예배의 공적 순서에 전혀 참여하지 않고 여성만의 공간에 머물면서 기도한다. 메히짜라는 이름의 칸막이를 가지고 남성과 여성을 분리한다. 예배 참석자들은 누구든지 기도할 수 있지만 회당에서 다른 일을 하는 것도 가능하다. 특히 남성은 예배에 적극적으로 참여할 수 있다. 그렇지만 반드시 다른 사람과 함께 움직일 필요는 없다.

전통적인 유대교에 가장 가까운 것은 미국 보수주의 운동으로 세계적으로는 마소르티('전통')라는 이름으로 알려져 있다. 보수주의 운동의 예배는 대체로 전통적이지만 남성과 여성을 거의 분리하지 않는다. 예배는 질서와 규율을 갖추고 있고 랍비가 주도한다. 전통적인 회당에서는 랍비가 예배를 이끌지만 다른 사람도 가능해서 랍비

> TIP

> **〉〉〉 유대인들이 하루 세 번 예배하는 까닭**
>
> 유대인은 예루살렘 성전이 파괴된 이후로 하루 세 번 예배한다. 과거 예루살렘 성전에서 하루 세 차례 공개적으로 제물을 바치고 기도했기 때문이다. 탈무드는 유대인이 하루 세 번씩 예배하는 것을 성경에 등장하는 아브라함, 이삭, 야곱의 일화와 연계해서 설명한다. 아브라함은 아침마다 일찍 일어났다("아브라함이 아침에 일찍 일어나…" 창 22:3). 이삭은 저녁 무렵 들에 나가서 묵상했다("이삭이 저물 때에 들에 나가 묵상하다가…" 창 24:63). 그리고 야곱은 돌베개를 베고 잠들기 전에 기도했고, 덕분에 땅과 하늘을 잇는 사다리 꿈을 꾸었다(창 28:10-12). 이런 이유로 해서 유대인들은 적어도 하루 세 번 예배하고 기도한다.

가 예배에서 큰 역할을 하지 않을 때도 많다. 랍비가 하는 일은 지역 사회의 지도자와 법적 권위자에 가깝다. 하지만 일부 회당에서는 랍비가 목사와 비슷한 역할을 하고 예배를 주도한다.

여성들은 현재 전통적인 회당을 제외한 모든 회당에서 랍비로 임명받고 있다. 전통적인 랍비 제도를 갖춘 중심적인 기관은 아니지만 이 글을 쓰고 있는 2010년에는 미국에서 최초로 여성이 정통파 랍비로 안수받았다. 전통적인 유대교 회당을 제외하면 성 소수자를 랍비나 회당의 구성원으로 인정할 때가 훨씬 더 많다.

개혁파와 재건주의 회당은 전통적이거나 보수적인 회당보다 예배 시간이 짧고 의식을 히브리어가 아닌 현지어로 종종 진행한다. 게다가 새로운 기도문과 새로운 예배 의식을 많이 개발했는데 재건주의 시두르('기도 책')는 예배에 대한 주석을 비판적으로 설명하고 있다는 점이 무척 흥미롭다! 남성과 여성을 구분하지 않고 랍비 가운데 여성이 많다. 예배는 질서 정연하고 랍비가 회중을 이끌어서 교회 예배와 상당히 유사할 때가 많다. 예배는 비교적 짧은 경향이고 참석률은 대개 저조하다. 가장 중요한 축제인 새해(로쉬 하샤나)와 속죄일처럼 특별한 때나 성인식(바르 미쯔바, 바트 미쯔바)과 같은 행사에만 참석하는 경우가 많다.

개혁파 공동체는 전통적인 유대력에서 이틀 동안 계속되는 명절을 하루만 지키고 나머지는 대부분 무시한다. 이것 때문에 개혁파 유대인이 전통적 유대인보다 유대교를 덜 중요하게 여긴다고 단정해서는 안 된다. 하지만 개혁파 유대인은 상대적으로 종교에 많은 시간을 할애하지 않고 종교에 대한 지식이 부족한 경우가 많다.

유대교 종파들이 어떻게 발전하고 있는지 검토하는 것은 흥미롭다. 미국에서는 보수파와 개혁파 운동이 가장 큰 규모를 자랑하면서도 빠르게 줄고 있지만 전통적인 집단은 세력을 유지하면서 꾸준히 성장하고 있다. 물론 정통에서 자주 이탈하기도 하지만 가족의 규모가 크고 강한 믿음과 경제적 자립 능력을 결합해서 전반적으로 성공을 거두고 있는데 미국에서의 성장세가 두드러진다.

반면에 유대교에 현대식으로 접근하는 흐름은 규모가 줄고 있다. 유대인끼리 결혼하는 가정은 얼마 되지 않고 비유대인과의 결혼이 빠르게 증가하는 게 주된 이유이다. 통계에 따르면 비유대인과 결혼하면 자녀가 유대인으로 성장할 가능성은 극히 적고 그마저도 불가능할 수 있다. 어떤 경우든 간에 자녀가 상대적으로 적다는 것은 성장할 수 있는 여지가 제한적이라는 것을 뜻한다. 유대교는 개종을 장려하는 종교가 아니지만 개혁파 운동은 다른 종파에 비해서 개종에 약간 더 열정적이다. 21세기에 들어서면서 유럽과 미국의 유대인 인구는 상대적으로 고령화하고 숫자는 줄어들고 점차 독신으로 지내는 사례가 늘어나고 있다.

이스라엘이 처한 상황은 다르다. 이스라엘 유대인 인구는 해외에 거주하는 유대인보다 훨씬 젊고(아랍 인구보다는 나이가 많지만) 전통적인 공동체가 빠르게 늘어나서 세속 유대인의 얼마 되지 않는 자녀의 숫자를 보완하고 있다. 물론 이스라엘의 동화 문제는 해외 유대인과는 상당히 다르다. 중동에서는 종교에 따라 개인을 인종적으로 구분하기 때문에 사람들은 특별한 종교적 신념이 없이도 자신이 속한 종교 꼬리표를 떼지 않는다. 꼬리표는 자신이 속한 집단의 이름이기 때문이다.

이스라엘 유대인이 일반 군중 사이로 사라질 수 있는 유일한 방법은 이민을 떠나는 것이다. 물론, 상당수 유대인이 그렇게 하고 있다. 이스라엘의 회당은 대부분 전통적이지만 매우 종교적인 집단을 제외하고는 회당에 가는 유대인은 거의 없다. 비전통적 회당이 입지를 확보하는 게 간단하지 않지만 유대교에 대한 일반인의 견해를 훨씬 더 제대로 대변하고 있다는 것은 분명하다.

이스라엘 국가는 오스만제국의 종교 정책을 계승해서 전통적 유대교를 표준으로 규정했다. 하지만 당시처럼 시온주의 지도자 가운데는 신앙이 깊은 사람이 매우 적다 보니 이혼, 결혼, 개종 등의 문제는 정통파가 담당하면서 관행을 그대로 유지했다. 덕분에 예상대로 상당수 유대인과 자신을 유대인으로 간주하는 사람들이 이스라엘의 유대인 공동체에서 소외되었다. 유대교의 엄격한 가족법을 준수하지 않으면 정상적으로 생활할 수 없는 장벽이 세워졌기 때문이다.

이스라엘에서 전통적인 유대인을 제외하고 기도에 대한 열의가 전반적으로 부족한 것은 외부에서 보는 것만큼 기도가 정체성의 중요한 원천이 아니라는 사실과 관련이 있을 수 있다. 디아스포라 유대인 부모는 자기들은 다른 사람들과 다르고 특별한 방식으로 일하는 오래된 전통을 갖고 있다는 사실을 자녀에게 가르치고 싶어 회당에 데려가려고 한다. 유대인은 히브리어를 (약간) 배우고 일반인과 다른 날, 다른 장소에 가서 예배한다. 하지만 이스라엘에서는 모든 유대인이 히브리어를 사용하고 축제와 안식일은 공휴일이고 다른 집단과 자신들이 다르다는 것을 잘 알고 있다. 그래서 안식일에 날씨가 좋으면 회당보다 텔아비브 해변에 사람이 훨씬 많고 날씨가 나쁘면 평소보다 회당에 사람이 적다.

민얀

대부분 중요한 기도마다 '정족수'라는 뜻을 가진 민얀이 필요하다. 민얀은 남성 10명으로 규정할 때도 있고 덜 전통적인 유대인은 성인 10명(남녀 구분 없이)으로 규정한다. 최근 몇 년 동안 미국에서는 개별적으로 민얀 운동이 일어나 회당이 아닌 아파트와 직장에서 상당히 독자적으로 운영되기도 한다. 이것은 오늘날 미국 유대인과 회당이나 랍비 같은 기관 간의 느슨한 관계를 반영한다. 기도할 때는 어떤 경우에도 랍비를 필요로 하지 않는다. 전통적인 유대교 관습에서 랍비가 맡은 역할은 기도와 거의 관계가 없다. 개혁파 운동에 속한 랍비는 교회 목사와 훨씬 더 비슷한 일을 맡고 예배를 주관하거나 회당에서 진행하는 의식에 상당 부분 집중할 때가 많다.

민얀의 규정 절차에 관해 흥미로운 이론적 쟁점이 제기되었다. 실제로 민얀이 기도에서 아주 중요한 부분을 차지하다 보니 인원을 정하는 게 곧잘 문제가 되기도 한다. 카발라 문헌, 특히 「창조의 책」에는 인간을 만드는 게 어떻게 가능한지 소개하는 내용이 등장한다. 창조주의 자식이고, 그래서 유대인으로 인정을 받으면 민얀에 포함될 수 있을까? 하탐 즈비('즈비 공동체')는 실제로 그런 존재는 인간으로 인정할 수 없다고 주장한다.

산헤드린 문서에 기록된 한 사내의 창조 이야기에서 라바는 골렘을 만들어 랍비 제이라에게 보냈다(Sanhedrin, 65b). 랍비 제이라가 골렘에게 말을 걸어도 대답하지 않자 즉시 그를 파괴해 버린다("너의 먼지로 돌아가라"). 여기서는 말을 하지 못하면 진정한 인간이 아니라는 게 원칙인 것 같다. 그렇다면 랍비 제이라는 그 사내를 살해한 것일까? 하탐 즈비에 따르면 골렘은 피를 흘리지 않았으니(창 9:8), 흘릴 피가 없었으니 살인이라고 볼 수 없다. 그 존재가 민얀을 구성하는 것 같은 유용한 목적을 가졌더라면 파괴되지 않았을 것이다. 따라서 그런 목적이 없는 사람은 민얀에 포함되지 않을 수 있다(Responsa, 104).

음악과 노래

대부분의 종교 예배가 그렇듯이 회당에서의 예배 시간과 순서는 공동체가 속한 종파와 관습에 따라 달라진다. 일반적으로 정통파 예배가 히브리어를 가장 많이 사용하고 개혁파 예배는 가장 적게 사용한다. 개혁파 예배는 정통파와 보수파의 회당 예배보다 짧게 진행하는 경향이 있다. 최근에는 개혁파가 전통적인 유대교에 더 가까워지는 경향을 보이지만 여전히 예배에서 히브리어를 훨씬 적게 사용하는 것도 사실이다.

일부 대형 회당은 회중 기도를 인도하도록 고용한, 전문적이거나 평신도 직업 가수에 해당하는 하잔(칸토르)을 두고 있다. 개혁파 회당은 예배 시간에 오르간으로 연주하는 경우가 많지만 전통적 유대인들은 오르간과 특히 남녀 혼성 합창단을 싫어한다. 전통적인 유대인 세계에서는 여성이 부르는 노래를 듣는 것을 철저하게 금기시한다. 이것은 탈무드의 "콜 이샤 에르바"라는 구절에서 비롯되었는데, 여성의 목소리는 음탕해서 피해야 한다는 뜻이다.

카바나

유대인 기도에는 '집중'(카바나)이라는 개념이 존재한다. 하시디즘 운동의 창시자인 바알 쉠 토브의 몇 가지 일화에는 집중을 기도 그 자체보다 훨씬 더 중요한 것으로 받아들인다. '선한 이름의 주인'이라는 뜻을 가진 이름에서 알 수 있듯이 그는 전통적인 유대교 예배와 의식의 무미건조한 성격을 우려하면서 기도의 본질과 그것에 수반하는 모든 것에 더 생동감 있게 정서적으로 접근하라고 주장했다. 분명히 기도의 핵심은 하나님에게로 마음을 향하게 하는 것이고 기도와 관련된 의식 역시 기본적으로는 목적이 같다.

기도에는 또 다른 문제가 있다. 기도문이 익숙해지면 깊이 생각하지 않고도 암송할 수 있다. 특히 기도문이 너무 길거나 익숙하지 않은 언어로 되어있어 빨리 암송해야 할 때는 더욱 그렇다. 여기서 카바나가 길을 잃을 수 있다. 하지만 할레비가 말했듯이 "의도 없는 행동이나 행동 없는 의도는 헛되다"(Halevi, 1947, 128).

복장과 장신구

회당에서 남성은 보통 야르물케(키파)로 머리를 가린다. 개혁파 (또는 진보파)는 대부분 회당에서 유대인이나 이방인 모두 머리를 가리지 않는다. 그런데도 많은 개혁파 유대인은 현재 키파를 착용한다. 예배하다 일어서서 기도문을 낭송하기도 한다. 그래서 어떤 기도문 이름은 "일어서다"라는 뜻의 아미다(amidah)이다. 예배 도중에 허리를 굽혀 절하기도 한다.

탈릿(기도보)은 오전에 착용하고 대속죄일(욤키푸르)에는 온종일 착용한다. 전통적인 회당에서는 남성과 여성 모두 긴 소매, 긴 치마, 머리 가리개(기혼 유대인 여성만 해당) 같은 쯔니웃('겸손의 규칙')을 지켜야 한다. 남성은 바지를 입고 팔을 가리는 게 좋다. 전통적이지 않은 회당에서는 다양한 스타일의 복장이 허용된다. 부유한 지역에서는 유대교 회당이 종종 패션쇼를 한다는 비난을 듣기도 한다.

탈릿

탈릿은 네 귀퉁이에 술을 매단 기도용 숄이다. 세파르디가 사용하는 탈릿이나 탈렛 가돌은 기도할 때 착용하는 큰 기도보이고 탈릿 카탄은 성경의 지시(민 15:37-40, 신 22:12)대로 술을 매달고 늘 착용하는 작은 숄이다. 전통적으로는 남성만 사용하지만 평등을 강조

찌짓이 달린 탈릿을 착용한 채 예루살렘 서쪽 벽에서 기도하는 유대인들.

하는 공동체의 경우에 점점 더 많은 여성이 착용하는 추세를 보인다.

대속죄일에는 종일 착용하고 평소 예배에는 오전, 연례 금식일인 티샤 베아브에는 오후에 착용한다. 예배를 인도하는 사람은 회당에서 언제든지 탈릿을 착용할 수 있다. 일부 회중의 경우 미혼 남성은 착용하지 않을 때도 있지만 성인식(바르 미쯔바, 바트 미쯔바)을 치르고 나서 착용하는 경향이 있다. 남성이 사망하면 관에 매듭이 없어야 해서 가끔 술(찌짓)을 제거한 탈릿을 덮어주기도 한다.

민수기 15장 38절은 이렇게 지시한다. "이스라엘 자손에게 명령하여 대대로 그들의 옷단 귀에 술을 만들고 청색 끈(테켈렛)을 그 귀의 술에 더하라." 신명기 22장 12절 역시 "너희는 너희가 입는 겉옷의 네 귀에 술을 만들지니라"고 말한다. 오늘날에는 탈릿 가돌(대형 기도보) 같은 유대인의 종교 복장에만 청색 끈을 매단다.

요즘 옷에는 네 개의 모서리가 없어 술을 매달지 않기 때문이다. 전통적인 유대인 남성은 이 계명을 지키려고 자발적으로 탈릿 카탄(작은 기도숄)을 항상 착용하는데 일각에서는 할 수 있으면서도 그대로 따르지 않으면 계명을 위반한 것으로 간주하기도 한다. 탈릿 카탄은 흔히 찌짓이라고 부르지만 정확히 말하면 이 이름에는 술이라는 뜻만 있다. 옷차림에서 숄 부분보다 찌짓이 더 중요해서 이 명칭이 잘 어울린다.

계명의 목적은 "여호와의 모든 계명을 기억하여 준행"하도록(민 15:37-41, 전체 구절이 여기에 해당) 하기 위함이다. 이것은 이집트에서 탈출한 사건(민 15:41)을 상기시키는 것이고 마이모니데스는 열조의 교훈(2:1)을 주석하면서 이 지시를 브릿 밀라(할례), 코르반 페삭(유월절 양고기)과 함께 대표적인 계명(미쯔바)에 포함했다.

탈릿 모서리마다 매는 찌짓은 줄이 네 가닥이고 줄은 각각 여덟 가닥의 가는 실(카풀 쉐모네)로 엮어서 만든다. 줄 네 가닥을 천 모서리에서 25-50mm 떨어진 곳에 한두 개씩 구멍을 뚫어 매단다. 매듭을 묶는 방법은 다양해서 가장 적절한 방법이 무엇인지 의견이 분분하다.

유대교 법전이라고 부르는 슐칸 아룩은 종종 그렇듯이 아주 정확한 지침을 제시한다. 네 가닥의 찌짓을 천 모서리 부근에 구멍을 뚫고 집어넣는다(10:1). 구멍마다 찌짓을 네 가닥씩 집어넣고(11:12-13) 구멍 부근 끄트머리에서 겹매듭 짓는다(11:14-15). 찌짓의 한 가닥은 다른 것보다 길게 만든다(11:4). 긴 가닥으로 나머지 일곱 가닥을 돌려 감고 나서 겹매듭 짓는다. 적어도 13cm 정도가 될 때까지 이 작업을 반복하면 나머지 늘어뜨리는 부분이 그 길이의 두 배가 된다 (11:14). 대체로 그렇듯이 아쉬케나지 유대인과 세파르디 유대인의 방식은 제각각이다.

랍비 라쉬는 히브리어 철자를 숫자와 연결하는 게마트리아를 활용해서 찌짓이라는 낱말의 숫자 값을 600으로 해석한다. 모서리에 매단 술은 둘로 접으면 실이 8가닥이고 매듭이 5개라서 숫자 13이 된다. 이 숫자를 모두 더하면 613이 되는데 전통적으로 토라의 계명을 가리키는 숫자로 간주한다. 이것은 찌짓이 달린 옷을 입을 때마다 사람들이 토라의 계명을 전체적으로 떠올리게 된다는 개념을 반영한 것이다.

랍비 나흐마니데스는 랍비 라쉬와는 다른 의견을 제시한다. 그는 성경에서 찌짓이라는 히브리어 철자는 요드라는 글자 하나뿐이라서 전체 숫자를 613이 아니라 603으로 해석한다. 일각에서는 테켈렛('청색 끈')의 파란색이 바다와 같고 바다는 하늘과 비슷해서 우리가 하나님의 거처를 떠올리는 데 도움이 된다고 주장한다. 이 모든 것은 유대인이 신성한 계명을 성취하는 데 참여해야 할 신성한 사명을 떠올리게 만든다.

파란색 테켈렛이 들어간 찌짓은 히브리어 성경에서 반으로 접어 늘어뜨린 여덟 가닥에 집어넣도록 지시한 색깔이었다. 그런데 파란색 염료를 만드는 방법을 잃어버리자 유대인들은 염색하지 않은 하얀색 찌짓을 착용했다. 성경에 48회 등장하는 테켈렛은 힐라존이라는 달팽이로 만든 독특한 파란색 염료이고 다른 것은 사용할 수 없

> TIP
>
> **〉〉〉 랍비들의 진짜 이름은?**
>
> 유대인들은 역사적으로 유명했던 랍비들의 이름을 줄여서 사용하기도 한다. 호칭과 이름의 자음 첫 글자를 따서 서로 조합해 마치 실제 이름처럼 표기한다. 예를 들면, 이 책에 몇 차례 등장했던 성경과 탈무드의 탁월한 주석자로 유명한 랍비 라쉬 역시 본명이 아니다. 라쉬(Rashi)의 본명은 슐로모 이쯔하키(Rabbi Shlomo Itzhaki, '이삭의 아들 솔로몬')이다. 12세기에 중세 유대교를 대표하던 랍비 마이모니데스 역시 본래 이름은 랍비 모세스 벤 마이몬(Rabbi Moses ben Maimon, '마이몬의 아들 모세')였고, 이것을 줄여서 흔히 람밤(Rambam)이라고 불렀다. 마이모니데스(Maimonides)라는 호칭은 아버지 이름 마이몬에 라틴어로 '~의 아들'(-ides)을 덧붙인 것이다.

다. 다양한 전통적 기도보에 검은색 줄무늬가 들어간 것은 이 염료가 사라졌기 때문이라고 설명하는 사람들도 있다.

테켈렛을 사용할 때는 실 하나만 염색하고 나머지는 대개 흰색 그대로 내버려 둔다. 염색한 실은 천이나 나머지 실과 관계없이 전통적으로는 양모를 가지고 제작한다. 찌짓의 다른 실(테켈렛을 사용하지 않는 모든 실)은 '흰색'으로 알려져 있다. 실은 양모나 천과 똑같은 소재로 만들 수 있지만 천은 대부분 양모다.

카라이트파 유대교는 파란색 실이 들어간 찌짓을 착용한다. 랍비 유대교와 달리 카라이트파는 테켈렛이 특정 염료가 아니라 단순히 파란색을 가리킨다고 생각한다. 그들은 찌짓을 매다는 랍비 유대교 전통을 따르지 않기 때문에 랍비 유대교의 찌짓과 상당히 다를 수 있다. 일부의 주장과 다르게 카라이프파는 벽에 찌짓을 걸어두지 않는다.

키틀

키틀은 장례를 치를 때 입는 간단한 흰색 리넨 가운이다. 대개는 아주 엄숙한 의식에 착용하지만 일부 유대인은 유월절에도 착용한다.

테필린

테필린은 이마와 팔에 부착하는 작은 가죽 상자이다. 팔과 미간에 표로 삼으라는 계명을 지키기 위해 이마에 착용한다. 가죽끈으로 몸에 부착하는데 평일 아침 예배 시간마다 착용한다. 가죽 상자에는 출애굽기(13:1-10, 13:11-16), 신명기(6:4-9, 11:13-21)의 본문을 소페르('서기관')가 히브리어로 직접 쓴 글귀가 담겨 있다. 탈무드에는 하나님이 테필린을 팔과 머리에 착용하고 계신다는 내용이 나온다(Berakhot 6a).

키파

이디시어로 야르물케라고 부르는 키파('머리덮개')를 남성들이 착용하기 시작한 것은 주전 2세기 무렵이었지만 정확한 규모는 알 수 없다. 탈무드의 안식일 편(156b)에서는 머리를 가리는 것과 하나님을 경외하는 것을 서로 연결한다. 대제사장은 하나님과 자신 사이에 특별한 게 존재한다는 것을 항상 의식하기 위해 모자(미쯔네펫)를 썼다.

과거에는 키파의 착용을 선택적 경건 행위(미닷 하시둣)로 간주하기도 했었다. 오늘날 전통적인 유대인은 습관적으로 늘 머리를 가리는데 세파르딤보다는 아슈케나짐이 훨씬 더 일반적이다. 이스라엘

키파를 쓰고 테필린의 착용을 돕는 유대 랍비

에서는 착용하는 키파 종류에 따라서 정치적 성향을 분류할 때가 많다. 종류가 아주 다양한 키파를 머리를 쓴다는 것은 전통적인 유대교를 고수하고 있다는 뜻이다. 그렇지만 유대인 시민들 대부분은 태도나 행동이 상당히 세속적이다.

메주자

메주자(문자적으로는 문설주)는 전능자(샤다이)를 가리키는 '쉰'이라는 히브리어 첫 글자를 새겨넣은 상자이다. 내부에 쉐마의 앞 문장 두 개를 기록한 양피지가 들어 있다. "또 네 집 문설주와 바깥 문에 기록할지니라"(신 6:9, 11:20)는 지시대로 집안에 들어갈 때를 기준으로 오른쪽에 붙인다. 유대인은 집에 드나들 때 율법을 존중한다

문설주에 고정한 메주자

는 뜻에서 메주자에 입을 맞추거나 만진 손에 입을 맞춘다. 가정에 어쩌다 불행한 일이 생기면 유대인들은 상황을 개선하려고 메주자를 바꾸거나 안에 있는 글귀를 살펴본다. 글자를 잘못 써서 문제가 생긴 것일 수 있다고 생각하기 때문이다.

시두르(기도 책)

기도문은 형식이 모두 일정하다. 시두르가 질서라는 뜻을 가진 것도 바로 그 때문이다. 명절에 사용하는 기도 책을 마흐조르라고 부른다. 일반적인 유대교 종파들은 기도하는 인원이 적고 모임도 얼마 되지 않지만 기도 형식이 비슷해서 여기서는 아쉬케나지의 기도문을 간단하게 설명한다.

전통적인 유대인들은 토라는 하나님이 주신 것이지만 기도 책은 그렇지 않다고 생각한다. 따라서 기도 책은 많은 변화와 적응의 과정을 거쳤지만 몇몇 기도문은 연대나 토라와 관련이 있다는 사실 때문에 상당한 지위를 누리기도 한다. 기도 책의 변화를 살펴보면 아주 흥미롭다.

개혁파 운동은 기도 책을 전반적으로 자주 변경하지만 전통적인 유대인들은 그대로 유지한다. 일부 전통적인 회중은 이스라엘 국가의 존재 자체를 부정해서 국가와 군인을 위한 기도문이 아예 없다. 랍비 정도의 권위자가 기도문의 구조와 내용을 결정하는 것만으로도 해당 공동체의 공감을 충분히 끌어낼 수 있다. 전통적 유대인들은 아침과 오후/저녁에 진행하는 회당의 예배 시간에 함께 기도하게 되어 있다.

아침 기도

샤하릿이라고 부르는 아침 기도는 새벽을 뜻하는 샤하르에서 유래했다. 엄격한 유대인들은 아침에 일어나서 씻을 때 찌짓(술)이 달린 탈릿(기도보)과 이마와 팔에 부착하는 테필린(가죽상자)을 착용하고 기도한다. 계속해서 아침과 토라를 축복하는 기도를 하고 난 뒤에 성경과 랍비 문서를 읽는다.

유대인이 하는 기도의 가장 일반적 형태는 축복(베라카)이다. 모든 축복은 똑같은 여섯 개 히브리어 낱말로 시작한다("우주의 통치자이신 주 우리 하나님, 찬송을 받으소서"). 이 축복문은 하나님을 당신이라는 이인칭으로 부르면서 시작해서 하나님의 움직임을 삼인칭으로 묘사한다. 이것은 어쩌면 탈무드에서 하나님의 호칭을 놓고 서로 엇갈렸던 라브와 사무엘의 주장을 조절하려는 시도처럼 보인다.

전자에 따르면 기도할 때 하나님을 친숙하게 부르는 것을 당연하게 여기지만 후자는 우리가 하나님을 부를 수 있다는 생각이 하나님을 낮추어 보는 것이라서 행위나 속성만 언급해야 한다고 주장한다(Berakhot 12:4). 성전의 의식을 근거로 날마다 시편을 낭송한다. 그 다음에는 쉐마 이스라엘의 첫 부분을 낭송한다. 전통적인 예배에서는 예루살렘 성전에서 바치는 제물을 회상하는 성경이나 랍비 문헌을 연속해서 낭독한다. 이 부분은 찬송(키디쉬)으로 마무리한다.

축복문 열아홉 개로 이루어진 아미다는 아침과 저녁에 모두 사용한다. 축복이 모두 열여덟 개라서 그냥 쉐모나 에스레('열여덟')이라고 부를 때도 있다. 지금은 열아홉 개로 늘었지만 추가된 것은 축복이 아니라 저주이기 때문에 이단자들에게만 적용한다. 이 기도문은 말 그대로 예루살렘 방향으로 서서 낭송한다. 예루살렘에서는 서쪽 벽을 향해 기도한다. 아미다는 먼저 조용히 기도하면 낭독자(하잔)가 다시 큰 소리로 반복한다.

아미다 축복문은 상황에 따라 부분적으로 바뀔 수 있지만, 첫째와 마지막 축복문 세 개는 똑같다. 아브라함, 이삭, 야곱과 하나님과의 관계를 언급하는 것으로 시작해서 하나님이 그들을 도우셨듯이 이제는 우리를 도와달라고 간구한다. 거룩한 하나님을 부르면서 지혜와 용서를 구하고 어려울 때 도움과 질병에서의 구원, 가난에서의 해방을 간구한다. 유대인들이 어디에 살든 함께 모이고 훌륭한 지도자를 만나고 적으로부터 보호받고 이스라엘의 회복과 메시아의 도래를 위해 기도한다. 기도는 평화를 간구하는 것으로 끝마친다. 축제, 평일, 안식일마다 아미다의 구조가 바뀌고 먼저 조용히 암송하고 나서 회중이 함께 암송한다.

아침 기도의 두 번째 부분은 시편(100편, 145-150편)이 많이 들어가 있어서 '찬양 구절'(페수케이 데짐라)이라는 이름으로 부른다. 다양한 성경 구절을 엮어 만든 기도문은 바다의 노래(출 14, 15장)로 이어진다. 그다음은 회중이 모였을 때 기도 시작을 알리고 하나님을 함께 찬양하도록 초대하는 바르쿠, 중요한 쉐마 이스라엘의 암송, 추가적인 기도문들로 넘어간다. 계속해서 기도 예배의 중심에 해당하는 아미다를 낭송한다. 다음 순서는 '간구'라는 뜻을 가진 타하눈이다.

쉐마

쉐마는 "이스라엘아 들으라. 우리 하나님 여호와는 오직 유일한 여호와이시니"(신 6:4)라는 구절로 시작한다. 그리고 신명기 6장 9절까지 계속되다가 성경에는 없는 "영광스러운 나라가 영원토록 지속되는 주의 이름을 찬양하라"라는 구절이 나온다. 그리고는 신명기(11:13-21)와 민수기(15:37-41)가 이어진다. 쉐마의 내용은 하나님의 섭리, 하나님의 사랑, 하나님의 지시를 따르는 것의 중요성과 평일에 착용하는 탈릿과 테필린, 메주자를 소개한다. 이 세 가지 인공물의 핵심은 거룩함과 토라를 배우고 가르치는 것, 이집트 노예 탈출의 영적 목표를 깨닫도록 장려하는 것이다.

쉐마는 이렇게 시작한다.

"너는 마음을 다하고 뜻을 다하고 힘을 다하여 네 하나님 여호와를 사랑하라. 오늘 내가 네게 명하는 이 말씀을 너는 마음에 새기고 네 자녀에게 부지런히 가르치며 집에 앉았을 때에든지 길을 갈 때에든지 누워 있을 때에든지 일어날 때에든지 이 말씀을 강론할 것이며 너는 또 그것을 네 손목에 매어 기호를 삼으며 네 미간에 붙여 표로 삼고 또 네 집 문설주와 바깥 문에 기록할지니라."

나머지 부분은 이스라엘 백성을 이집트에서 인도하신 하나님의 일관성과 역할을 강조한다. 기도문은 하나님은 최고의 신이고 영원히 통치할 것이라는 내용으로 끝난다.

월요일과 목요일에는 간단히 토라를 낭독하는 예배가 있다. 안식일 아침과 명절에는 더 길게 낭독을 진행한다. 회중 가운데 몇 명이 토라를 읽는 영광을 누리기도 하지만 대개는 다른 사람이 두루마리를 낭독하는 것을 듣는다. 호명된 사람은 낭독 전후에 축복문을 암송한다.

마침 기도를 하고 난 뒤에 예배가 끝나지만 다른 곳에 갈 필요가 없는 사람은 조금 더 남아 시편을 낭송할 수 있다. 예배는 하나님과 그분의 권위를 전반적으로 인정하고 인류 통일을 기원하는 기도(알레이누)로 마무리한다. 마지막으로 예배를 희망으로 마치는 카디쉬 기도문을 낭송한다. 이 기도문은 종류가 다양하고 애도와 관련이 있어 낭송할 때 독특한 울림을 준다. 이 기도문은 인원이 정해진 민얀에서 낭송할 수 있다.

카디쉬

다음은 애도 형식의 카디쉬다.

거룩한 뜻으로 창조된 온 세상에
하나님의 이름이 높아지고 영광되게 하소서.
당신이 살아 있는 동안
당신의 날들과 이스라엘 집안 전체가 살아 있는 동안
곧, 그리고 가까운 시일에 주님의 나라가 세워지게 하소서.
그러니 아멘으로 화답하자.
거룩한 분의 이름이 복되게 하시고
찬양과 영광을 받으시고 찬사를 받으시고
높아지게 하시고 빛나게 하시고 널리 퍼지게 하소서.
그분은 모든 찬양과 찬양하는 모든 노래와
모든 축복과 우리 세상에서 말하는
모든 복된 말보다 뛰어나시니, 그러니 아멘.
하늘로부터 우리와 온 이스라엘에
평화와 생명을 내려주소서. 그러니 아멘.
우주에 평화를 창조하시는 주여,
우리와 온 이스라엘에 평화를 주소서. 그러니 아멘.

민하와 마아리브

오후 기도인 민하와 저녁 기도인 마아리브(또는 아르빗)는 대체로 서로 연결되어 있다. 대개는 사람들이 회당을 두 번 오지 않도록 근무시간에 오후 기도와 저녁 기도를 연달아 낭송한다. 빌나 가온 (1720-1797)은 의식과 관련된 모든 것을 엄격하게 해석해서 당연히 이런 관행을 반대했고 해가 질 때까지 기다렸다가 마아리브를 낭송하라고 권장했다.

물론 하루에 두세 번씩 유대교 회당이나 민얀에 가서 기도한다는 것은 그럴 수 있을 정도로 가까운 곳에 사는 것을 전제하기 때문이라 점점 더 어려워지고 있다. 유대인이 밀집된 공동체에서 모두 함께 거주하던 시대는 이미 오래전에 지나갔다. 하지만 초정통파 유대인 공동체는 여전히 서로 가까이 살고 있고 심지어 동료들과 멀지 않은 곳에서 일하기 때문에 낮과 오후에 모여서 기도하는 것이 어렵지 않다. 물론 공동 기도를 삶의 중요한 부분으로 간주하면 기도 모임에서 다른 사람들과 가까이 지내도록 조심해야 한다.

오후 예배는 하나님과 자비를 찬양하는 이합체 시(acrostic poem, *각 행의 첫 글자나 첫음절을 모으면 하나의 낱말 또는 문장이 되는 형태의 시)로 시작해서 반쪽 카디쉬, 아미다, 긴 카디쉬(카디쉬 샬렘), 알레이누, 그리고 애도하는 사람이 있으면 애도자의 카디쉬로 이어진다.

금요일 밤 예배

안식일 예배는 금요일 저녁에 평일 오후 기도(민하)로 시작한다. 일부 지역에서는 아가서를 읽지만 대부분은 17세기 유대교 신비주의자들이 작곡한 신비로운 안식일 예배 전주곡(카발랏 샤밧)으로 이어진다. 히브리어 카발랏 샤밧은 문자적으로 '안식일을 맞이함'이라는 뜻이다. 아쉬케나지의 예배는 여섯 개의 시편(95-99편, 29편)으로 구성되어 있는데, 한 주간 6일을 상징한다. 다음은 레카 도디라는 시를 노래한다. 1500년대 중반 솔로몬 하-레비 알카베츠가 만든 이 시는 탈무드 시대의 지혜자인 하나냐의 '안식일 여왕을 만나러 가자'를 바탕으로 하고 있다(Shabbat 119a).

대부분은 계속해서 공부 시간을 추가하고 마치면 카디쉬 데 랍바난으로 마무리한다. 카발랏 안식일은 시편 92편으로 마무리한다. 아버지는 회당에서 집으로 돌아와 자녀를 축복하고 아내에게 잠언의 일부, 즉 용감한 여성에 관한 부분을 암송하여 들려주기도 한다. 식사는 안식일을 제정하고 유대인에게 안식일을 허락한 하나님을 찬송하는 키두쉬로 시작하고 포도주와 빵을 먹는다. 식사를 마친 뒤에는 특별한 노래(제미롯)를 부르고 더 긴 감사기도를 낭송한다. 대부분의 세파르디와 여러 아쉬케나지 회당은 마이모니데스의 유대교 신앙의 13가지 원칙을 시적으로 각색한 익달의 노래로 끝낸다(이 책 6장 볼 것). 다른 아쉬케나지 회당은 아돈 올람('영원한 주님')으로 마친다.

토요일 아침 예배

안식일 아침 기도회는 일반 아침 예배와 같은 방식으로 시작한다. 아쉬케나지 전통은 찬송가 가운데 시편 100편을 생략하고 시편 19편, 34편, 90편, 91편, 135편, 136편, 33편, 92편, 93편을 대신 사용한다. 세파르디 유대인은 순서가 다르고, 서너 개의 시편과 두 개의 종교적인 시를 추가한다. 시편에서 발췌한 니쉬맛 기도문은 페수케이 데짐라('찬양의 구절') 마지막에 낭송한다. 이 기도문의 주제는

숨을 쉬는 만물이 "졸거나 주무시지도 않고" 모든 피조물을 돌보고 인도하시는 하나님을 찬양한다는 것이다. 쉐마 앞의 축복기도를 늘리거나 엘 아돈('주 하나님') 찬송을 집어넣기도 한다.

이 찬송은 종종 공동체가 함께 부른다. 벽장에서 토라 두루마리를 꺼내어 그 주간에 읽는 본문과 매주 바뀌는 예언서에서 짧게 발췌한 하프토라를 낭독한다. 1년간 모세오경을 읽는 것은 바빌로니아의 관습을 따르는 것이고 이스라엘 땅에서는 3년 주기로 읽었다. 종종 그렇듯이 이스라엘 땅을 벗어나서 사는 유대인 세계까지 바빌로니아 방식이 널리 퍼졌다. 바빌로니아에서 사는 사람들처럼 결국 이스라엘 외부에 거주한 공동체였기 때문이다.

토라를 낭독하도록 7명이 호명되고 한 사람이 선지서 부분을 읽는다. 일반적으로 이 선발은 토라 낭독과 어느 정도 관련이 있다. 오후에는 다음 주 토라 낭독의 첫 번째 부분을 맡게 될 세 사람이 호명된다. 토라 낭독이 끝나면 공동체를 위한 기도문을 낭독한다. 그런 다음 (대부분의 공동체에서) 정부와 이스라엘 국가를 위한 기도문을 낭독한다.

무사프

토요일 아침에 있는 추가 예배인 무사프는 아미다를 조용히 암송하는 것으로 시작한다. 그다음 케두샤라는 추가 낭독이 포함된 두 번째 공개 낭독을 한다. 그리고 안식일의 거룩함에 관한 내용과 예루살렘 성전에서 바쳤던 제사를 언급하는 민수기를 낭독한다. 계속해서 "그들이 주의 주권을 기뻐할 것입니다"라는 이스메추, "우리 하나님,

우리 조상의 하나님, 우리의 안식을 기뻐하시옵소서"라는 엘로헤이누, "우리 하나님이여, 주의 백성 이스라엘과 그들의 기도에 자비를 베푸시고 주의 성전에 대한 예배를 회복하소서"라는 레쩨이로 이어진다.

아미다를 모두 끝마치면 카디쉬를 전부 낭송하고 아인 케엘로헤이누('우리 하나님 같은 이는 없다')를 노래한다. 전통적인 유대교에서는 계속해서 예루살렘 성전에서 바친 희생 제사에 관한 탈무드를 낭독한다. 일반적으로 보수파 유대인은 이것을 낭독하지 않고 개혁파 유대인은 언제나 생략한다. 무사프 예배는 랍비의 카디쉬, 알레누, 애도자의 카디쉬로 마무리되는데 일부 회당에서는 아님 제미롯('영광의 찬송')을 낭독하는 것으로 끝맺는다. 개혁파 유대인은 무사프 예배를 모두 생략한다.

안식일 민하

안식일 민하(오후 예배)는 시편 145편으로 시작한다. 토라 두루마리에서 다음 주 독서 첫 부분을 낭독한다. 아미다는 다른 안식일 아미다 기도와 같은 형식을 따른다. 민하를 마치면 겨울철 안식일(초막절부터 유월절까지)에는 바레키 나프쉬(시편 104편, 120-134편)를 낭송한다. 여름철 안식일(유월절부터 로쉬 하샤나까지)에는 그 대신 열조의 교훈(피르케이 아봇)을 안식일마다 한 장씩 연속으로 낭송한다.

하브달라

안식일이 끝나면 그 하루와 나머지 한 주를 구분하는 의식인 하브

안식일을 공식적으로 마무리하는 하브달라 의식

달라(히브리어로 '구별하다')를 진행한다. 약간 넘치게 따른 포도주는 안식일의 기쁨이 주중에도 어느 정도 계속되기를 희망하는 마음을 상징한다. 켜진 촛불은 안식일에는 불을 켤 수 없다는 사실을 상기시킨다. 향신료 상자는 지나간 날의 특별한 맛을 기억하려고 준비한다. 상자는 특별한 날 마지막에 기운을 차린다는 의미도 담겨 있다.

안식일 규칙

안식일은 하나님이 창조를 모두 끝마치고 일곱째 날에 안식하고 축복하셨다는 성경 구절(창 2:1-3)에서 유래했다. 노동이 끝나면 휴식을 취하고 그 휴식을 축하하고 이후로도 계속 휴식을 축하하면서 그때까지 해 온 작업을 회상한다는 점에서 상당히 인간적인 느낌이다. 안식일은 유대인이 광야의 여정에서 특별한 방식으로 만나를 거두면서 지켜야 하는 휴식의 날로 처음 언급되었고 일곱째 날에 일하지 않도록 여섯째 날에 이틀 치 만나를 거두라는 지시를 받았다(출 16:23). 일곱째 날에는 백성이 자리를 뜨지 못하게 한 것 같다(출 16:28-29).

십계명에는 널리 알려진 대로 안식일에 대해 더 자세한 규칙이 나오는데 개인뿐 아니라 관련된 모든 사람의 노동을 금지한다(출 20:8-11). 때로는 이집트 탈출(신 5:12-15)과 관련이 있고 때로는 하나님과의 언약(출 31:12-16)과 관련이 있다. 노동의 금지는 주석자들 사이에서 상당한 논란이 있었다. 노동으로 간주하는 39가지 유형의 목록이 만들어졌고 이후로도 줄곧 확장되어서 전통적인 유대인은 안식일을 나머지 평일과 확실하게 구분한다. 이렇게 많은 금지 규칙에도 불구하고 자신을 지키고 생명을 구하고 위험한 동물을 피하는 것처럼 허용되는 일도 있다.

안식일에 할 수 있는 것을 제한하는 내용은 탈무드의 안식일 편(7:2)에 나온다. 여기에는 안식일을 범하는 것으로 간주하는 다양한 유형의 노동이 나열된다. 이 39가지 금지 행위의 범주는 훨씬 더 광범위하게 늘어났지만 생명을 구하는 행위(피쿠아흐 네페쉬)는 빠졌다. 예를 들어 안식일에 건물이 무너져 사람이 깔렸으면 구조하기 위해 건물을 파내는 게 허용된다. 반면에 그가 죽었다면 안식일이 끝날 때까지 시신을 그대로 두어야 한다(Yoma 85a). 생명을 구하는 일은 우상 숭배, 근친상간, 유혈 살인을 금지하는 법을 제외하고 거의 모든 법을 앞선다. 따라서 안식일에 중병에 걸린 사람을 돕는 일은 안식일을 범하더라도 허용되고 심지어 권장되기도 한다(Yoma 84b).

안식일과 그것의 준수가 갖는 중대성은 명확하다. 안식일을 어기는 것은 사형에 해당하는 범죄이기 때문이다(출 31:13-16). 안식일은 영원한 언약을 상징하는데 언약의 또 다른 표징인 할례와도 밀접한 관계가 있다. 안식일에 하면 안 되는 노동을 규정하는 법률은 복잡하고 시간이 지나면서 엄청나게 확대되었다. 이것의 좋은 사례가 랍비 슐로모 루리아(1510-1573)의 주장이다. 그는 아주 무더운 나라에서 지붕 위에 달걀을 올려놓고서 태양열로 익혀도 괜찮은지에 대해 대답했다. 지붕에 모래가 없으면 이것이 가능하다는 게 일반적인 답변이다. 달걀을 모래에 파묻으면 노동이라서 잘못된 것이고 안식일 전에 그렇게 하거나 그냥 온기를 유지하려고 해도 역시 잘못된 것이다(Responsa 72).

예언자 미가는 흔히 형식적인 기도를 비판하는 것으로 간주하는 발언을 한다. 그는 "여호와께서 천천의 숫양이나 만만의 강물 같은 기름을" 기뻐하실지 비꼬면서 희생 제사를 언급한다. 우리가 하나님을 위해 진행하는 복잡한 의식을 문제 삼은 것이다. 계속해서 그는 하나님이 우리에게 선한 것이 무엇인지 보여주었다고 말한다. 여기서 그는 유대인뿐 아니라 인류 전체를 언급하면서 그것은 바로 정의롭게 행하고 헤세드(의로움)를 사랑하고 겸손하게 하나님과 동행하는 것이라고 말한다(미 6:7-8).

이것은 균형을 유지하는 게 중요하다. 세계의 운명이 달려 있다는 세 가지(토라 공부, 예배, 의로운 행위)는 우리 삶에서 곧잘 볼 수 있듯이 흐트러지기 쉽다(Pirkei Avot 1:2). 토라는 다른 것들로 이어지기 때문에 제일 먼저 나온 것이지 반드시 그런 것은 아니다. 토라를 공부하는 데 시간을 모두 할애할 수 있고 실제로 그렇게 하는 사람들도 있지만 여기서 제안하는 것은 이것이 옳지 않다는 것이다. 토라 공부와 기도만으로는 충분하지 않고 선행과 결합해야 한다. 돈을 벌고 가족을 부양하는 일상 세계에 참여하지 않으면서 어떻게 선행을 할 수 있을까? 피르케이 아봇(열조의 교훈)을 기록한 랍비들은 오늘날의 상당한 보조금을 받는 세련된 랍비들과 달리 모두가 실제로 생계를 유지하는 직업을 가지고 있었다는 사실을 기억해야 한다.

SECTION 05

축제와 통과의례

✱ ✱ ✱ ✱ ✱ ✱

달력

유대인이 사용하는 달력은 음력이고 각각의 달은 29일 또는 30일이다. 음력과 양력의 차이를 해소하려고 13번째 달인 아달 쉐니(둘째 아달월)를 가끔 추가한다. 하루는 태양력에 맞추어 일몰과 함께 시작해서 다음 날 해 질 녘에 끝난다. 해 질 녘은 하늘에 별 세 개가 뜰 때를 기준으로 삼는다. 한 해 열두 달은 다음과 같고 중요한 날은 따로 표시했다.

▶ **니산월**
  14일. 장자의 금식
  15일-22일. 유월절
  16일. 오메르(*보리 수확의 첫 번째 양) 계산 시작
  17-20일. 홀 하모엣(*축제의 평일)

▶ 이야르월

5일. 이스라엘 독립 기념일

14일. 두 번째 유월절

18일. 라그 바오메르(오메르 계산 33일째)

▶ 시반월

6-7일. 샤부옷(오순절)

▶ 타무즈월

17일. 금식

▶ 아브월

9일. 티샤 베아브(*슬픔과 금식의 날)

▶ 엘룰월

한 달 동안 뿔 나팔(쇼파르)을 평일에 불고 마지막 주에 참회 기도문을 낭송한다.

▶ 티쉬리월

1, 2일. 로쉬 하샤나

3일. 게달리아(그달리야) 금식

10일. 대속죄일(욤 키푸르)

15-21일. 수콧(초막절)

21일. 호샤나 라바(*호산나 라바, 큰 구원의 날)
22, 23일. 쉐미니 아쩨렛
23일. 심핫 토라

▶ **마르 헤쉬반월**

▶ **키슬레브월**
25일-2일 또는 3일 테벳 하누카

▶ **테벳월**
10일. 금식

▶ **쉐밧월**
15일. 투 베쉬밧(나무를 위한 새해)

▶ **아달월**
13일. 에스더의 금식
14일. 푸림(부림절)
15일. 슈샨 푸림

축제

순례자의 축제

유대인 남성이 지정된 장소에 가서 하나님 앞에 모습을 보이라는 지시를 받았던 세 가지 축제가 있는데, 유월절, 샤부옷(오순절), 수콧(초막절, 신 16:16)이다.

유월절

유월절은 니산월 15일부터 22일까지 진행한다. 디아스포라 유대인은 유월절(페삭)을 8일, 이스라엘에서는 7일 동안 지킨다. 축제의 이름은 이집트인의 장남을 죽이는 벌을 내린 하나님이 유대인의 집은 넘어가셨다는 열 번째 재앙에서 유래했다. 유대인은 니산월 14일 저녁까지 누룩을 넣은 빵을 먹지 말라는 명령을 받았다. 지금은 다양한 제품으로까지 확대되어 누룩과 함께 사용한 모든 주방 기구와 접시를 치운다. 다음 날 아침 빵은 의식을 갖추어 태우고 주방 기구를 이방인에게 일주일 동안 팔아넘긴다.

첫날 밤, 그리고 이스라엘 외부에서는 둘째 날에도 집에서 세데르 예배를 진행한다. 세데르는 이집트 탈출 사건과 그 과정에서 하나님이 무슨 일을 하셨는지 자녀들에게, 엄밀하게 말하면 아들들에게 들려주라는 계명을 지키는 것이다(출 13:8). 축제에 무심한 가정도 대부분 유월절을 지킨다. 아이들과 음식 중심이라서 상당히 매력적이고 의식에는 참석자들이 즐거워하는 다양한 장치를 마련한다.

식탁에는 행사의 핵심 주제를 표현하려고 만든 것들이 놓여 있

유월절 저녁 식사(세데르)

다. 마짜(무교병) 세 개를 식탁에 올려놓는다. 마짜 두 개는 사막에서 만나를 두 배로 받은 것, 세 번째 마짜는 고난의 빵을 가리킨다. 네 잔의 포도주와 메시아를 예표하는 엘리야를 위한 다섯 번째 잔, 노예 생활의 괴로움을 의미하는 쓴 나물, 봄을 상징하는 파슬리, 유대인들이 이집트에서 노동에 사용한 역청을 연상케 하는 하로셋(견과류, 포도주, 사과를 섞은 페이스트)이 있다. 성전 시대에 희생된 양을 상징하는 구운 양고기 뼈, 유대인의 눈물과 희생을 의미하는 소금물, 성전 제사를 뜻하는 구운 달걀도 있다.

하가다는 후기 탄나임 시대(대략 170년경-200년 또는 220년, 그리고 세데르 예배에 대한 최초의 언급은 미쉬나의 페사힘 10:5 볼 것)에 기원을 두고 있다. 예루살렘의 유대인 입법 기관(산헤드린으로 알려진) 의장을 지낸 1세기의 랍비 가말리엘 장로(또는 랍비 가말리엘 1세)는 이렇게 선언했다. "페삭, 마짜, 마로르를 말하지 않는(어쩌면 그 영적 의미를 이해하지 못했다고 해야 더 정확한) 사람은 자신의 의무를 다하지 않은 것이다."(또는 "페삭에 누구든지 페삭, 마짜, 마모르라는 이 세 가지를 말하지 않으면 의무를 다하지 않는 것이다.")

8세기와 9세기 사이에 게오님(*현재 이라크의 바빌로니아 수라와 품베디타에 있던 유대인 학문 아카데미 지도자들)이 오늘날과 같은 형태의 하가다를 편찬했다. 과거에는 기도 책에 포함되었고 지금보다 짧았다. 본래 스페인에서는 회당에서 회중이 낭송했지만 세월이 흐르면서 주로 가정에서 지키는 의식으로 발전했다. 14세기에는 책으로 따로 출판되었고 부유한 사람들은 아주 화려하게 채색된 필사본을 이용했다. 이후 몇 세기에 동안 본문이 일부 변경되면서 인기 있는 노래가 몇 곡 추가되었다.

최근에는 유월절을 기념하는 새로운 방법을 추구하는 유대인들이 아주 급격한 변화를 시도했지만 대략 7세기에 걸쳐 하가다가 아주 오래된 형식을 얼마나 충실하게 유지했는지 그저 놀라울 따름이다. 유월절은 점점 세속화되는 유대인 세계에서도 무척 인기가 높지만 하가다 본문은 대부분 다소 건조하고 해설식 구조로 되어있다. 특히 유월절 예배의 일부 중요한 내용에 대한 랍비들의 토론은 일반 청중, 특히 어린이가 많이 참석하는 청중에게는 어떤 기준을 적용해도 흥미를 끌지 못한다.

세데르 마지막에 부르는 노래는 활기차지만 엄숙한 할렐을 낭송하고 난 뒤에 등장한다. 하나님을 찬양하는 가사는 계속 반복되기 때문에 그렇게 흥미롭다는 생각이 들지 않는다. 수 세기 동안 하가다는 아람어 노래인 핫 가디야로 끝냈다. 이 노래는 자음이 너무 많아 암송하기는 어려워도 아주 재미있어서 기분 좋게 저녁을 마칠 수 있고 하나님이 모두를 돌보신다는 위로를 받기도 한다.

하가다를 자세히 살펴보면 본래 목적과 일치하는지 판단하기 어렵다. 대체로 모호하거나 랍비들의 해석 중심이고 유월절과 관련된 사건을 설명하는 데 사용된 용어들의 정확한 의미에 대해 본질과 무관하고 무미건조한 질문을 제기한다. 예배 순서는 전통적이어서 그 내용을 보면 수 세기 동안 어떻게 보존됐는지 생각하게 된다(실제로는 변화가 있었지만). 그러나 다양한 주석들의 주장과 다르게 하가다가 유월절 사건에 관한 연속 기도문을 만드는 가장 좋은 방법이 아닐 수도 있다. 본문은 대체로 복잡하고 랍비식 해설 형태라서 흥미롭지 않고 유월절 의식에 포함된 몇 가지 원칙과 축제 중에 해야 할 일을 확인하려면 시간이 걸린다.

유월절의 놀라운 점은 이집트 탈출에 집중하면서도 모세를 전혀 언급하지 않는다는 것이다. 마치 모세는 존재하지 않았고 유대인 구출에 대한 공로를 모두 하나님에게 돌리는 것처럼 보인다. 이것은 유대교가 영웅에 대해 취하는 다소 비판적인 태도와 맞물려서 놀랍기도 하고 하가다의 극적 이야기를 방해하기도 한다. 참고로, 중세 이후에 제작한 하가다의 삽화에는 하나님이 직접 등장할 수 없어 모세와 아론이 주인공으로 등장하는 경우가 많다. 삽화는 곧잘 본문 자체의 생략을 훌륭하게 보완하는 것처럼 보인다.

마찬가지로 대속죄일 오후 예배 시간에 금지된 성관계에 관한 구절을 읽어야 하는 이유를 질문할 수 있다. 율법에서는 이 부분을 따로 공부할 수 없고 오직 예배 중에만 낭송된다. 탈무드에 따르면 과거에는 이날 젊은 남녀가 서로 만나 춤추고 청혼했다고 전해진다. 대속죄일 오후를 엄숙한 예배 시간이 끝났다는 신호로 여겼을 수도 있다. 그때쯤이면 하나님이 모두를 용서하셨다고 간주했기 때문이다. 성관계에 관한 다소 엄격한 율법은 사람들을 진정시키고 행동을 억제하게 하려는 의도가 있었다(Ta'nit 4:8). 이것이 특정 구절을 선택한 이유로 충분할 수 있지만 동료 회중을 흑심을 품고 바라보지 않는 이상 일상생활과는 무관해 보인다.

종교는 인간 간의 관계나 우리 안에 일정한 균형을 유지하게 만들어 행동을 조절하기도 한다. 균형은 직접 적절한 것에 의해 이루어지는 게 아니라 익숙한 것에 의해 종종 이루어진다. 사랑하는 사람이 세상을 뜨면 가까운 사람들이 다정하게 기억하는 것은 그 사람의 말과 사소한 행동이지만 그것들 자체는 전혀 특별하지 않고 심지어 우스꽝스럽다. 이것이 더욱 인상적인 이유는 그것이 우리가 기억하는 사람의 일부가 되었기 때문이다. 하지만 사실 그것은 그 사람에 관해 아무것도 말해주지 않을뿐더러 그 자체가 무의미하다. 저녁에 안경을 내려놓는 모습이나 차를 만들며 흥얼거리는 노랫소리 같은 것일 수 있다. 이런 매력 없는 행동도 사별한 사람을 떠올리는 계기로 작용하면 매력적으로 바뀌는데 종교의식 역시 곧잘 같은 방식으로 작동한다.

우리는 그것들을 대할 때 어째서 중요한지 드러나도록 기대하면

안 된다. 우리는 그것들이 그 자체로 중요한 것, 그러니까 이 경우에는 하나님과 어떻게 연결되었는지를 통해서만 파악할 수 있을 뿐이다. 유대인이 따라야 하는 율법은 그 근원에 존재하는 것 이외에는 전반적으로 전혀 근거가 없다. 우리가 즐겨 암송하는 기도문 가운데 상당수도 사정은 다르지 않다. 그것들 자체는 그리 인상적이지 않고 반복적이지만 결국에는 익숙하고 위안을 주는 의식 가운데 일부가 되고 있다.

샤부옷(오순절)

샤부옷은 시반월 6일, 그리고 이스라엘 바깥의 비개혁파 공동체는 시반월 7일에 지킨다. 샤부옷은 문자 그대로 '주들'(weeks, 출 34:22, 레 23:15-16, 신 16:16)이라는 뜻이다. 유월절 둘째 날, 즉 오메르(보릿단) 제물을 성전에 가져왔던 첫날로부터 7주 뒤에 지킨다. 이 축제 날짜는 상당한 논란이 있어 한편으로는 유대인, 또 다른 한편으로는 카라이트파와 사마리아인으로 갈라지는 데 상당한 공헌을 했다. 후자들은 토라를 문자 그대로 따르면서도 샤부옷을 시작하는 정확한 일정을 달리 해석하기 때문이다. 그들은 안식일에 대한 언급을 문자적으로 해석하고는 한 주가 아니라 안식일을 뜻하는 것으로 간주해서 늘 일요일에 축제를 시작한다.

샤브옷은 출애굽기(19-20장)가 배경이고 시나이산에서 율법을 받은 사건과 관계가 깊다. 여름에 돌아오기 때문에 종종 꽃으로 장식하고 유제품을 먹는다. 본래는 추수를 기념하는 축제였을 가능성이 크다(출 23:16). 밀을 수확하고 첫 열매를 제물로 바치도록 언급하고

(민 28:26, 출 34:22) 추수가 주제인 룻기를 낭독하기 때문이다. 이 시기에는 회당을 농촌처럼 꾸미고 식물과 농산물을 건물 내부에 늘어놓는다. 토라를 읽는 것은 율법, 더 정확하게는 성경의 기록처럼 십계명을 받은 것과 관련이 있다.

수콧(초막절)

수콧은 티쉬리월 15일에 시작해서 7일간 계속된다(레 23:42-43). 유대인들은 광야에서 임시 거처나 초막에서 지낸 기간을 기념하면서 '초막'을 뜻하는 히브리어 수카에서 유래한 수콧이라는 이름을 붙였다. 신앙에 철저한 유대인은 적어도 하루 중 일부 시간을 초막에서 보내고 지붕은 대추야자 가지로 덮는다. 다양한 종류의 식물을 먹고 회당에서 사용한다. 루라브(대추야자 가지), 에트로그(시트론), 머틀(은매화), 버드나무 가지를 들고 예배 참석해서 토라 주변을 일곱 바퀴 돈다. 그 내용은 신명기(16:13-15), 출애굽기(23:16), 레위기(23:39)에 언급되어 있다.

축제가 끝나면 이스라엘에서는 쉐미니 아쩨렛과 심핫 토라를 같은 날에 지킨다. 심핫 토라에 1년 동안 진행한 토라 낭독을 마무리한다. 회당 벽장에서 손으로 직접 쓴 율법 두루마리(sifrei Torah)를 꺼내 들고 회당 주위를 행진한다. 토라의 마지막 부분을 읽고 나면 처음으로 되돌아가서 다시 시작한다.

새해와 대속죄일

유대인 달력에 있는 대부분의 축제는 역사적 사건을 기념하지만 새해와 대속죄일은 그렇지 않다. 전체적으로는 엘룰월에 시작하는 준비 기간부터 길게 이어진다. 쇼파르, 즉 숫양의 뿔은 엘룰월 평일 아침 예배를 마칠 때마다 불지만 새해 하루 전에는 쇼파르를 불지 않는다. 특히 아침 예배 전에 용서를 구하는 셀리홋 기도를 추가하기도 한다. 세파르디 유대인은 한 달 동안 셀리홋 기도를 하지만 아쉬케나지 유대인은 간단하게 기도한다.

유대인의 설날인 로쉬 하샤나는 이스라엘에서도 티쉬리월 1일과 2일에 지킨다. 이때부터 대속죄일의 절정에 달하는 10일간의 회개가 시작된다. 개혁파 유대인은 어쨌든 성경대로 하루만 지킨다. 주제는 심판이고 이 기간에 바치는 기도는 대부분 회개의 중요성과 기도와 선행의 능력을 언급한다. 회당에서는 흰색 천으로 토라와 벽장을 가리거나 집전하는 사람들의 복장을 변경하기도 한다. 예배를 진행할 때마다 쇼파르를 분다. 이삭의 희생과 어린 양으로 대체된 것을 상징하고(둘째 날 토라 낭독은 창세기 22장 1-24절), 참석자들에게 회개와 변화된 삶의 필요를 일깨우기 위한 것으로 보인다. 안식일에는 쇼파르를 불지 않는다.

유대인들은 가끔 로쉬 하샤나 첫날 민하를 마치고 물이 흐르는 곳에 가서 상징적으로 죄를 던지지만(타슐릭) 안식일에는 타슐릭을 하지 않고 빵과 소금 대신 꿀과 신선한 과일을 먹으면서 달콤한 새해를 표현한다. 이런 즐거운 풍습을 지키면 일몰부터 해 질 녘까지, 그러니까 저녁부터 다음 날 저녁까지, 온종일 회개하고 금식하는 대속죄일(레 23:27, 32)까지 셀리홋 기도가 포함된 다소 우울한 기도 주간이 길게 이어진다.

쇼파르(양각나팔)를 불며 로쉬 하샤나를 축하하는 유대인 학생들

성인들은 대속죄일에 음식이나 음료를 섭취할 수 없지만 건강이 나쁘면 금식을 조절하기도 한다. 유대인은 대개 금식에 앞서서 다른 사람과의 갈등을 해소하려고 노력한다. 이때는 타인이 아니라 하나님에 대한 우리의 죄를 용서해 달라고 요청할 수 있기 때문이다. 저녁 예배는 서원의 중요성을 낭송하는 첫 기도의 이름을 따서 콜 니드레이('모든 서원')라고 부른다. 일부 이방인이 이것을 가지고 1년에 한 번은 유대인이 합의를 지키지 않아도 된다는 의미로 오해해서 논란을 빚기도 했다.

저녁 내내, 또 다음날 낭송하는 기도문은 대개 고백적인 분위기이고 사별한 사람을 기리면서 대다수 유대인이 종일 회당에서 지낸다. 저녁까지 금식을 계속하기 때문에 집에 가는 것은 별다른 의미가 없다. 오후 예배에는 회개와 엄격한 심판을 벗어나는 능력이 주제라서 거기에 어울리는 요나서를 하프토라(토라와 함께 읽는 선지서)로 사용한다. 축제가 끝난 저녁에는 며칠 뒤에 돌아오는 수콧에 필요한 초막을 짓기 시작하는 게 전통이다. 쇼파르를 불면 회당 예배와 금식이 모두 끝난다.

하누카

사실 하누카는 작은 축제지만 크리스마스와 가깝다 보니 미국에서는 가장 친숙하다. 안티오쿠스 4세의 셀레우코스제국은 대제사장을 지낸 야손이 다시 자리를 차지하려고 무장 지지자들과 함께 예루살렘으로 진군하자 유다 내전에 개입했다. 주전 167년 안티오쿠스는 이것을 자신의 통치에 대한 도전으로 받아들이고 유대교의 분리 종교라는 개념을 단번에 끝내기로 했다. 기본적으로 그는 덜 세련되고 오래된 전통을 유지하려는 유대인들에 맞서 헬레니즘적 생활 방식을 선호하는 사람들을 편들었다. 반란은 제사장 맛다디아스, 그리고 히브리어로 망치(마카비)라는 뜻의 별명을 가진 유다를 비롯한 자식들이 주도했다.

그들은 2년간 투쟁 끝에 승리하고 성전에서 유대인의 예배를 다시 회복했다. 성전의 메노라(촛대)를 다시 켤 때 하루치 기름밖에 남아 있지 않았으나 8일간 사용할 수 있었다고 한다. 이 축제는 정확히 말하자면 하누키야(하누카 메노라)에 불이 꺼지지 않은 기적을 기념하는 축제이다. 특이하게도 과거에는 랍비들이 이 축제에 비판적이었으나 일반 유대인은 무척 열광적이었다. 축제가 종교적 의무와 상당한 거리가 있고 아이들에게 용돈을 주고 도넛과 라트케(팬케익)를 먹고(결국 이 축제의 주제는 기름이다) 승리를 축하하다 보니 이것은 놀라운 일이 아니다.

랍비들은 인간의 힘을 강조하는 것은 무엇이든 의심스러워하고 또 마카베오서는 유대교 성경에는 없고 외경에만 있는데 어쩌면 그런 이유 때문일 것이다. 유대교 전통은 종종 이 축제를 헬레니즘에 대한 종교적 반발로 해석하기도 하지만 실제로는 헬레니즘에 열광하는 유대인에게 반감이 더 컸던 것 같다. 승리를 거둔 마카비 가문조차 외부 문명과의 관계를 유지하는 데 전혀 문제가 없었다. 실제로 그들은 로마제국 내에서 접촉을 유지했다. 한 세기 뒤에 폼페이우스가 아리스토불로스와 히르카누스 간의 내전에 개입하면서 로마로부터의 독립은 끝내 멀어졌고 마침내 2차 성전이 파괴되는 결과를 가져왔다.

이 축제는 규모가 작고 활동하는 데 별다른 제약이 없다. 여덟 개의 초와 샤마쉬(*히브리어로는 노예)라는 여분의 초로 구성된 하누키야(메노라)에 불을 붙이는 게 전부다. 다시 봉헌한 성전에서 기적적으로 발견한 것을 기념해서 매일 여분의 초를 이용해 불을 붙여나간다. 대부분 지역에서 아이들에게 선물을 주는 것이 관례이고 때로는 하루에 하나씩 주기도 한다. 아마도 크리스마스를 축하하지 않는 것에 대한 일종의 위로인 것 같다.

드레이들(팽이) 놀이를 하고 기름이라는 공통적인 주제를 좇아 튀긴 음식을 먹는다. 밤마다 마오즈 쭈르('강한 반석')라는 활기찬 찬송가를 부른다. 이 찬송가는 하나님의 구원과 관련된 네 가지 사

1차 유대 반란을 진압하고 탈취한 메노라와 성전 기물을 앞세우고 입성하는 행렬을 묘사한 부조(티투스 개선문, 로마)

건, 곧 이집트 탈출, 바빌로니아에서의 귀환, 하만에게 벗어난 것, 그리고 마카비의 승리를 노래한다. 가사가 성전 회복과 그 이후에 있을 적들의 피 흘림을 다소 잔혹하게 언급해서 일부 개혁파 공동체는 금지하거나 재구성해서 사용하지만 유대인 세계에서는 여전히 인기가 있다. 히브리어로 암송하는 해외 유대인은 대부분 이 구절이 무슨 뜻인지 모를 것이다.

푸림(부림절)

역시 작은 축제인 푸림은 아달월 14일에 지킨다. 페르시아 유대인들이 원수, 특히 사악한 하만에게 벗어난 사건을 기념한다. 히브리어로 '푸르'(pur)라는 낱말은 '제비뽑기'라는 뜻이다. 하만은 유대인들을 죽일 날을 정하려고 제비를 뽑았다. 축제 당일 저녁에는 에스더의 두루마리를 유쾌하게 낭독하고 사람들은 화려한 의상을 차려입는다. 이것은 이스라엘의 대규모 카니발 행사이고 해외 거주 유대인에게는 열광적인 잔치를 벌이는 구실이 되기도 한다. 유대인은 지나친 음주로 평판이 좋지 않지만 이날에는 이야기에 등장하는 악당 하만과 주인공 모르드개를 구분하지 못할 정도로 술을 마시는 것을 허용(심지어 권장)한다.

금식

유대교에는 다양한 금식이 있고 잠재적으로 금식할 기회도 많다. 하지만 대개는 금식하지 않거나 일부 연구 덕분에 비중이 덜한 금식을 하느라 반드시 굶을 필요는 없다. 이렇게 비중이 떨어지는 금식에는 이스라엘 장자들이 출애굽 전에 이집트 장자의 운명을 벗어난 것을 기념하는 장자의 금식이 있다. 부림절 전에 있는 에스더의 금식 역시 마찬가지다. 이것은 에스더가 페르시아에 있는 유대인들을 구하려고 왕에게 나가기 전에 했던 금식을 기념하는 것이다. 예루살렘 함락과 관련된 사건들을 기억하기 위해 다음과 같이 한 해에 네 차례씩 금식하기도 한다.

1. 게달리아(그달리야) 금식은 로쉬 하샤나(티쉬리월 3일) 다음 날 진행한다. 성경은 이것을 일곱 번째 달의 금식(슥 7:5, 8:19)이

라고 부른다. 게달리아는 아시리아를 위해 일하던 유대 총독이었고 이스마엘 벤 네타냐에게 암살당했다. 이 때문에 유대인들은 그 지역에서 결국 추방되었다. 게달리아가 죽지 않았으면 유대인의 상황은 훨씬 나아졌을 것이고 그들은 그 땅에 계속 머물 수 있었을 것이다.

2. 테벳월 10일에 느부갓네살이 예루살렘을 포위했고(왕하 25:1) 기근과 고통은 종말의 시작이었다(겔 24:1-2). 이스라엘 최고 랍비회는 사망 날짜를 알 수 없는 사람들을 위해 이날을 일반 카디쉬('애도자의 기도') 추모일로 지정했다. 이날을 홀로코스트와 그 당시 살해된 600만 명과 연결하기도 한다.

3. 미쉬나에 따르면 타무즈월 17일에 시나이산에서 받은 돌판이 깨지고 1차 성전에서 매일 진행하던 제사가 중단되었고 예루살렘의 2차 성전 벽이 무너졌고 아포스토무스가 토라를 불사르고 성소에 우상을 세웠다. 이 사흘간의 금식은 새벽부터 밤까지 계속한다.

4. 아빕월 9일에는 출애굽 세대가 이스라엘에 들어갈 수 없다고 선포되었다. 그날에 1, 2차 성전이 모두 파괴되었다고 하지만 예레미야에 따르면 1차 성전은 아빕월 10일에 불탔고(52:12 이하), 열왕기하는 느부갓네살이 아빕월 7일에 예루살렘을 쳐들어와 성전을 불태웠다고 한다(25:8 이하). 게다가 이날에는 독립을 유지하던 유대인의 대도시 베타르가 함락되었고 지도자였던 바르 코크바가 붙잡혔다. 투르누스 루푸스가 로마인에 대한 반란을 진압하고 성소지역을 메우고 쟁기질했다고 전해진다.

마이모니데스는 메시아의 시대에는 더 이상 금식하지 않고 실제로 축하만 하게 될 것이라고 주장한다(슥 8:19을 언급하는 힐콧 타아닛 5:15 볼 것). 아마도 이것은 예루살렘이 예전의 영광을 되찾았으므로 더 크게 기뻐할 수 있기 때문일 것이다. 유대인들은 앞에서 언급한 대로 욤 키푸르에 일몰 전부터 다음 날 저녁까지 금식한다.

금식일의 토라 낭독

랍비들이 정한 금식일마다 티샤 베아브(아빕월 9일) 아침을 제외하고 오전과 오후에 출애굽기(32:11-14, 34:1-10)를 낭독한다. 출애굽기 32장에서 황금송아지 사건 이후 모세는 자신을 따르기로 되어 있는 백성에 대한 하나님의 분노를 억제하려고 노력한다. 모세는 이집트의 탈출 과정에서 하나님이 백성을 위해 얼마나 많은 일을 하셨는지 말하고, 이집트인들이 이스라엘 백성의 멸망을 알게 되면 하나님 이름에 바람직하지 않은 결과를 초래할 것이라고 호소한다. 족장들과 후손에게 이스라엘을 주겠다는 언약이 다시 소환된다.

뜻을 돌이킨 하나님은 이스라엘 백성이 무엇을 하든지 완전히 실망하지 않겠다는 원칙을 정한다. 출애굽기 34장에서 모세는 새벽녘 홀로 다시 시나이산으로 올라가 돌판 두 개를 새로 깎는다. 하나님은 구름 가운데서 내려와서 모세와 함께 서서 자신의 성품 중 일부를 계시하신다. "여호와께서 그의 앞으로 지나시며 선포하시되 여호와라 여호와라 자비롭고 은혜롭고 노하기를 더디하고 인자와 진실이 많은 하나님이라. 인자를 천대까지 베풀며 악과 과실과 죄를 용서하리라. 그러나 벌을 면제하지는 아니하고 아버지의 악행을 자손 삼사 대까지 보응하리라"(출 34:6-7). 모세는 재빨리 엎드려 경배하고 다시 하나님에게 이스라엘을 용서하고 그들의 사명에 동행해달라고 간구했다. 하나님은 사람들 앞에서 기적을 베풀 것이라고 약속하신다. 금식일 민하의 하프토라(예언서)는 하나님을 만날 만한 때에 찾고 가까이 있을 때 부르도록 촉구하는 이사야서(55:6-56:8) 내용이다.

아침에 읽는 티샤 베아브는 이스라엘 땅의 번영은 부패와 우상 숭배로 이어져 하나님의 보복을 초래할 것이라고 경고하는 신명기(4:25-40) 내용이다. 모세는 결국 추방과 파괴를 피할 수 없다고 경고한다. 유대인들은 멀리 떨어진 디아스포라에서 소수 민족으로 살아남게 될 것이다. 그들은 거기서 인간이 나무와 돌로 만든 죽은 신을 숭배할 것이다. 유대인은 길고 고통스러운 추방을 겪고 어느 시점에 하나님에게로 돌아와 마침내 자신들이 겪은 일의 의미를 깨닫게 될 것이다. 하나님은 그들의 조상들과 맺은 언약을 절대 잊지 않으신다. 출애굽에 대한 유대인의 기적적 경험과 시나이산에서 하나님이 나타난 일은 신적 계시와 섭리를 독특하게 증언한다.

하프토라는 예레미야 8장 13절에서 9장 23절이다. 성경 본문에서 하나님은 파괴와 유배를 철저하게 타락한 이스라엘을 구원할 수 있는 유일한 방법으로 간주하신다고 설명한다. 예루살렘은 황폐해지고 유대인은 디아스포라에서 행동을 바꾸도록 강요받을 것이다. 결국 오랜 애도 기간 이후 유대인은 유배의 원인을 깨닫고 하나님과 토라로 되돌아갈 것이다.

예레미야애가를 읽는다. 이 책의 1장, 2장, 4장의 첫 낱말은 책의 이름인 '아이카'(aychah), 즉 "어떻게 이런 일이 일어날 수 있는가?"

이다. 이 표현은 모세가 어리숙한 이스라엘 백성을 어쩌지 못하는 절망감을 묘사할 때도 사용된다(신 1:12). 모세와의 이런 소통의 부재가 정탐꾼이 가나안 땅에서 실망스러운 보고를 가져온 사건 이후에 유대인의 반란으로 이어졌을 수 있다. 덕분에 모세와 그의 세대는 이스라엘에 들어갈 수 없게 되었다.

일부 주석자는 그들의 후손이 아니라, 그들이 정복자였더라면 피를 흘리지 않아도 가능했고 성전의 파괴와 유배 역시 일어나지 않았을 것이라고 주장한다. 예루살렘은 이제 절망의 늪에 빠져들었다. 유대인은 허울뿐인 동맹과 친구들에 대한 잘못된 믿음이 사라지자 또다시 유일하게 도움을 베풀 하나님에게 돌아간다. 그들이 하나님에게 돌아오면 예전의 영광을 온전히 회복할 것이다.

미드라쉬에 '아이카'가 두 번 등장하는 것은 그 낱말을 아주 오래 전부터 사용했다는 것을 떠올리게 한다. 창세기에서 아담과 하와가 계명을 어기자 하나님은 에덴동산에서 '아예카'(ayekah), 즉 "네가 어디 있느냐?"고 그들을 찾으신다. 히브리어에서는 자음은 같고 모음만 다르다. '아예카'와 '아이카' 사이의 연결은 두 질문 간의 관계를 암시한다. 분쟁과 불화가 있을 때, 일이 잘못되었을 때 하나님은 "네가 어디 있느냐? 너에게 무슨 일이 일어났느냐?"고 질문하신다.

유대교의 금욕주의

안식일은 하브달라 의식으로 마무리된다. 이 의식은 사물 사이의 구별을 강조하는 것으로 성스러운 것과 속된 것, 안식일과 나머지 한 주간을 확실하게 구별한다. 준비물은 향신료와 포도주이다. 일각에서는 이 의식의 핵심이 다음 안식일을 즐기기 전에 한 주 동안 평범한 삶을 살도록 준비시키는 데 있다고 주장한다. 반면에 나머지 요일과 달리 안식일을 지나치게 떠받드는 사람을 비판하기도 한다.

금욕을 강조하는 유대인들은 안식일의 중요성을 강조하려고 다음 안식일까지 금식하고 평일에 육체적 고행을 하기도 한다. 이것은 마틴 부버가 소개한 하시디즘 이야기에 잘 나타나 있다. 어느 유대인이 안식일을 더 즐겁게 보내려고 안식일 직전까지 물도 마시지 않고 금욕하면서 엄청난 자부심을 느낀다는 내용이다. 사내는 자신이 교만의 죄를 범했다는 것을 깨닫자마자 곧장 금식을 끝낸다. 랍비가 그에게 건넨 말, 그리고 그 이야기의 제목이 '짜깁기'이다(Buber, 1991). 여기에 담긴 의미는, 금욕을 실천할 때 일상과 영적 삶을 연결해 하나로 통합하기보다는 영적 삶이 일상을 지배하는 투쟁으로 간주할 위험이 존재한다는 것이다. 그런 투쟁은 삶을 그저 연결할 뿐이라서 만족감을 누리지 못한다. 네다림이 비판한 게 바로 이런 행동이다. "금욕에 대한 서원을 자신에게 강요하는 사람은 마치 목에 쇠고리를 두른 것과 같고 금지된 제단을 쌓는 사람과 같고 칼을 가져다가 자기 심장에 꽂는 사람과 다르지 않다. 토라가 금지하는 것으로도 충분하니 제한하려고 하지 말라"(Nedarim, 41b).

일부 집단은 율법이 정한 것보다 훨씬 더 멀리 나갔다. 2차 성전 시대에 에세네파는 성전과 예루살렘을 등지고 사막에 자신들만의 공동체를 세우고 금욕 규칙을 정하고 실천한 것으로 보인다. 에세네파는 그들만의 글을 남겼는데 스스로 바빌로니아에서 돌아온 사람들의 의로운 후손으로 간주했다는 점에서 일반 유대교와 관련이 있었고 남긴 기록도 그랬다.

필로는 「꿈에 관하여」에서 이집트에서 생존에 필수적인 것을 제외하고 돈, 쾌락, 사회, 음식을 무시하던 비슷한 집단을 언급한다. 그들은 거의 돈을 쓰지 않았고 바닥에 자면서 생활에 필요한 모든 것들을 포기했다(I, 124-5). 필로는 그들이 테라페우타이라는 이름으로 알렉산드리아 남쪽에 거주하면서 낮에는 기도와 종교 문헌을 공부하며 시간을 보냈다고 한다. 필로가 그들에게 아주 깊은 인상을 받은 게 분명하다. 그들은 철학은 빛에서, 신체의 요구는 어둠에서 추구해야 한다고 생각하고 밤에만 식사했다. 고기나 포도주를 먹고 마시지 않고 아주 단출한 식단을 유지했다(On the Contemplative Life III, 22-37, 64-90). 주중에는 은둔생활을 하고 안식일과 축제일에만 남성과 여성이 함께 모여 기도하고 공부했다. 물론 남성과 여성은 가능한 한 물리적으로 분리되었다. 안식일과 나머지 한 주간을 이런 식으로 구분하면서 강조하고 차별화했다.

예후다 할레비는 「쿠자리」라는 책을 집필했다. 이 책은 카자르족의 통치자(다수가 유대교로 개종할 것으로 믿었던), 랍비와 철학자를 비롯한 여러 사람의 토론을 다루는데 참가자들은 카자르족을 괴롭히는 문제에 관해 나름의 관점을 제시한다. 이 책에서 유대교를 옹호하는 랍비 할레비는 아주 탁월한 발언을 한다. 그래서 이 책의 제목이 「쿠자리: 멸시받는 종교를 옹호하는 증거와 논쟁의 책」이다.

할레비는 금욕주의의 문제는 유대교에서 아주 본질적인 균형의 원칙을 무시하는 것이라고 말한다. 돈을 많이 벌어 자신과 가족과 종교에 적절하게 쓰는 것은 당연히 할 일이고 가난을 자처하고 누리고 싶은 것을 마다해야 한다는 주장은 율법과 무관하다는 것이다. 율법이 우리에게 무엇을 할지 알려주고 적절하게 행동하게 도와주는 것은 우리가 이런 균형을 유지하는 방법을 모르기 때문이다. 랍비는 안식일을 지키는 게 하나님의 전능함을 인정하는 데 유익하다고 말한다. 안식일은 하나님이 세상을 창조한 것, 선택한 사람들을 위해 일으킨 기적들, 그리고 그것들을 위해 선택한 장소를 기념하는 날이기 때문이다. 따라서 안식일에 법적으로 규정된 행동은 극단적인 금욕적 관행이 아니라 하나님에게 다가가는 적절한 방법을 제공한다 (Halevi, 1947, 77-79).

기도 문제

유대교에서 현대적인 기도문이 문제가 될 수 있을까? 현대적이라는 말은 전통적 기도 책과 다양한 개혁적 성격의 기도 책을 한꺼번에 가리킨다. 우리가 현대 유대교에 대해 아는 한 가지는 유대인 대부분이 기도를 정말 싫어한다는 것이다. 이 모두가 기도 책이 다양하게 발전한 결과이지만 어쩌면 그것의 원인일지 모른다. 사실 이것은 그렇게 새로운 발전이 아닐 수도 있다. 우리는 과거에도 유대인 인구의 절반을 차지하는 여성을 위한 기도 책이 따로 존재했다는 사실을 알고 있기 때문이다.

오늘날 유대교에서는 유대인들의 기도문을 온라인에 전면 공개하고 방문자들이 원하는 기도문, 또는 조금 더 진지하게 말하자면 의미 있는 기도문을 함께 섞어 자신만의 기도 책을 만들 수 있게 돕는 '오픈 시두르' 행사를 진행하기도 한다.

개별적으로 선택할 수 있는 이런 기도문의 특징 중 하나는 개인 중심이라는 것이다. 반면에 유대교 기도는 대체로 공동체적이다. 기도 책의 기본 개념은 모든 사람이 같은 시간에 함께 움직이면서 서로를 지지하고 사회성의 즐거운 측면(물론 덜 즐거운 것까지 포함된)을 경험하게 하는 것이다.

오늘날에는 공동체의 성격을 이해하는 방식이 눈에 띄게 달라졌다. 컴퓨터와 인터넷의 보급으로 많은 사람이 물리적으로 가까운 사람보다 전자 통신을 통해 전혀 만난 적이 없는 개인을 더 가깝게 생각한다. 반면에 전통적인 회당에서도 모든 기도문을 늘 같은 시간에 낭송하지 않아서 말과 행동이 일부 다를 수 있다는 점은 인정해야 한다. 게다가 사람들이 서로 다른 시간에 오고 가다 보니 기도문을 동시에 낭송하지 않을 때도 가끔 있고 그 때문에 참여하는 예배 순서가 다를 수 있다. 그리고 회중의 실제 생각과 암송하는 내용은 당연히 일치하지 않을 수 있고 그 이후의 행동 역시 상당히 다를 수 있다.

이것은 전혀 새로운 이야기가 아니다. 우리는 기도하는 사람들이 다른 생각을 품을 수 있고 실제 생활에서 선호하지 않는 내용을 강조하는 기도문을 암송할 수 있다는 것을 알고 있다. 이 모두가 전통적인 기도 책에 논란거리를 제공한다. 기도 책이 개인을 위해 모든 신학적 측면을 요약할 필요는 없지만 각자의 신앙과 어떻게 조화를 이룰 수 있는지 생각하고 고민하는 내용을 담아야 하고 그렇게 되면 만족스럽고 값진 만남이 잠재적으로 가능해진다.

반면에 예배자가 기도문이 담긴 시두르를 모호하거나 이해하기 어려운, 완전히 구닥다리로 치부하면 이렇게 사용하는 게 더 어려울 수 있다. 하지만 이것은 부족한 상상력을 반영하는 것일 수도 있다. 성경과 율법에도 모호하고 이해하기 어렵고 시대에 뒤떨어진 내용이 많지만 유대인은 대부분 적어도 그들 가운데 일부에서 반응할 가치가 있는 무언가를 찾아낸다고 말할 수 있다. 이 때문에 유대교를 최초의 포스트모던한 종교로 간주하기도 한다. 열정과 무관한 상당수의 유대교 추종자는 핵심적인 관습에서 의미를 찾으려고 애쓰다가 그것을 발전시킬 수 있는 새로운 방식을 발견하기도 한다. 하지만 그 방식이 유대교의 관습과 직접 연결되지 않는 경우가 적지 않다.

죽음

성경은 죽음을 곧잘 언급하면서도 다니엘서 이외에는 내세라는 개념이 상당히 모호하다. 현대적인 유대인의 관습에서 시신은 아주 신속하게 처리한다. 죽음에 대한 정의에는 논란이 있다. 단순히 호흡이 멈춘 것인지 뇌사인지 아니면 둘이 결합된 것인지 논의가 진행 중이다. 현대 과학기술을 통해 과거 고전적인 법률 문서가 작성된 시절에는 불가능했던 방법으로 사람을 살릴 수 있기 때문이다.

일반적으로 죽음을 앞당기는 것은 허용하지 않지만 일단 생명을 연장하는 일반적인 수단이 사라지면 죽음을 막을 필요가 없다. 대개 '하나님은 진정한 심판자'라고 생각한다. 이것은 누군가 사망했다는 우울한 소식을 들었을 때 주로 사용하는 체념의 기도에 자주 등장하는 표현이다. 죽어가는 사람은 홀로 두지 말고 잘 보살펴야 하고 사망한 뒤에도 혼자 버려두면 안 된다. 장례협회(헤브라 카디샤)가 사망자와 성별을 맞추어 시신을 닦고 존중의 뜻으로 계속 가려준다.

시신의 복장은 아주 단순해서 종종 하얀 키틀('수의')을 입히고, 남자는 찌짓이 생략된 기도보(탈릿)로 덮는다. 묘지에 가기 전 기도하고 묘지에서 다시 기도하고 카디쉬로 마무리한다. 시신은 단순한 관에 안치한 채 계속 닫아둔다. 안식일이나 축제가 끼거나 조문객을 맞는 데 문제가 되지 않는 한 대개 사망 후 24시간 안에 아주 **빠르게** 매장한다. 조문객들은 흙을 삽으로 떠서 관에 덮는다. 무덤에는 고인의 이름이 적힌 작은 나무 기둥이 세워져 있고 나중에 비석이 나무 기둥을 대신한다. 장례식은 짧게 진행하고 고인의 카디쉬를 낭독한다. 모든 사람이 무덤을 떠나기 전에 죽음 때문에 부정해졌다는 의미에서 손을 씻는다.

사망 시점부터 매장까지 고인과 직접 관련된 사람은 일상적인 종교의식을 수행할 의무가 없다. 유족은 옷을 찢고 장례 후 7일 동안 낮은 의자에 앉은 채 애도하는 쉬바(히브리어로 '7일')를 지내면서 조문을 받는다. 애도를 허용하지 않는 안식일에는 휴식을 취하고 축제가 돌아오면 쉬바를 끝낸다. 쉬바를 끝마치면 쉘로심(히브리어로 '30일')이 시작된다. 이 기간에 직장에 복귀할 수는 있어도 머리카락을 자르거나 면도할 수 없다. 카디쉬는 매일 하고 부모를 위해서는 1

년간 하루도 거르지 않는다. 자녀들은 1년간 계속 애도하고 마지막에는 기일에 촛불을 켜고 회당에서 카디쉬를 낭송하고 하프토라를 읽는 게 관례다. 개혁파는 이런 의식을 대부분 지키지 않지만 애도나 장례의 일환으로 받아들인다.

가족생활

유대교는 자녀를 많이 강조하지만 요즘에는 전통적 유대인 세계를 벗어나면 대체로 가족이 적다. 인류에게 주어진 첫째 계명은 일차적으로 생육하고 번성하는 것이다(창 1:28). 아이를 출산하면 어머니는 일정 기간 의식적으로 불결한 존재로 여긴다. 남자아이는 할례받을 때, 여자아이는 출생 후 처음 토라를 읽을 때 회당에서 이름을 지어준다. 아이들은 히브리어 이름이 주어지는데 남자아이는 아들이라는 뜻의 벤(ben), 여자아이는 딸을 뜻하는 바트(bat)에 덧붙여 이름을 짓는다.

아버지가 레위인이나 코하님이 아닌 맏아들을 위해 치르는 의식에 해당하는 피디온 하벤이 있다. 성전에 봉헌되지 않도록 돈을 약간 치르는 의식이다(출 13:2). 물론 오늘날에는 지키지 않는다. 남자아이는 할례를 받는다(창 17:9-11). 출생 후 8일째 되는 날 아이가 건강하면 모헬이 할례를 시행한다. 13세가 되면 소년은 계명(미쯔봇)을 완전히 수행할 수 있어 성인식을 치르고 평등을 강조하는 공동체들(*개혁파와 보수파 유대교)은 12세 전후 소녀에게도 비슷한 지위(성

> TIP
>
> ### 〉〉〉 바르 미쯔바 연설
>
> 13살이 된 유대인 소년은 대부분 성인식(바르 미쯔바)을 치르면서 참석자들을 상대로 연설을 한다. 연설에는 다양한 성경 구절, 유대교 경전, 랍비들의 가르침을 인용하고, 특정 주제나 질문을 선정해 그것에 대한 다양한 해석과 입장을 소개하기도 한다. 연설은 보통 이렇게 시작한다. "존경하는 랍비님, 사랑하는 부모님, 친척 여러분, 그리고 소중한 친구들!" 그리고 이렇게 힘차게 선언하는 것으로 끝을 맺는다. "그리고 오늘, 나는 어른이 되었습니다!" 과거에는 성인식을 치르는 소년에게 만년필을 자주 선물했다고 한다. 오늘날과 달리 만년필은 성취, 책임, 지위, 그리고 성인의 세계에 입문한 것을 상징하는 귀한 물건이었다. 그래서 한때는 성인식을 치르는 소년들을 '만년필'이라고 부르기도 했다.

인식)를 부여한다.

오늘날에는 이것이 큰 행사가 되었지만 본래는 당사자에게 중요한 의미가 있어도 공적인 행사로서는 대수롭지 않았다. 소년이나 소녀는 대개 토라 중 일부나 하프토라를 읽고 유대교의 문헌이나 율법에 어느 정도 익숙하다는 것을 보여주는 연설을 한다. 처음에는 개혁파 운동이 이 의식을 반대해서 평범하게 견신례로 대체하기도 했지만, 최근 몇 년 사이 인기가 올라가 다시 전통 방식으로 되돌아갔다. 견신례의 장점은 보통 더 나이가 많고 적합한 시기인 10대 후반에 진행한다는 점이다. 이 시기에 아이들은 종교와의 관계에서 더 성숙한 단계에 도달할 수 있다. 반면, 미국에서는 청소년을 위한 파티로 지나치게 알려져서 심지어 유대인이 아니어도 부모에게 비슷한 행사를 요청하는 경우가 왕왕 있다.

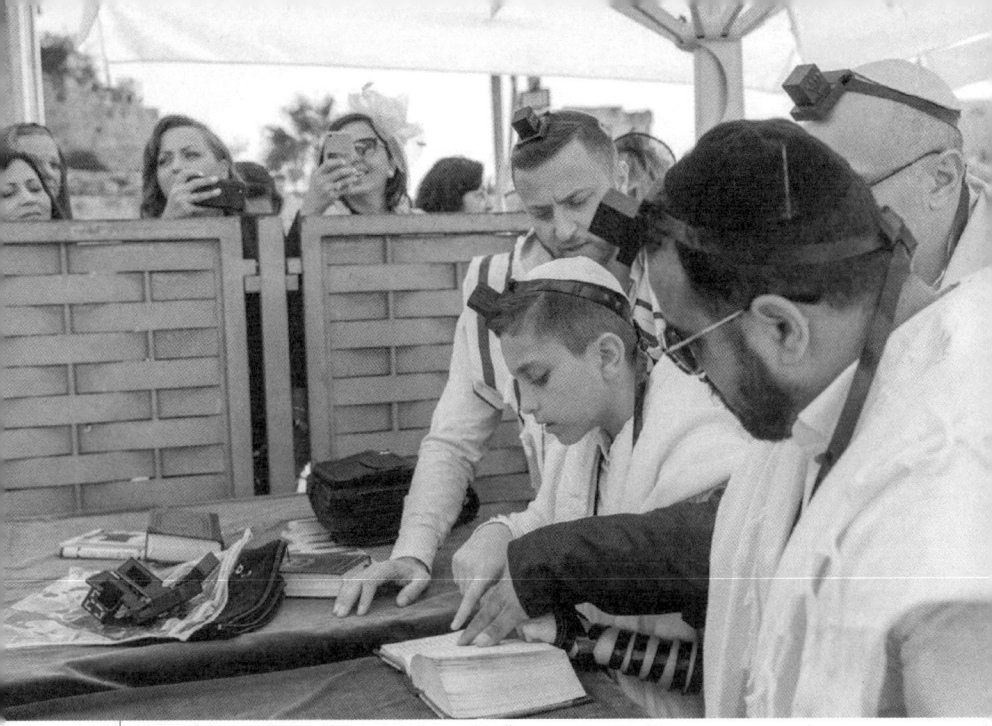

예루살렘 서쪽 벽 앞에서 치르는 성인식(바르 미츠바)

약혼이나 결혼 법률은 아주 복잡하고 가족 관계나 유대인 사회에서의 지위 때문에 결혼하지 못하는 사람도 적지 않다. 결혼식 자체는 아주 정교하고 전통적으로 신부와 신랑은 캐노피를 설치한 후파(닫집) 아래 서서 결혼 문서(케투바)를 읽고 서명한다. 여기에는 결혼 날짜, 참석자, 남편이 아내에게 지켜야 할 의무, 이혼 시 남편이 치를 금액에 대한 세부 정보가 들어가 있다. 평등을 강조하는 결혼식에서는 이런 의무를 상호적이라고 규정한다.

전통적으로 일곱 가지 축복을 낭송하고 반지를 교환하고 유리잔을 깨뜨리기도 한다. 이것은 종종 예루살렘 성전 파괴를 상기시키는 것으로 해석하기도 하지만 악마의 눈을 피하거나 행복할 때도 일이

나빠질 수 있다는 점을 참석자들에게 경고하는 미신일 수도 있다. 물론 결혼식은 순서가 복잡하거나 간단할 수 있고 반드시 회당에서 진행하지는 않는다.

이혼과 마찬가지로 이혼 문서인 겟(get)은 당사자들이 기꺼이 받아들이고 그 뜻을 이해한다는 것을 분명히 하도록 공개적으로 낭독한다. 이혼은 토라(신 24:1)에 언급되어 있지만 시간이 지나면서 이혼에 관한 규칙이 복잡해졌다. 전통적인 공동체에서는 남성만 아내와 이혼할 수 있고 그 반대는 불가능하다. 90일이 지나면 여성은 자유롭게 재혼할 수 있다. 일정 기간을 유지하는 것은 임신 여부를 확인하기 위한 것이다. 남편이 아내와의 이혼을 거부하면 아내는 정통파 공동체에서 재혼할 수 없어서 아구나(사슬에 묶인 여성)라는 신분이 될 수 있다. 개혁파 유대인은 이혼을 민사 문제로만 취급해서 유대법을 이 문제에 적용하지 않는다.

회당

회당이라는 낱말은 그리스어로 '모이는 집'(바이트 하–크네셋)에서 유래했다. 회당은 집회를 의미하기 때문이다. 미국에서는 개혁파 공동체에서 회당 대신 성전이라는 용어를 자주 사용한다. 하지만 회당에는 봉헌되거나 신성한 것이 없고 기도는 사실상 어디에서나 할 수 있다는 게 특징이다.

회당은 70년 2차 예루살렘 성전이 파괴된 이후 등장한 것으로 간주하기도 했지만 이제는 성전과 더불어서 팔레스타인과 디아스포라 전역에 존재했다는 것을 알고 있다. 심지어 주전 6세기 유배 기간에 바빌로니아에까지 존재했고 타지에서 유대인으로서의 정체성을 유지하는 데 중요한 역할을 했다는 것은 의심의 여지가 없다. 성전을 중심으로 한 신앙은 연결고리가 끊어지면 살아남을 수 없을 것 같았지만 파괴되거나 개조된 성전과의 거리가 유대인의 정체성을 약화하지 않고 오히려 강화했을 수도 있다.

전통적인 회당과 덜 전통적인 회당, 아쉬케나지 회당과 세파르디 회당은 형태가 제각각이다. 전통적인 회당은 남녀를 분리하는 경향이 있지만 그렇지 않은 회당도 있다. 남녀 사이에는 메히짜라는 커튼이나 통로가 있거나 여성을 위한 발코니를 따로 설치한다. 율법 두루마리를 보관하는 거룩한 벽장(aron kodesh)과 성전을 항상 밝히던 메노라를 상기시키는 영원한 불꽃(ner tamid)이 있다.

회당이 서쪽에 있으면 좌석을 동쪽 예루살렘 방향으로 배치하고 동쪽이면 예루살렘이 있는 서쪽을 향하게 한다. 율법 두루마리(sefer Torah)는 회당 주변을 돌고 나서 내부에 설치된 높은 단(bimah)에 올려놓고 회중 앞에서 읽는다. 일부 회당은 상당한 부대시설을 갖추고 있어서 크고 웅장하지만 대개는 작고 수수하다.

과거 동유럽에 유대인 공동체가 대규모로 존재할 때 회당은 종종 마을의 중심이었고 언제든 유일하게 따뜻한 장소이면서 여행자들이 쉬어가고 교육하는 곳이었다. 랍비는 대개 공동체의 수장이었다. 모든 사람은 정기적으로 하나뿐인 회당에 참석하거나 마을에 여러 회당이 있으면 그 가운데 한 곳을 골라서 참여했다. 공동체의 모든 사회활동은 회당을 중심으로 이루어졌다.

　현대 서구 사회에서 회당은 교회와 아주 비슷하고 미국에선 체육관, 건강 시설, 도서관, 교육 시설 등 교회에 있는 시설을 갖춘 경우가 많다. 개혁파 성전 역시 예배에 노래를 연주하는 오르간을 갖추고 랍비가 예배를 인도한다는 점에서 교회와 상당히 비슷하다. 전통적인 회당은 사정이 다르다. 랍비가 법률이나 의식문제에 대해 전문가와 공동체를 이끄는 학자로 존경받으면서 예배 전체를 인도하거나 일부만 인도할 때가 많다. 개혁파 성전에서 랍비는 대개 토라 두루마리를 읽지만 전통적 회당에선 회중 가운데 일원으로 지내는 경우도 많다.

　회당 건물은 형태가 아주 다양하고 일반적으로는 지역 문화를 따른다. 하지만 과거에는 현지 규정을 고려해서 건물 높이나 존재감을 제한하기도 했다. 19세기 유럽과 미국에서는 교회와 구별하려고 무어인 건축 양식을 따르는 경우가 많았다. 중동에서는 모스크와 아주 유사하지만 그보다 크지 않도록 조심했다.

　네덜란드 흐로닝언에 있는 회당은 교회와 이국적인 동양식 건물의 중간쯤에 있는 좋은 사례다. 그곳은 유럽에 있는 여러 회당과 마찬가지로 이제는 회당으로 사용하지 않고 네덜란드 특유의 홍등가에 자리하고 있다. 이 도시의 유대인은 대부분 나치에 의해 살해당했다. 그리스와 로마 시대에는 회당이 고전적인 디자인 요소를 통합했고 비잔틴 지역에서는 그 지역의 건축 양식과 비슷했지만, 교회와 달리 인간의 모습을 한 상징적 재료는 자주 사용하지 않았다. 회당 예술에는 동물이 자주 등장했고 부유한 지역에서는 기도처를 장식해 부를 과시하려고 했다.

네덜란드 흐로닝언 회당

유대교로의 개종

유대인이 아니면서 유대교 정회원이 되려고 할 때는 유대교로의 개종(giyyur)을 진행한다. 유대교는 오랫동안 타인을 개종하는 데 전혀 관심이 없었다. 이것이 유대교에 뿌리를 둔 기독교나 이슬람교와 다른 점이다. 과거에도 분명히 개종을 받아들인 시기가 있었고 전쟁으로 이방인 공동체를 정복할 때 유대인 공동체로 흡수했을 수도 있다. 문헌에 따르면 주후 몇 세기 동안 개종이 상당히 유행했고 기독교가 더 공세적으로 개종을 금지하자 끝났다.

비전통적인 유대인은 훨씬 더 느슨한 개종 원칙을 따르기 때문에 전통적인 유대인은 일반적으로 개종자를 받아들이지 않는다. 또한 개혁파는 유대인 아버지와 이방인 어머니 사이에서 태어난 아이를 유대인으로 간주하는 반면, 전통적 공동체는 상반된 견해를 고수하는 문제도 있다. 개종이나 누가 법적으로 유대인인지에 대한 견해차로 상당한 논쟁과 혼란이 발생했고, 일부 랍비는 다른 랍비들이 유대인이 아니라고 거부하는 사람을 개종시키기도 했다. 예를 들어, 2009년 이스라엘에서 정통파 랍비가 주도했던 상당수 개종을 유럽의 정통파 랍비들이 인정하지 않았다.

유대교로 개종한 남성은 게르, 여성을 기요렛이라고 부른다. 영어로는 그리스어로 번역된 칠십인역처럼 개종자(proselyte)라고 부른다. 게르는 낯선 사람을 가리키지만 다른 사람과 함께 여행하거나 함께 사는 사람을 뜻하기도 한다. 본래 성경에서 이 낱말이 갖는 의미는 이스라엘 백성이 이집트 땅을 출발해 사막을 지나서 이스라엘 땅에 도착할 때까지 동행한 비유대인을 가리키는 것이었다. 그들은 어떤 의미에서 마땅히 동행해야 한다고 당연하게 생각한 사람들과 이스라엘 백성이 얼마나 동화되어 있었는지 보여주는 상징적 존재였고 실제로 똑같은 공동체의 일원이었다.

어쨌든 게르는 히브리어 어근인 가르에서 유래했고 '거주하다' 또는 '(함께) 머물다'라는 뜻이 있다. 이 사람들은 이스라엘 사람들과 함께 살면서 함께 여행했다. 레위기는 이렇게 말한다. "너희와 함께 있는 거류민(게르)을 너희 중에서 낳은 자 같이 여기며 자기 같이 사랑하라. 너희도 애굽 땅에서 거류민이 되었었느니라. 나는 너희의 하나님 여호와이니라"(19:33). 성경에는 유월절 제물을 먹기 전에 남자 거류인(게르)이 받았던 할례(출 12:48)처럼 식사나 중요한 의식에 참여하기 전에 까다롭게 요구한 것처럼 보이는 게룻(gerut), 즉 개종 과정에 대한 언급이 있으나 오늘날처럼 공식적인 개종은 없었던 게 분명하다.

탈무드에서는 게르를 두 가지의 뜻으로 사용한다. 게르 쩨덱은 유대교로 개종한 '의로운 개종자', 게르 토샤브는 노아의 일곱 계명을 준수하고 우상 숭배를 모두 청산한 이스라엘 땅의 비유대인 거주자를 의미한다. 오늘날 게르는 선택을 통해서 유대인이 된 사람을 가리킨다. 시리아 유대인을 제외한 모든 유대교 종파가 개종자를 받아들이지만 개종하는 절차는 모든 종파가 아주 다르다. 현대에 들어서서 카라이트파도 개종 금지를 폐지했다.

랍비 유대교의 게룻 법은 탈무드, 슐칸 아룩(*전 세계 유대인 사회에서 중요한 법적 참고서)과 그 이후의 해석까지 포함하는 법전과

> **TIP**
>
> **〉〉〉 노아의 일곱 계명**
>
> 유대교 랍비들은 창세기 9장에 기록된 하나님이 노아에게 지시한 내용을 바탕으로 비유대인들에게 적용할 수 있는 일곱 가지 계명을 찾아냈다. 첫째, 정의로운 법을 세우고 공정하게 재판해야 한다. 둘째, 하나님의 이름을 경솔하게 부르거나 함부로 사용할 수 없다. 셋째, 결혼한 사람과 부적절한 관계를 갖지 못한다. 넷째, 다른 사람을 해치거나 생명을 뺏을 수 없다. 다섯째, 다른 사람의 재산을 빼앗거나 부정한 방법으로 얻을 수 없다. 여섯째, 하나님 외에 다른 신을 숭배하지 못한다. 일곱째, 동물을 무자비하게 다루거나 고통을 가할 수 없다.

본문에 근거한다. 유대 율법은 일반적으로 개종을 금지한다고 해석하고 종교적인 게릇 역시 금지한다. 법적으로 랍비는 잠재적인 개종자를 세 번 거절해야 하고 개종 희망자가 여전히 완강한 태도를 보이는 경우에만 개종할 수 있는 절차를 마련해야 한다. 유대인이 따라야 할 법이 다른 종교에서 요구하는 것보다 더 엄격하다고 생각하기 때문이다.

유대법에 따라 종교적 의무를 다하지 않은 사람은 행동을 바꾸지 않고도 완전히 의로운 이방인이 될 수 있다. 예를 들어 노아는 '당시에 의인'이라고 불렸는데 이방인에게 적용되는 일반 기준에 따르면 그가 선한 행동을 했다는 뜻이다. 토라의 기준에서 볼 때 그의 행동은 유대인에게는 적절하지 않았을 수 있지만 그렇다고 해서 그를 비판하는 것은 아니다. 그렇다면 이방인이 이방인으로서 완벽하게 명예로운 삶을 살 수 있는데 어째서 개종을 바라야 할까?

유대인은 오랫동안 정기적으로 심각한 박해를 받았고 그 가운데 홀로코스트는 절정이었다. 당시 유대인의 3분의 1이 희생당했다. 개종자 역시 잠재적으로 목숨을 잃을 위험에 처할 수 있다. 유대교에 따르면 이방인의 삶을 사는 데 아무런 문제가 없고 좋은 사람이 되고 덕을 쌓기 위해 유대교로 개종할 필요가 없다면 어째서 이런 문제에 노출되기를 바라는 것일까? 유대인이 아니어도 얼마든지 그렇게 살아갈 수 있다. 그렇지만 개인이 유대인이 되고자 하는 깊고 헌신적인 소망이 있다면 그것이 가능하도록 개종 절차를 마련해 두고 있다.

예비 게르의 진정성을 확신하는 랍비는 게르가 되는 과정을 따르도록 허용할 수 있다. 전통적 유대인의 경우에 이 절차에는 일반적으로 세 명의 판사로 구성된 벳 딘이라는 유대인 종교 법정에 출석해 심사받고 정식으로 개종을 승인받는 과정이 포함된다. 종교법을 근거로 구성되고 인정된 법원의 후원 아래 유대교로 정식 개종한 사람은 절차가 끝나면 개종 증명서를 받게 된다.

개혁파 유대교 운동의 특이한 측면 중 하나는 실제로 개종자를 환영하는 것이고 이 운동의 창립 원칙인 피츠버그 프로그램은 이 점을 아주 분명하게 제시한다. 물론 이 운동은 다른 형태의 유대교와 차별화할 목적으로 출발했다. 개혁파 유대교의 개종 요건은 일반적으로 다른 교파에 비해 가볍고 지역의 랍비와 공동체에 따라서 다르다. 대체로 할례나 미크베(*정결례를 행하는 목욕탕)에 몸 담그는 것을 요구하지 않지만 일정 기간 유대교 관습과 예배에 대한 학습과 입문 과정을 거쳐야 개종 자격을 갖게 된다.

탈무드를 제작한 랍비들(아모라임)은 유대교로 개종하는 데 필요한 세 가지 조건을 제시했는데(Keritot 8b), 그것들을 벳 딘에서 증언하고 확인받아야 한다. 여기에는 남성의 할례(brit milah 또는 hatafat dam brit), 남성과 여성 모두 의식용 목욕탕(미크베)에 담그기(tevilah), 성전(Bayt Hamikdash)에서 희생제물(코르반)을 바치는 것(이것은 성전이 존재하지 않는 동안에는 재건될 때까지 연기된다)이 포함된다. 또한 종교법 당국의 합의에 따라 개종자는 유대교의 고전 종교법인 할라카의 의무를 이해하고 받아들여야 한다. 이것은 때때로 시험이나 인터뷰로 평가한다. 물론 덕분에 개종자가 일반적으로 유대인으로 태어난 사람들보다 유대교에 대해 훨씬 더 많이 알게 된다.

그러나 잠재적 개종자에 대한 보편적인 반응은 그들이 어떤 신념을 확증할 것인지 묻는 것이 아니라 유대인이 종종 다른 사람들로부터 가혹한 대우를 받는 방식을 고려해서 어째서 유대 민족과 합류하기를 원하는지 묻는 것이라는 점도 지적할 필요가 있다. 이것은 유대교가 종교만큼이나, 아니 그 이상의 민족적 정체성이라는 사실을 잘 드러내 준다. 이런 요건이 모두 충족되었음을 확인하고 나서 벳 딘은 당사자가 이제 유대인이 되었다는 것을 증명하는 게룻 증명서를 발급한다.

미쉬나가 규칙을 제정하기 전에 로마제국에서는 개종에 대한 많은 논의가 있었다. 현존하는 기록에 따르면 유대교로의 개종에 관심이 상당히 높았다고 한다. 언제나 그렇듯이 개종을 어렵게 만들려는 사람들과 관대한 접근을 선호하는 사람들 사이에서 논쟁이 빚어졌다. 가장 큰 문제이면서 기독교가 훌륭하게 해결한 문제는 많은 남성을 주저하게 만든 할례였지만, 이 시기에 개종한 사람이 대부분 여성이었다는 증거가 남아있다.

랍비 요수아는 유대교 신앙과 율법을 받아들이는 것 외에도 예비 유대인은 반드시 미크베에 몸을 담가야 한다고 주장했다. 이와 다르게 랍비 엘리에셀은 할례를 게룻의 조건으로 삼았다. 포피 없이 태어난 개종자에 대해 샴마이 학파와 힐렐 학파가 비슷한 논쟁을 벌였는데(Shabbat, 137a), 전자는 언약의 피를 한 방울씩 흘리도록 요구하고 후자는 그렇게 할 필요가 없다고 선언한다.

미드라쉬 역시 엄격한 견해를 그대로 반영한다. "당신의 자식들이 나의 신성을 받아들이면 나는 그들의 하나님이 되어 그들을 그 땅으로 인도할 것이다. 그러나 할례나 안식일에 관한 나의 언약을 지키지 않으면 그들은 약속의 땅에 들어가지 못할 것이다"(Genesis Rabbah, xlvi). 이보다 더 비우호적인 내용도 있다. "할례를 받지 않고 안식일을 지키는 자들은 침입자이며 벌을 받아 마땅하다"(Midrash Deut Rabbah, 1:21).

미국에서는 개혁파 유대교가 게룻에게 어떤 규칙이나 의식을 부과하자는 주장을 거부한다. 그러나 현대에 들어서서 개혁파가 전통적 유대교에 더 가까워지는 경향이 있어 오늘날에는 개종에 한층 더 엄격한 조건을 적용하는 경우가 많다. 미국의 개혁파 유대교는 미크베에 몸을 담그거나 할례를 받거나 계명을 규범적으로 받아들이는 의식을 요구하지 않는다. 이것은 어떤 경우에도 그렇게 대단한 의식이 아니기 때문이다. 벳 딘에 참석하는 것을 권장하지만 그렇다고 필수는 아니다. 개종자는 지역의 개혁파 공동체가 정한 종교적 기준에 따라 헌신해야 한다.

이스라엘, 영국 및 기타 국가에서 다양한 형태를 유지하는 자유주의 유대교는 이런 접근 방식을 거부한다. 이들 국가에 속한 상당수 자유주의 랍비는 남성이 브릿 밀라(할례)나 브릿 담(피 한 방울을 뽑는 의식)을 거쳐야 하고 남성과 여성 모두 미크베에 몸을 담그고, 정식 교육 과정을 마치고 벳 딘에 참석할 때만 게룻을 허용해야 한다고 주장한다. 캐나다와 영국 지역의 여러 개혁파 랍비와 미국에서는 소수이지만 점점 더 많은 사람이 공통된 견해를 갖고 있다.

할라카는 개종자에게 한때 유대인이 아니었다는 사실을 상기시키는 것을 비롯해 개종자를 학대하는 행위를 금지한다. 따라서 유대교는 유대인으로 태어난 사람과 게룻의 결과로 유대인이 된 사람을 거의 구분하지 않는다. 그러나 할라카가 게룻의 권리를 보호하고 있음에도 불구하고 일부 유대인 공동체는 개종자를 이등 유대인으로 취급한다는 비난을 받아왔다.

할라카에 대한 정통 해석에 따르면 개종자는 몇 가지 제한을 받는다. 여성 게르와 코헨(제사장 계급의 일원)의 결혼은 금지되고 결혼하면 자식은 아버지의 코헨 신분을 물려받지 못한다. 유대인으로 태어난 사람은 맘제르(유대교의 형식을 좇아 공식적으로 결혼하지 않은 사람들의 자식)와 결혼할 수 없지만 개종자는 결혼할 수 있다. 다윗 왕은 개종자 룻의 후손이다(룻 4:13-22). 계속해서 종족을 구분하는 정통파와 보수주의 공동체에서 개종자들은 이스라엘 민족(Yisraelim), 즉 종족이나 유대인끼리 구분하지 않는 평범한 유대인이 된다.

개종자에 대한 탈무드의 의견은 다양해서 일부는 긍정적이고 일부는 부정적이다. 유명한 탈무드 구절은 개종자를 '이스라엘의 역병'이라고 규정한다(Yevamot, 47b). 대다수 해석에 따르면 이 표현은 개종자들이 종교적 관습을 따르지 않는 경우 유대인들이 그들과 같아질 수도 있고 개종자들이 지나치게 종교적 관습을 따르면 유대인으로 태어난 사람들이 부끄러움을 느낄 수 있다는 뜻이라고 한다. 새로운 종교에 대한 개종자들의 열정을 고려하면 후자가 더 가능성이 커 보인다.

오늘날 '선택에 의한 유대인'이라는 용어는 종종 개종자들이 스스로 붙이는 수식어이다. 하지만 유대인 사회에 존재하는 여러 규칙과 규정에는 현실적인 문제가 존재한다. 그러니까, 누가 유대인으로 간주 될 수 있는지, 누가 유대인 묘지에 묻힐 수 있는지, 누가 다른 유대인과 결혼할 수 있는지 등에 영향을 미치는데 특히 이스라엘 법에 따르면 훨씬 중대한 의미가 있다. 정통파 공동체 내부에서도 어떤 개종을 허용할지에 대해 의견이 엇갈리는 경우가 많아서 교파끼리 우호적 관계를 형성할 가능성은 전혀 없다.

유대교에서의 개종

기독교 유럽에서 유대인 공동체를 공격할 때 기독교 측에서는 두 가지 주장을 반복했다. 이 논쟁이 자유로운 의견 교환이 거의 불가능했고 기독교가 항상 유대인을 압도했다는 식으로 어물쩍 넘어가면 안 된다. 양쪽 모두가 상대 의견을 받아들이려고 하지 않았다. 그렇지만 기독교 측의 비난은 진지하게 고려할 가치가 있고 실제로도 그랬다.

첫째는 유대교가 성경에 지나치게 문자적으로 접근해서 거기에 담겨 있는 진정한 의미를 놓치고 있다는 것이다. 둘째는 유대교가 지나치게 물질적인 종교라서 기독교가 이런 결함을 바로잡았다는 것이다. 사실 역사적으로 오래된 다양한 무슬림 주석자들의 의견에 따르면 기독교는 지나치게 영적이고 유대교는 지나치게 물질적이다. 이슬람은 두 극단의 균형을 잡고 올바른 방향으로 나가는 중간 지점에 있는 종교라고 주장한다.

유대교와 물질주의를 같게 취급하는 것은 반유대주의 논쟁의 오래된 주제였고 오늘날까지 계속되고 있다. 이베리아반도의 역사 가운데 기독교가 세력을 회복하고 종교적 소수자를 인내할 필요성을 느끼지 않았던 시기에 특히 본격화했던 이 비난의 의미를 살펴볼 필요가 있다.

이 두 가지 주장은 물론 서로 밀접하게 연결되어 있다. 만약 누군가 어떤 본문을 문자적으로 대하면 그 뜻을 물질적으로 설명하는 게 옳다고 받아들이는 것이다. 이것은 물질적 접근과 근본적으로 다르지 않다. 우리가 알다시피 유대인의 성경 주석은 대부분 문자적 해석과는 거리가 멀다. 아브라함 이븐 에즈라(1089-1167)와 모세 마이모니데스라는 두 명의 걸출한 이베리아반도 출신 주석자들은 상상력을 발휘해서 성경을 아주 환상적으로 해석했다.

유대인이 해석에 반드시 적용해야 하는 보편적인 방법은 존재하지 않는다. 마이모니데스 같은 일부 유대인 사상가는 이 문제와 거기에 관련된 모든 것에 대해 다소 비판적인 견해를 가졌고 금욕주의에 대한 뚜렷한 성향을 드러냈다. 이것은 나중에 그의 아들과 손자가 더 많이 강조했다. 기독교가 유대교에 대한 효과적인 반대 세력으로 입증된 뒤에 유대교는 심지어 새로운 종교를 모방하는 몇 가지 교리를 발전시켰다. 예를 들어 내세와 신체나 영혼, 혹은 두 가지 모두의 불멸성에 갑자기 관심을 가졌다.

그리스도인들이 탈무드에 대해 특히 신경을 쓴 것은 조금 이상하다. 탈무드는 성경을 문자 그대로 해석하지 않는 경우가 곧잘 있기 때문이다. 사실은 명확하다. 유대인과 그리스도인 모두 자신들이 기본적인 종교 텍스트로 여기는 것을 해석했고 논쟁은 어떤 해석을 받아들이고 어떤 해석을 피해야 하는지에 집중했다. 유대인들은 종종 탈무드가 예수님에 대해 말하는 내용, 이방인에 대한 대우, 하나님이 할 수 없는 일에 대한 유대인의 생각, 그리고 곧잘 문맥을 무시하거나 완전히 왜곡된 유대교 문헌을 겨냥한 다양한 비난에 답해야 했다.

유대인을 개종하려 했던 일부 그리스도인이 본래 유대인이었다는 것 때문에 전반적으로 '논쟁' 분위기가 고조되지는 않았지만 일부 반대 의견을 적절하게 선택해 논쟁에서 상당한 성과를 거둔 것으로 보인다. 부르고스의 아브넬(1270-1346)은 상당히 지성적인 토론자였으나 전반적으로는 기독교로 개종한 사람이 많은 유대인 대표자에게 강력한 도전을 받았다. 물론 유대인들도 터무니없는 비난을 받기도 했지만 별다른 어려움 없이 넘어갔다. 서로 다른 종교적 주장이 마치 논쟁처럼 제시되면 무엇을 말해야 할지 알기 어려운 경우가 많다. 이럴 때 필요한 것은 각각 핵심 주장을 명확히 정의하고, 진정성을 제대로 제시하는 것이다.

해석에 대한 변론은 종교의 기본 원칙이나 뿌리를 찾는 시도로 이어졌다. 이것은 유대교에서 계속된 작업이었고 이삭 아브라바넬(1437-1508) 같은 일부 사상가를 제외하고 대부분 이 프로젝트에 참여했다. 이것이 문자주의라는 비난과 어떻게 연결되는지는 분명하지 않지만 마이모니데스와 요셉 알보(1380-1444)와 같은 사상가들이 남긴 글을 보면 그들은 자신들이 하는 일이 무슨 의미가 있는지 공개적으로 표명했다는 것을 알 수 있다.

종교가 공격을 받고, 숙련된 논쟁자들이 훼손하려고 할 때 신앙을 지키려면 신앙에 대한 명확하고 자신감 있는 설명이 필요하다. 심지어 신앙에 대한 요약이 필요할 수도 있다. 어쨌든 이슬람과 기독교는 각각 신조를 소유하고 있다. 유대교가 경쟁 종교들의 지속적인 압박에도 불구하고 오랫동안 살아남을 수 있었던 이유 중 하나는 경쟁자들에게 바람직한 부분을 일정 부분 통합하고 적응할 수 있었기 때문이다.

신조를 구성하려는 시도는 종교를 방어할 수 있는 기본적인 요소들로 축소하려는 의도였지만, 아마도 처음에는 동료 신자들에게 무엇을 방어해야 하고 그들의 종교가 실제로 무엇인지 확실하게 이해하도록 돕는 것이었을지 모른다. 그것은 나무 너머에 있는 숲을 바라보는 문제라서 그런 지식이 없으면 쉽게 길을 잃고 부적절한 환경으로 완전히 빠져들게 된다.

이것은 소위 유대교 문자주의와는 전혀 관련이 없다. 오히려 거기서 발전한 성경과 율법에 대한 특정 해석을 옹호하는 것이다. 전통을 인정하고 유대교에 대한 비난을 벗어나는 유대교의 관점을 개발하려면 경쟁자들이 사용하는 도구를 마다할 이유가 없다. 우리는 종교 간의 논쟁에서 차이점을 강조하는 방식에 집중하는 경향이 있다. 예를 들어 유대교가 삼위일체나 예수님을 메시아로 믿는 교리에 상당한 거부감을 느낀다는 점을 강조하는 식이다. 하지만 두 종교를 하나로 묶어주는 요소들을 강조하는 게 더 흥미롭다. 특히 기본적으로 일신교를 고수한다거나 성경의 높은 지위, 예수님의 계시를 통한 성경의 역할이 거기에 해당한다.

기독교 관점에서는 유대인과 그리스도인 모두 같은 여정을 시작했지만 유대인은 너무 일찍 포기했다. 무슬림이 보기에는 유대인이나 그리스도인 모두 너무 일찍 포기해서 자신들이 받은 계시의 완전성을 훼손했다. 유대인은 그리스도인보다 훨씬 뒤처져 있고 무슬림에 따르면 유대인은 하나님이 주신 율법을 지키지 않아서 처벌받는다. 유대인은 율법을 어떻게 지켜야 할지 알기 어려워하는 것처럼 가장하고 있다는 것이다.

꾸란의 두 번째 장(암소 장)은 이 점을 아주 자세하게 설명한다. 이렇게 보면 유대인의 문자주의는 겉치레라는 것을 알 수 있다. 유대인은 실제로 율법을 문자 그대로 엄격하게 지키고 싶어 하지 않는다. 율법이 너무 복잡해 무엇을 해야 할지 아예 모른다는 인상을 남기려 하거나 율법을 안 지킨다는 비난을 벗어나려고 한다! 하나님이 오랫동안 사막에서 방황하게 하는 벌을 내리셨다는 게 대다수 무슬림 주석의 주장이다.

근본적인 원칙과 뿌리를 찾는 것은 이런 주장에 일부 대응하는 것이기 때문에 그것이 전혀 터무니없다고 할 수 없다. 기독교의 주장을 어떻게 생각하든지 유대인이 성경에 나오는 마지막 예언자 이후로 어떤 예언자도 등장할 수 없다고 부인하는 것은 억지에 가깝다. 그리고 온갖 사람이 메시아로 널리 인정받을 때도 있었다. 이런 믿음은 거짓 메시아들이 제 역할을 감당하지 못한 게 아주 분명해도 여전히 사라지지 않고 있다.

특정 종교의 교리를 제시하는 목적은 그 신앙의 실천이 단순히 전통이나 익숙한 방식에 그치는 것이 아니라 실제로 그 실천이 어떤 방식으로든 원칙과 가치를 구현하고 있다는 점을 강조하는 것이다. 문제는 이런 유대교의 원칙이 기독교나 이슬람과 크게 다르지 않다는 것이다. 그런데 유대인들이 이것을 인정하지 않아 잘못된 방식으로 일 처리를 하고 있다고 한다.

이것은 마치 잘못처럼 보일 수 있다. 당시 그리스도인들은 처음에 예수님이 유대인들에게 가르친 내용과 올바른 관계를 맺지 못해서 잘못된 원칙을 따랐다고 주장했기 때문이다. 하지만 전반적으로 유대교의 경쟁자들 사이에서는 유대교가 종교로서 발전을 그쳤다는 견해가 지배적이었다. 유대교가 기독교의 방향으로 나가야 했는데 그렇지 않았다는 것이다. 그런데 거기에는 유대교가 출발한 원칙을 수용했다는 뜻도 함께 담겨 있다. 기독교에 저항하는 과정에서 그리스도인의 주장을 강조하는 게 전략적으로 어떻게 도움이 될 수 있을까? 그것이 유용한 이유는, 기독교를 지지하는 다른 어떤 주장이 있더라도 그것이 유대교의 토대에 영향을 미치지 않는다는 것을 암시하기 때문이다.

그리스도인은 (일종의) 유일신, 거룩한 토라의 기원, 보상과 처벌을 믿었는데 요셉 알보에 따르면 유대인 역시 다르지 않았다. 내세에 대한 그의 설명은 순수한 영적 내세를 믿는 사상가들과 육체와도 관계가 있다고 주장하는 사람들 사이에서 갈피를 못 잡는 것 같아 많은 비판을 받기도 했다. 하지만 그의 주장은 한쪽을 지지했다기보다는 유대교에 그런 일반적 개념이 존재하고 거기서 많은 것이 생겨났다는 사실을 강조한 것이다. 따라서 그리스도인들이 유대교에 강력한 내세관이 존재하지 않는다고 주장하는 것은 잘못이다. 내세관이 필요해지자 유대교는 빠르게 그것을 발전시켰고 그래서 적어도 내세에 대해서는 물질주의적이라는 비난이 설득력을 갖지 못한다.

마찬가지로 유대인이 모든 율법을 따를 필요가 없다는 사실을 인정하지 않는다고 비판하는 것은 두 종교가 중요한 기본 원칙에 상당 부분 아주 일반적으로 합의한 것이나, 알보의 주장을 고려하면 사소한 것처럼 보인다. 수사학적 장치를 활용하면 이것은 두 가지로 접근할 수 있다. 첫째, 유대교와 기독교가 많은 기본적인 문제에 대해 서로 합의했으니 도움이 되면 개종하라는 것이다. 둘째, 그리스도인이 반드시 인정해야 할 추가적인 신앙을 진리로 받아들이지 않는다면 굳이 개종할 필요가 없다는 것이다.

그림으로 개종과 맞서기

많은 유대인이 개종했지만 개종에 대한 엄청난 압박을 고려하면 더 많이 개종하지 않은 게 오히려 이상할 정도였다. 튀르키예의 된메와 폴란드 프랑크파의 운명을 서로 비교하는 것은 흥미롭다. 샤베타이 즈비의 추종자 야콥 프랑크(1726-1791)는 메시아 운동의 추종자를 확보하려고 1755년경 튀르키예를 떠나 폴란드로 갔다. 그곳에서 랍비들의 격렬한 반대에 부딪혔고 추종자들은 유대인이 완전히 외면하는 바람에 상당수가 로마 가톨릭교회에 가입했다. 됸메와 달리 프랑크파는 폴란드처럼 유대인에게 비우호적인 나라에서도 일반 대중 속으로 사라진 것으로 보인다. 하지만 개종 이후에도 과거 유대인들은 자신이 합류했거나 또는 그렇게 생각했던 종교와 튀르키예 문화를 바탕으로 아주 색다른 경험을 했다.

이베리아에서의 개종에 대한 저항은 많은 유대인이 반도 안에서 자신들의 독특한 위치를 강하게 인식하고 새로운 종교 덕분에 그 위치를 위협받고 싶지 않았기 때문이라고 할 수 있다. 그런데 이베리아 유대인의 생활 방식은 그리스도인이나 무슬림과 무척 비슷했다. 현지 언어를 사용했고 유행하는 양식대로 옷을 입었고 스페인의 예술과 건축 양식을 그대로 수용했다.

당시 회당은 주류 공동체의 종교 건물과 아주 비슷했고 종교 서적의 삽화, 특히 유월절의 하가다는 현대 기독교 종교 삽화 작품과 놀랄 만큼 비슷하다. 유대교가 물질적이라는 비판을 고려하면 먹고 마시고 음식을 준비하고 좋은 옷을 입고 마을에서 일상적인 업무를 수행하면서 축제를 준비하고 즐기는 장면을 보여주는 것 자체가 당시의 일반적 삶에 도전한 기념행사일 수밖에 없다. 삽화를 그린 사람들은 기독교 서적의 양식을 그대로 따랐기 때문에 전부는 아니어도 일부는 그리스도인이었을 것이다. 그리고 유대인 후원자들은 유행하는 기독교 양식으로 제작하도록 요구했다. 예를 들어, 이베리아 문화를 반영한 작품은 인간의 신체나 얼굴을 과감히 묘사했다.

이것은 다소 과묵한 유대인 공동체에서도 마찬가지였다. 이 책들은 유대인이 자신들을 얼마나 문화적으로 통합된 존재로 여겼는지, 그러면서도 허용된 범위에서 고유한 종교적, 민족적 정체성을 어떻게 고수했는지 보여준다. 우리가 알고 있듯이 문화에 압박이 가해지면 개인은 전통과 오래된 확실한 것들에 끌리기 마련이다. 당시는 철학 분야에서 카발라(신비주의)나 심오한 신앙을 추구하는 흐름이 분명히 존재했다. 그런데 이 책들은 종교 행사를 즐기는 것, 즉 공동체와 구성원들 앞에서 재확인하는 방법으로 후퇴했다는 사실을 보여주는 것일 수도 있다.

기독교 사회의 상류층은 신앙과 의식이라는 핵심 주제를 기념하는 훌륭한 그림책을 제작하는 데 드는 비용을 댔다. 유대인들 역시 그대로 모방해서 일상생활의 물질적 활동에서 종교적 의미를 끌어낼 수 있었다. 물론 유대인에 대한 다양한 기독교 논쟁의 주요 표적이 된 것도 바로 이 때문이었다.

이것은 당시 기독교의 도상학이 그리스도인의 일상적 사건을 기념하지 않았다는 뜻이 아니다. 그들의 삶과 유대인의 삶은 아주 비슷했다. 대개 그림 속 인물들은 그리스도인과 유대인 모두가 그 시대 복장을 한 채 평범한 사람들의 일상 활동인 요리, 청소, 건축 등을 수행한다. 주제는 물론 종종 그렇지 않을 때도 있지만 아주 대조적인 방식을 구사한다. 예를 들어, 유대인 책에서는 마짜가 그리스도인의 책에 나오는 성찬과 대조적인 요소로 곧잘 등장한다.

두 책 모두 소유자와 의뢰자의 공식 관계가 드러나도록 왕실이나 지역 당국의 공식 도장을 찍는 게 대부분이다. 유대인 책에서 어린이가 두드러지는 게 동정녀 마리아와 아기, 이상적인 처녀성과 대조하려는 의도 때문이었다는 주장도 있다. 유대인 책에 가족이 등장하고 성경의 주인공과 연결될 때가 많지만 그렇다고 기독교와 대조하려는 의도였다는 주장은 다소 억지스럽다. 그리스도인의 책에서도 주제가 가족의 존재를 요구하면 자주 등장하기 마련이다. 이런 책을 접하는 독자들의 평범한 삶도 유대인 동료들과 마찬가지로 자녀나 가정사에 깊이 관련되어 있었을 것이다.

오늘날의 우리와 동떨어져 있고 확실한 증거가 거의 남지 않은 과거의 이미지에 어떤 의미를 부여할 때는 늘 신중해야 한다. 하지만 주류 문화의 삽화 양식을 단순히 모방하는 것을 넘어서는 일이 여기서 있었다고 충분히 생각할 수 있다.

우리는 국가 수준에서 주류 역할을 하는 문화 안에서 비주류 문화가 어떻게 생존했고 고유한 측면을 보존했는지 곰곰이 따져볼 필요가 있다. 이것은 스페인에서 제작된 하가다 삽화에서 확인할 수 있다. 삽화들은 일반 기독교 문화의 상징을 구사하면서도 그것을 통해 유대인이 세상을 바라보는 방식, 특히 우리가 여기서 물질주의라고 간주할 수 있는 것, 그러니까 세상은 즐기기 위해 존재하는 것이고 하나님은 그 때문에 창조하셨다는 생각을 표현한다.

그림들은 하가다처럼 내세를 추구하지 않는 경향을 드러내면서도 그 세계의 존재 자체를 부정하지 않는다. 그러나 천국과 지옥을 비롯한 여러 기독교 주제와는 다르게 유대인의 역사와 하가다의 내용이 묘사하는 사건, 유월절 축제 기간에 사용하는 소품들을 다양하게 제시한다. 유월절 첫 이틀 동안 가족끼리 식사하는 오늘날의 관습은 최근에 생겨났지만, 이 축제와 하가다가 오랫동안 회당에서 활용되었고 공동 기도 모임을 마치고 나서 그곳에서 함께 식사했다는 것을 기억할 필요가 있다. 따라서 현대 유대인처럼 유월절에 별다른 의미를 부여하지는 않았다.

이것은 실제로 유대인이 물질주의를 강조했으며 당시 유대인은 오로지 음식과 음료를 강조하는 친밀한 사교 모임이 아니라 종교 전통에 참여하는 삶의 한 단면을 기념했다는 것을 강력하게 시사한다. 음식과 음료는 종교적 의식의 일부로서 등장한다. 하가다는 그것들을 가지고 강력한 세력에 저항하면서 육체적으로나 정신적으로 그 세력을 파괴하는 방식으로 즐겁고 친밀하게 표현한다.

이런 물질적 묘사가 다른 대안들과 다르게 유대인의 일상적 삶을 정당화하고 있다고 어떻게 확신하는지 의문을 제기할 수 있다. 물론 우리는 알 수 없다. 여기서 무슨 일이 일어나는지 그럴듯하게 해석하는 것이라고 주장할 따름이다. 이런 이미지의 도상학을 해석하는 많은 사람이 이미지의 상징과 내용이 무엇을 가리키는지 강하게 확신하고 해석하는 모습에 그저 감탄할 따름이다.

여기서 구사하는 방식과는 거리가 멀지만 대체로 시각을 활용하지 않는 문화가 그것을 통해 각별한 즐거움을 누릴 수 있다는 생각은 인정해야 한다. 이것은 몹시 억압적이고 적대적인 문화의 패러다임을 모방하거나 적어도 사용할 수 있는 경우에 더욱 그렇다. 다양한 상징적 접근 방식의 옳고 그름은 차치하더라도 우리가 하는 일을 그림으로 보고 싶어 한다는 일반적인 생각, 특히 우리가 하는 일이 국가로부터 비판받을 때 더욱 그렇다는 주장은 분명히 타당하다. 문화에 직접 참여하는 다수의 관점에서 볼 때 문화를 가시화하는 것은 정당화하는 것이다.

중세 기독교 사회의 특징 중 하나는 시간이 지나면서 책이나 후원자가 하부 계층까지 널리 퍼졌다는 것이다. 처음에는 귀족과 왕실이 책을 소유했지만 마침내 부유한 부르주아 계층의 귀중한 소유물이 되었다.

유대인 역시 삽화 작업에 참여하거나 적어도 소유하고 전시하는 활동에 참여하고 싶어 했다. 스페인에는 현재 남아있는 많은 책에 왕실과 도시의 인장이 찍혀 있다. 이것은 소유자의 폭넓은 인맥을 과시하는 한편, 적절하고 중요한 책이라는 공식적인 허가, 그러니까 일종의 세속적 보증이었다. 책은 궁극적으로 유대인이 소중히 여기는 소유물이었고 하가다는 유대인 역사와 문화, 과거에 큰 재난에 처했을 때 적을 물리치고 하나님에게 구원받은 사연들을 담고 있다.

하가다에 들어간 그림은 성경과 관련된 장면을 묘사하기도 하지만 그렇지 않은 때도 많다. 유대인의 연속성과 존재를 강조한 유대인 성경의 역사, 즉 기독교 세계의 유대인들이 아주 강력한 공격을 받았다는 사실을 솔직하게 표현한다. 가브리엘 세드-라이나는 하가다의 삽화 순서가 유월절 이야기와 대부분 관련이 없고 다른 책에 사용하려고 준비했던 것 같다고 말한다(Sed-Rajna, 1992, 144). 그것은 유월절 이야기를 제대로 묘사하려고 존재하는 게 아니다. 오히려 그 이야기의 기초가 되는 제도 전체를 정당화하려고 한다고 말하는 편이 더 적절하다. 그리고 하가다가 상징하는 현대적 개념을 언제나 확정된 것으로 간주해서는 안 된다. 본문은 고정될 수 있어도 그림은 그렇게 할 수 없다.

그림은 유대인의 삶, 유대인이 성경과 미드라쉬의 이야기를 바라보는 방식을 기념하기 위해 존재한다. 그것들은 당시 기독교 패권에 대한 저항의 한 형태를 유대인이 논쟁에서 제기하는 반박보다 더 강력하게 제시한다. 그래서 우리는 갈대 바다를 건널 때 파라오가 빠지지 않는 장면과 미리암을 중심으로 이스라엘 여성들이 기쁨의 춤을 추는 모습을 볼 수 있다. 이것이 바로 미드라쉬의 중요한 특징이다.

홍해의 갈라짐과 미리암의 노래(사라예보 하가다, 14세기 카탈루냐에서 제작)

개종이 문제가 될 때 서로 다른 종교들이 논쟁에 골몰하는 경향이 있고 개종을 유도하려고 한층 더 약한 종교의 구성원에게 종종 강압적인 방법을 사용하기도 했다. 이런 주제들에 시간을 할애하는 것은 타당하다. 아주 중요한 문제이기 때문이다. 그러나 개종 압박에 맞서 싸울 방법을 고안한 개인의 결정 역시 중요하다.

이 결정은 아마도 지적 논쟁이나 종교적 충성을 변경하는 것의 장단점을 객관적으로 고려하기보다는 억압적인 세력에서 비롯된 새로운 것을 배격하고 전통과 확립된 방식을 고수하려는 고집스러운 거부감에 근거했을 가능성이 크다. 과거를 고수하려고 할 때 그것을 표현하는 방법이 도움이 될 수 있다. 이것은 시각적이거나 어쩌면 문학적 방식이 될 수 있다. 중요한 점은 그것이 꼭 다른 표현 방식을 요구하지 않는다는 것이다. 주제가 기존 방식과 다를 뿐이다.

사실, 표현 방식이 당시 주류 문화와 같다는 게 특히 중요하다. 그렇게 해야 일탈적인 이야기가 마치 정상처럼 보이기 때문이다. 이것은 종속적인 문화에 속한 사람들에게 이야기가 확실히 다르지만 그렇게 다르지 않고 적어도 그들의 눈에는 존중받을 만하다는 것을 암시한다. 이것은 그들의 저항을 정당화하고, 억압과 권위의 상징에 도전하는 동시에 패권에 순응하는 것처럼 보이게 만든다. 이것은 딱히 유대인에게만 해당하지 않는다. 억압받거나 스스로 억압받고 있다고 생각하는 소수자들이 곧잘 이 전략을 구사했고 오늘날에도 여전히 그렇게 하고 있다.

우리는 이 행위가 풍자적이라는 점에 주목할 수 있지만, 동시에 적대적인 압박을 받는 어려운 환경에서도 평범한 사람들이 가능한 방식으로 일상적인 삶을 유지하려고 한다는 것을 알 수 있다. 이것은 결국 그런 압박과 공존하는 방식을 모색하는 시도라고 할 수 있다. 유대인의 역사에서 가장 자주 사용된 방법은 유대인으로 남으면서 동시에 지역 문화에서 이것을 촉진하는 요소를 찾는 것이었다.

보는 것의 중요성은 아무리 강조해도 지나치지 않다. 모세는 하나님을 직접 본 유일한 사람이기 때문에 대단한 선지자로 인정받았고 욥은 하나님에 대해 들은 게 아니라 직접 보았다고 말하는 순간 거룩한 말씀을 깨달았다. 시각의 중요한 특징은 무엇인가 우리 앞에 뚜렷이 나타나서 의심하기 어렵게 만든다는 것이다. 물론 다른 감각 역시 그런 경험을 가능하게 하지만 무엇인가 본다는 것은 인간에게 가장 직접적인 경험이 분명하다.

유대인들은 자신들의 일상생활을 수많은 책이 비적대적 방식으로 묘사한 내용을 처음 봤을 때 엄청난 충격을 받았을 것이다. 그들이 그리스도인처럼 자신과 자신들의 역사를 대표하는 모습으로 묘사된 것을 보았을 때 그 영향은 훨씬 더 강력했을 것이다. 떠나거나 숨어 살거나 개종해야 했던 문화에서는 이 모든 게 향수의 원천이었겠지만 강력한 세력이 그들을 집어삼킬 때는 취약한 사람들의 사기를 유지하는 데 중요한 역할을 했을 것이다.

SECTION 06

유대교의 쟁점들

✱ ✱ ✱ ✱ ✱

유대인들은 항상 이스라엘로의 귀환을 갈망했을까

유대인이 이스라엘로 귀환하기를 늘 갈망했다는 말을 자주 듣기는 해도 이것을 뒷받침할 만한 증거는 따로 없다. 이것은 전통적인 기도 예배에서 자주 사용하는 말이지만 대개 메시아 시대나 성전 재건과 관계가 있다. 개혁파 운동은 이런 열망을 비난했고 현재 유대인이 살아가는 국가들을 자신의 고향으로 간주했다. 하지만 최근에는 시온주의에 더 열정적으로 접근하려는 움직임이 있다. 일부 정통파 유대인은 메시아를 배제한 채 이스라엘로 귀환하는 것을 비판하면서 땅에 대한 집착이 종교의 헌신을 방해한다고 본다.

하지만 여기서 가장 중요한 점은 이스라엘 건국 이후 유대인들이 돌아갈 수 있고 이동하는 데 장애물이 없지만 대부분 그렇게 하지 않는다는 것이다. 따라서 쉽게 실현할 수 있지만 실현하지 않는 열망을 열망으로 부를 수 없듯이 보편적 열망이 따로 존재한다고 말하기는 어렵다. 과거 25세기 전 에스라와 바빌로니아의 유대인이 이스라엘 땅으로 돌아왔을 때도 어려운 일이 아니었지만 동행한 사람이 많지 않았다. 이집트의 모든 이스라엘 백성이 모세와 함께 떠났는지 아니면 상당수가 잔류했는지 궁금해하는 사람들도 있다. 사막을 통과하는 여정에서 이스라엘 사람들의 열정적이지 않은 발언을 보면 하나님이 약속한 땅에 들어가는 일에 모두 몰입하지는 않았음을 알 수 있다.

이스라엘 국가가 출범하기 전까지는 시온주의 유대인이 다른 유대인에게 돈을 건네서 또 다른 유대인을 팔레스타인으로 이주하게 만드는 과정이라고 냉소적으로 설명할 때도 있었다. 디아스포라 유대인과 이스라엘 유대인의 관계는 복잡하다. 해외에 거주하는 유대인은 대부분 이스라엘이 번영하기를 바라고 이스라엘이 곤란해지면 지원을 아끼지 않을 것이다. 하지만 그들에게는 돌아가려는 열의가 거의 없다.

소수지만 중요한 유대인 가운데 일부는 이스라엘과 시온주의를 모두 확고하게 반대한다. 그들은 시온주의를 반대했던 최초의 유대인 운동들과 관련을 맺고 있는 듯하다. 이 운동은 때때로 종교적이었고 하나님이 적당한 때를 결정하시면 메시아를 통해 이스라엘을 재건해야 한다는 생각을 기본적으로 갖고 있었다. 나머지는 모두 이단으로 간주했다. 그들은 세속적이고 사회주의적이었고 유대인들이 먼 나라로 이주해 스스로 차별화하는 대신에 지역에 속한 진보 운동에 동참해야 한다고 주장했다.

오늘날 두 집단 모두 당시보다 훨씬 더 규모가 작아졌다. 나치 시대까지 팔레스타인에 유대인을 위한 국가의 근거지를 확보한다는 전망은 유대인 대부분에게 아주 요원했고 다수가 출신 국가에 확고하게 자리를 잡고 있어 그다지 바람직하게 여기지 않았을 것이다. 나치의 맹공으로 유럽과 전 세계가 갑자기 유대인에게 등 돌린 모습은 유대인이 운영하는 국가에 대해 새로운 열정을 불러일으킬 정도로 충격적이었다.

1930년대 이스라엘로 건너간 독일 유대인 사이에서는 시온주의가 아니라 히틀러 때문에 왔다는 말이 널리 나돌았다. 유대인 대부분이 독일에 정착해 삶과 경력을 지속하려고 했으나 그럴 수 없는 상황이 되자 이스라엘이 합리적 대안이 되었다. 그들은 자신이 떠나온 독일을 이스라엘 안에 만들려고 최선을 다했다.

홀로코스트의 끔찍한 실상이 드러나면서 해외 유대인은 위임통치권을 가진 영국이 학살에서 생존한 유대인이 팔레스타인으로 가는 것을 막는다고 반발했다. 그들은 지나칠 정도로 미국 대통령을 압박했다. 그러자 대통령은 이기적인 유대인들이 어떻게 대우하는지 상당히 전형적인 반유대주의적 발언으로 응수했다! 이스라엘이 자칫 패배할 뻔한 재앙에 가까웠던 1947년과 1948년의 독립 전쟁은 당시 이스라엘 지역 유대인에게는 장래가 몹시 암담했지만 오히려 해외 유대인의 참여를 더욱 촉진했다.

이후 수십 년에 걸친 성공과 실패(유대인 대부분이 보기에)는 크고 강력한 적들에 둘러싸인 이 작고 취약한 국가와 자신을 동일시하지 않는 게 어렵다는 것을 의미했다. 중동에서 이스라엘이 처한 상황은 과거에 소수 디아스포라 유대인이 처했던 상황, 즉 위협을 받고

수적으로 열세이고 장기간 적대감의 표적이 된 상황을 그대로 반영하는 듯했다.

성전이 파괴되자
기도와 회당이 더 중요해졌을까

현재 유대교라고 부르는 종교는 한때 예루살렘 성전에 바탕을 둔 의식에서 뿌리를 찾을 수 있다. 이 뿌리는 기도 책에 담겨 있는 의식과 전통적인 공동체가 지키는 유월절 같은 축제에서 기억되고 있다. 하지만 성전 시대가 비교적 매우 짧았다는 사실을 기억할 필요가 있다. 유대인, 또는 이스라엘 역사의 대부분은 성전 건축과 재건 이전이나 성전이 모두 파괴된 이후에 이루어졌다.

성전 제도는 특정 집단이 책임을 담당했는데 이런 수준의 권한이라면 당연히 반발도 뒤따랐을 것이다. 거기에는 재정적 이익을 수반했기 때문이다. 종교가 성전과 예루살렘에 집중하면서 성전 행사의 소음과 혼잡이 일부를 불편하게 만들었을 것이다. 탈무드에서 랍비들은 성전의 웅장함에 상당한 시간을 할애한다. 하지만 대부분 주변의 삶을 지루해하거나 차라리 작은 규모로 함께 기도하고 자신이 있는 곳에서 의식을 갖는 한층 더 절제된 활동을 중시했을 수도 있다.

마이모니데스는 분명히 성전과 그 의식이 유대교 발전에 중요한 시기를 대표했다고 암시한다. 하지만 그것은 이미 오래전 일이라서 의식을 부활시키고 다시 희생 제사를 지내자는 생각은 분명히 이상하게 받아들여졌을 것이다. 종교의 목적은 사람들의 사고를 조잡한 초기 수준에서 한층 더 완전한 수준으로 이끌어가는 것이다. 마이모니데스에 따르면 이것은 대규모 집단 활동에서 점차 크기를 줄여가다가 결국에는 홀로 자신보다 더 높은 존재를 묵상하게 되는 과정이다.

성전이 파괴되자 바리새파가 사두개파를 재빠르게 추월했다. 이후로 정반대의 상황이 빚어졌다. 구전 율법이 성전과 의식을 대체하면서 한층 복잡한 형태의 유대교가 출현했다. 사두개파는 성문법에 의존했고 제사장들은 성전에서 그 법을 실행하는 방식과 밀접하게 연결되어 있었다. 하지만 성전이 없어지면서 그들은 불필요해졌고 사두개파의 신조 역시 성전과 의식을 대체하기에는 대중에게 지나치게 추상적이었다.

사두개파는 상상력을 가미한 구전 율법의 이야기식 특징을 곧잘 경멸했고 내세에 대한 바리새파의 교리가 상당 부분 성경과 무관하다는 것을 간파했다. 하지만 성전 제도와 건물이 사라진 마당에 신앙을 유지하기 위해 대중의 상상 속에 무엇인가가 필요하다는 바리새파의 생각이 잘못된 것이었을까? 종교의 주요 장치들이 제대로 작동하지 않으면 마법조차 매력적인 선택처럼 보일 수 있다.

11세기 게르솜 메오르 하-골라의 감동적인 시에는 다음 같은 구절이 나온다.

성스러운 도시와 그 주변은
조롱과 약탈에 노출되고
모든 보물은 묻히고 감추어졌다.

그리고 이 토라 외에는 무엇 하나 남지 않았다.

여기서 토라는 구전과 문서로 된 토라를 함께 의미하는 게 분명하다. 그는 프랑스와 독일의 탈무드 대학에서 중요한 인물이었고 구전 율법은 예루살렘과 성전의 의식을 대체하는 중요한 활동으로 볼 수 있다.

여기서 우리는 종교가 추종자들의 사고를 변경하는 방식을 진지하게 받아들여야 한다. 출애굽기(11:2)에서 하나님은 히브리인들에게 이웃에게 금은보화를 빌리라고 지시하신다. 우리는 다음의 하가다 그림에서 그들이 금은보화를 들고 떠나는 모습을 분명히 확인할 수 있다. 히브리인들이 급히 나라를 떠나면서 이런 요구를 하는 게 이상할 수 있다. 특히 하나님이 분명히 계획하신 대로 그들이 오랫동안 광야에서 지내야 할 처지라면 더더욱 그렇다.

탈무드에 등장하는 랍비 야나이는 창세기 15장 14절("그들이 섬기는 나라를 내가 징벌할지며 그 후에 네 자손이 큰 재물을 이끌고 나오리라")을 인용하면서 아브라함에게 그의 후손들이 이집트를 떠나면 부자가 될 것이라는 약속을 지키기 위해서였다고 말한다(Berakhot 9a-b). 히브리인들은 노예 생활을 청산하고 과거의 수고에 대한 상징적 보상으로 귀한 물건을 소유하면서부터 자유인답게 새롭게 사고할 수 있었을 것이다.

출애굽기를 주석한 미드라쉬는 히브리인들이 이전 주인에게 가서 과거에 아무것도 받지 못한 것에 대가를 치르게 하는 것이 간단하지 않았다는 식으로 설명한다. 이것 때문에 그들은 모세와 그의 사명

금박으로 장식된 황금 하가다는 히브리인들이 탈출 직전에 금은보화를 이집트인들에게 탈취하는 것으로 묘사한다(1325-1349, 스페인).

을 처음 대할 때 내보였던 냉담함을 뒤집는 방향으로 나아갈 수 있었다(출 6:9).

광야를 지날 때 히브리인들은 곧잘 우울해하고 이집트를 떠난 것을 후회하고 적어도 먹고 마실 수 있는 나라에서 편안하게 살던 시절을 그리워했다. 마이모니데스에 따르면 노예의 사고방식에서 자유인의 사고방식으로 바뀌기 위해 사막에서 40년을 보냈다고 한다. 이런 변화는 점진적으로 일어나는 과정이었기 때문이다. 여기서 정말 중요한 것은 상상력, 그러니까 자신에 대한 새로운 사고방식을 개발하는 것이고 그 과정을 시작하는 방법은 억압자에게서 무엇인가를 빼앗는 것이다. 그리고 나면 스스로 통제할 수 있다고 생각하기 시작한다.

금과 은은 다른 곳을 향해 나라를 떠나는 사람들의 새로운 상징이었다. 실제로 그들이 나라를 떠날 때 받게 될 큰 보물을 성경 주석자들은 그들에게 주어질 율법으로 간주하기도 한다. 금과 은은 훨씬 더 가치 있으면서도 덜 물질적인 것을 가리키는 표식이다.

성전이 파괴되자 유대인들은 자신이 누구인지 하나님과 어떻게 관계를 맺어야 할지 지시하는 새로운 상징이 필요했다. 이 중요한 역할은 회당이 아니라 구전 율법이 떠맡았다. 구전 율법은 성경과 미쉬나의 성격을 구체화하기 위해 고안된 하가다(이야기)가 가득하고 읽는 이들에게는 하나님과의 관계를 탐구하는 상상력의 토대가 된다. 이 이야기에는 또 다른 이야기, 카발라, 유대 신비주의 문학, 후대 사상가들의 일화가 넘쳐난다. 이 모든 이야기는 기도의 중심지가 사라진 상황에서 독자들이 무엇을 어떻게 기도해야 할지 깨우치는 과정에 영향을 주려고 했다.

그런데 중심지가 파괴되었어도 여전히 돌아가고 한층 더 활기를 띠는 경우가 가끔 있다. 이런 일이 유대교에서도 분명히 있었다. 역사가 즐겨 제시하는 역설 가운데 하나는 오늘날 팔레스타인 사람들에게도 그런 일이 똑같이 일어나고 있다는 것이다. 이스라엘 군대가 팔레스타인을 상대로 다양한 정치 및 군사 전략으로 연승을 거두고 있지만 팔레스타인은 파괴되지 않았을뿐더러 더욱 강력하고 억지력을 갖추고 있는 것처럼 보인다. 이스라엘은 점점 더 당황하고 있다. 지금쯤이면 팔레스타인은 투쟁을 포기해야 하는 게 아닐까?

사실, 수천 년 동안 유대인이 이스라엘 땅과의 관계나 그 땅으로의 궁극적 귀환에 대한 상상의 이야기를 마음에 간직해 온 것처럼 아랍인도 마찬가지다. 그리고 유대인이 현재 자신들의 오랜 투쟁을 마침내 성공적인 것으로 인정하게 만든 힘은 아랍인에게도 힘이 될 수 있다.

마이모니데스는 상상력과 그것이 중요한 지식을 얻는 데 미치는 역할을 엄격하게 비판했지만(Leaman, 1988), 종교에서는 아주 중요한 구실을 한다. 저명한 사상가 쉬므온 두란의 아들인 랍비 쉴로모 두란은 무슬림이 모스크에서 하듯이 예배자들이 회당에서 신발을 벗어야 하는가에 대해 흥미로운 답변을 남겼다. 질문자는 마이모니데스가 신발을 벗을 필요가 없다고 말한 것을 언급한다. 회당이 위치한 지역의 규칙을 따르는 게 옳다는 것이다.

기독교 세계에서는 신발을 신는 것과 드나드는 건물을 존중하는 것은 서로 무관하지만, 무슬림 세계에서는 신발을 신으면 존중하지 않는다는 뜻이다. 여기서 중요한 것은 지역의 지배적인 규정이 무엇이고 그것이 존중하는 것에 어떤 영향을 미치는가 하는 것이다(Responsea, 38). 지역의 상황이 중요한 까닭은 무엇일까? 그것은 사람들이 생각하는 방식을 반영하기 때문에 관계가 있다.

과거에는 이스라엘로 돌아가려는 생각이 공동체를 결속하는 역할을 했고 이것은 기도와 의식에서 곧잘 언급되었고 지금도 여전하다. 오늘날에는 유대인이 이스라엘로 돌아가는 일이 어렵지 않지만 많은 유대인이 선호하지 않기 때문에 또 다른 목표가 필요하다. 유대인 대부분에게 이것은 이스라엘을 지원하고 많은 적과 싸우는 것이다. 그들은 일반 국가처럼 온갖 문제가 존재하는 실제 국가가 아니라 사막에 꽃이 피고 사나운 적에 맞서 고귀한 땅을 지키는 이상적 장소를 꿈꾼다. 상상력은 이상적인 생각과 함께 작용하고 우리의 사고를 구성하고 방향을 제시한다.

그렇지만 어떤 생각이 종교의식에서 자주 언급된다고 해서 실제로 중대한 동기를 부여하는 개념으로 가정하는 일은 조심해야 한다. 그럴 수도 있겠지만 그렇게 단순하게 제시하면 효과적이지 않을 가능성이 크다. 공동체 구성원이 일단 그 개념을 구체적으로 살펴보고 어떻게 작동하는지 파악하면 사람들을 통합하는 분명하고 직접적인 역할을 상실할 수도 있다.

끝으로 과거와 현재를 막론하고 유대인들은 이스라엘로 돌아가려는 열망보다 자신이 사는 지역이나 태어난 곳을 더 자랑스러워할 때가 많다는 것을 언급할 필요가 있다. 예를 들어, 마이모니데스는 종종 자기 이름에 알-쿠르투비를 덧붙였다. 이것은 그의 아버지를 직접 지칭하는 코르도바 출신이라는 뜻이다. 헤르만 코헨(1842-1918)은 시온주의에 반대하면서 독일이 유대인에게 약속된 땅이지 이스라엘 땅이 아니라고 주장했다.

다음의 탈무드 구절에는 바빌로니아에 대한 자부심이 담겨 있다. "이스라엘에서 토라가 잊히자 에스라가 바빌로니아에서 와서 복원했고 다시 잊히자 바빌로니아 사람 힐렐이 와서 복원했고 그래도 다시 잊히자 랍비 히야와 자식들이 와서 정리했다"(Sukkah, 20a).

바빌로니아는 유대인이 포로로 끌려갔던 곳이고, 1차 성전 역시 바빌로니아가 파괴했음에도 그렇게 높게 평가하는 것은 흥미롭다. 2차 성전이 존재했을 때도 유대인들은 바빌로니아에서 대부분 무척 행복하게 지내고 있어서 회당과 기도가 당시 성전과 아주 쉽게 공존한 것으로 보인다. 따라서 성전이 없었을 때 기도와 회당이 번성했다는 주장은 사실이 아닐 수 있다.

유대교는 공통된 신앙과 원리에 기초한 종교일까

　유대교가 신조에 바탕을 두고 있는지에 대한 논란은 오랫동안 계속되고 있다. 일부 영향력 있는 사상가들은 그렇게 주장하지만 달리 생각하는 사람도 없지 않다. 사실 이것은 종교 전반에 대한 일반적인 문제라고 할 수 있다. 종교는 변경할 수 없는 특정 원칙을 근거로 자신을 정의하는가, 아니면 훨씬 더 유연한 실천과 믿음의 집합체에 불과한 것인가? 종교 권위자들은 대개 전자를 강조한다. 이것은 그들이 누리는 지위의 근거가 되기 때문이다. 그래야 종교의 기본적인 공리들을 해석하고 설명할 수 있다. 게다가 이것은 종교에 대한 우리의 직관과도 잘 맞아떨어지지만 여기서 직관은 늘 그렇듯이 우리를 실망하게 만든다. 마이모니데스에 따르면 유대교에는 13개의 원칙이 존재한다(미쉬나에 대한 그의 주석인 Sanhedrin 10장 볼 것).

- 독립적인 창조자의 존재에 대한 믿음
- 창조자의 통일성
- 하나님은 몸이 없어 그를 묘사하는 데 사용되는 의인화된 언어는 우리 관점에서 그가 어떤 존재인지에 관한 생각을 구하는 데 도움이 될 뿐이다. 문자 그대로 받아들이면 안 된다.

- 하나님은 만물 이전에 존재하셨고 만물이 사라져도 존재하실 것이다.
- 오직 하나님만 숭배하고 어떤 피조물도 숭배하면 안 된다.
- 선지자들은 완전하고 탁월한 지성을 갖추고 있다.
- 모세는 선지자 중 가장 위대한 사람이다.
- 토라는 하늘에서 왔다.
- 토라는 완전해서 더하거나 뺄 게 없다.
- 하나님은 우리가 무엇을 하든 알고 계신다.
- 하나님은 계명에 순종하는 자에게 상을 주고 그렇지 않은 자를 벌하신다.
- 메시아는 올 것이다.
- 죽은 자는 부활할 것이다.

이 목록이 지닌 문제는 우리가 어떻게 해석해야 할지 알기 어렵다는 것이다. 마이모니데스는 이렇게 종교 교리를 작성하면서 자신에게 이 원칙이 갖는 의미를 개략적으로 설명할 의무가 있지만 제대로 설명하려면 상당한 시간이 필요하다고 주장했다. 따라서 모든 유대인이 그 원칙을 받아들여야 한다고 말하는 게 무슨 뜻인지 확실하지 않다. 유대인이 무엇을 믿고 사실로 받아들이는지 분명하지 않기 때문이다.

예루살렘 탈무드는 다양한 언어를 거론하면서 "애도는 아람어, 연설은 히브리어"라고 말한다(Megillah 1:9). 이것은 적어도 성경 곳곳에 드러나 있는 히브리어의 특징, 그러니까 히브리어가 전반적으로 명확하고 아주 현실적인 언어라는 점을 지적하는 것이다. 히브리어는 특히 날씨, 풍경, 가축, 사건에 대한 사람들의 반응처럼 시간과 장소에서 중요한 것을 묘사하는 데 아주 뛰어나다. 성경 전체와 나중에 등장한 주석들은 일을 처리하고 소통하는 히브리어의 능력을 상당히 확신한다.

신비주의자들은 언어만으로는 충분하지 않고 특별한 경험과 초자연적 존재와의 한층 더 직접적인 접촉이 필요하고 내부에 존재하는 비밀을 보여주는 특별한 해석의 틀로 언어를 분석해야 한다고 주장하지만 이것은 성경의 언어에 대한 표준적 견해가 아니다. 주석자들이 주도하는 탐구와 조사가 필수적이다. 가끔 독특하고 간접적인 방식으로 낱말을 연결하고 때로는 문자를 바꾸거나 다른 낱말의 숫자 값을 조작한다. 그리고 의미를 네 가지 방식으로 종종 구분하기도 한다.

히브리어 낱말은 네 가지 방식(페샷, 레메즈, 데라쉬, 소드)으로 해석한다. 첫 번째 페샷은 평범한 문자적 의미, 두 번째 레메즈는 암시, 세 번째 데라쉬는 비유, 그리고 마지막 소드는 비밀이라 의미가 가장 애매하다.

각 낱말의 첫 네 글자를 조합해 만든 파르데스(또는 파라다이스)는 본래 히브리어 낱말이 아니고 문자적으로는 정원, 여기서는 낙원의 정원이라는 뜻이다. 다양한 방식으로 의미를 파악하는 게 중요하다. 첫 글자를 세 가지만 사용하면 노새라는 뜻의 페레드가 된다. 시편 32편 9절은 그 동물의 지적 한계를 분명히 언급한다! 이것은 평범한 수준의 해석을 고집하면 실제로 멀리 갈 수 없다는 것을 암시한다.

예를 들어 마이모니데스는 하는 일이나 그 이유를 제대로 알지 못하는 일반 신자에 상당히 비판적이다. 그렇다고 여기서 그가 더 심오하고 신비한 지식을 널리 공유해야 한다고 주장하는 게 아니다. 오히려 종교인은 자기 인식을 종교 가운데 일부로 받아들이라고 주장한다. 도덕적인 사람이 자기가 하는 일의 이유를 자문하듯 이것은 단순히 규칙을 맹목적으로 따르는 게 아니라 도덕 가운데 일부이기 때문이다. 마이모니데스에 따르면 종교인 역시 성경을 읽는 수준에서 그치지 않고 그것을 논의하고 의미를 이해하려고 노력할 의무가 있다.

예루살렘 탈무드에 따르면 히브리어는 말의 언어이다. 이것은 사람이 소통하는 것을 이해하는 방식이고 사용자에게 소통의 통로를 제공한다는 뜻이다. 당연히 주석하는 사람들은 유대인 고유의 히브리어에 상당히 자부심이 있었다. 히브리어는 유대인의 독특한 언어로 동족들이 그리스어와 아람어 같은 다른 언어에 이끌렸을 때 당연히 그것을 방어하려고 했을 것이다.

주석자들이 구사하는 히브리어에 대한 매우 복잡하고 정교한 접근 방식을 살펴볼 때 우리가 기억해야 하는 기본 전제는 그 언어가 명확하고 이해하기 쉽다는 것, 즉 읽고 듣는 사람이 쉽게 말하고 의미를 바로 파악할 수 있다는 것이다. 언어를 익히는 것은 종종 기계적인 암기, 규칙 학습, 철자 외우기 등으로 이루어지는데 히브리어 역시 다르지 않다. 그렇지만 초창기 유대인 공동체가 교육을 강조한 것은 언어 습득만이 아니라 개인이 제대로 언어를 익히고 습득해 언어 안에서 일어나는 일을 이해할 수 있는 방식을 잘 보여준다.

주석자가 하는 일은 주장과 해설을 추가해서 지식을 보충하는 것이다. 그러나 주석이 점점 더 복잡해지고 영향력이 확대되면서 언어 그 자체를 이해하는 데 방해가 되는 경향이 있었고 독자가 알아야 할 모든 내용이 주석으로 처리되어서 히브리어 문법이 아니라 주석만 알면 성경을 이해할 수 있다고 생각하는 상황이 발생했다. 말하자면 문법을 직접 탐구하면 위험하고 파괴적일 수 있고 균형을 깨뜨리고 부적절한 해석을 초래할 수 있다는 것이다.

이와 같은 논쟁은 본문을 해석할 권한을 독점하는 엘리트 집단이 그것을 다른 사람에게 양도하기를 꺼리는 종교에서 곧잘 발생한다. 유대교 계몽주의(또는 하스칼라)의 특징 중 하나는 히브리어를 명확하게 이해할 수 있는 언어의 매개체로 접근해야 한다는 점을 강조한 것이다. 독일 유대학(Wissenschaft des Judentums) 운동은 언어뿐만 아니라 중요한 유대교 문헌을 생산한 사회 조건에도 전반적으로 관심을 가졌다. 문헌을 이해하는 또 다른 방법을 제공해서 전통적인 종교 권위자들과 그들의 해석과 전통이 누려온 권력을 탈취하려는 의도였다.

종교적으로 이런 움직임은 상당히 혁명적이었고 이런 변화를 거친 종교가 회복된 경우는 거의 없다. 실제로 유대교는 단일 종교의 모습을 두 번 다시 회복하지 못했다. 어떤 사상가 집단이 종교 문헌의 의미를 최종적으로 결정할 권한이 없다는 사실이 알려지면 그들은 문헌을 기록한 언어를 독점할 수 없게 되고 권력은 다른 사람들에게로 넘어간다. 이 새로운 권력이 반드시 옛 체제보다 우월할 필요는 없지만 적어도 권력을 넘겨받는 대상은 달라진다.

우리는 세월이 흐르고 성전이 파괴되고 유대인 공동체가 전 세계로 흩어져서 성전의 제사장이나 그들과 가까운 사람의 영향력이 약해졌다는 말을 종종 듣는다. 그리고 시간이 지나서 바빌로니아와 다른 유대인 세계 간의 거리가 멀어지고 그에 따라 바빌로니아 아카데미의 영향력이 줄고 지역 종교 권위자들에 대한 의존도가 더 커졌다는 것도 마찬가지다. 이 모두가 사실이라고 해도 유대인만의 특별한 역사적 발전이라기보다는 종교의 일반적 특징, 즉 세월의 변화에 따라 종교 지식이 민주화되는 과정이다. 종교 권위의 위대한 중심지들이 권력을 유지하거나 아니면 과거처럼 성공적으로 권위를 행사할 수 없게 되었다는 뜻이다.

이것의 특징 중 하나는 종교가 이해할 수 없거나 신비롭게 느껴지지 않도록 사람들이 쉽게 사용하고 이해하는 방식으로 종교를 단순하게 표현하려는 욕구이다. 여기서 원칙이라는 개념은 종교를 정의하고 타 종교와의 다른 점을 명확하게 표현하는 신조로서 유용하다. 우리는 이런 명제와 원칙에 대한 열정이 어디서 생겨나는지 분명히 알 수 있지만 그렇다고 해서 그것이 종교를 제대로 설명한다고 인정해야 한다는 뜻은 아니다.

그렇다면 신조가 없으면 무엇이든 허용한다는 뜻일까? 답은 '아니오'이다. 신조는 종교의 범주에 포함하는 것을 제한하는 게 아니라 종교를 무한정 확장해서 문제가 된다. 종교를 압축한 원칙의 집합 그 자체를 해석해야 하기 때문이다. 따라서 문제를 간단하게 만든다고 주장하는 게 오히려 생각하지 못한 복잡성의 원인이 되기도 한다. 이것은 유대교만이 아니라 모든 종교와 관계가 있다.

우리는 종교가 단순히 사상의 목록에 불과하다는 생각에 맞서야 한다. 이것은 거짓이고 위험하다. 종교에 대한 어떤 진술을 제시하고 그것이 종교 자체를 압축한다고 주장하면서 종교를 쉽게 공격할 수 있기 때문이다. 결국, 특정 종교를 옹호하는 사람이 이러한 진술에 매달리고 긍정적으로 표현한다면, 그 종교의 경쟁자들은 왜 똑같이 행동할 수 없는 것일까? 종교는 너무 복잡하고 신념뿐만 아니라 실천과도 얽혀 있어 쉽게 이해할 수 있는 원칙으로 정의하기에는 무리가 있다. 유대교 역시 예외가 아니다.

유대인은 정의에 관심이 많을까

유대인은 종종 자신들이 정의에 특별히 관심이 많다고 생각하고 성경에서도 정의와 그 중요성을 분명히 자주 언급한다. 개혁파 공동체는 기도를 '티쿤 올람'으로 대부분 대체했다. 티쿤 올람은 세상을 치유하거나 개선한다는 뜻이고 정의를 발전시킨다는 말과 같다. 많은 유대인이 사회 운동에 참여해 왔고 오늘날 적지 않은 유대인이 친팔레스타인 운동에도 열정적으로 관여하는 것 같다.

이스라엘에서는 일부 유대인이 팔레스타인 사람들의 권리를 옹호하기 위해 상당히 노력을 기울이고 있지만 팔레스타인 사람 가운데는 유대인 이웃의 복지에 관심을 두지 않는 경우가 있다. 대다수 유대인 공동체와 다른 행동을 하는 유대인은 자신들의 입장을 옹호하면서 종종 유대인으로 성장한 배경을 내세운다. 마치 유대교가 자신이 내면화한 정의에 특별한 열정을 가지고 있고 그것이 그들의 행동을 이끄는 원동력이 되는 것처럼 말이다.

모든 아브라함 종교가 정의를 곧잘 입에 올리고 있지만 어떤 종교가 다른 종교보다 더 정의를 추구한다고 주장할 수 없다(이것은 정의를 전혀 거론하지 않았다는 뜻이 아니다). 유대교의 법체계는 유대교와 관련된 분쟁을 용인하는 경향이 있다. 법에 관한 한 모든 사람이 해석에 합의하지 않아도 유효할 수 있다. 중요한 것은 법이 무엇인지 명확한 합의가 있어야 한다는 것이다. 그렇지 않으면 평범한 유대인은 자신이 무엇을 해야 할지 혼란에 빠질 것이다. 합의는 모두 동의한다는 게 아니라 대부분이 동의한다는 뜻이고 반대자들은 실제로 실행에 영향을 미치는 게 아니라 자기 의견을 이론적 대안으로 계속 제시할 수 있다는 것이다(Sanhedrin 11:2).

랍비들은 법적 절차의 중요성을 아주 열정적으로 강조해서 심지어 하나님까지 매일 새로운 율법을 가르치는 베트 딘('심판의 집')에서 함께 일하신다고 주장했다(Genesis Rabbah 64:4). 예루살렘 탈무드의 산헤드린(1:1, 18a)에는 랍비 이스마엘 요세의 주장("오직 한 분이 심판하니 홀로 심판하지 말라", 열조의 교훈 4:8)에 대한 주석이 계속 이어진다. 랍비 유다 파지는 여기에 만족하지 않고 하나님조차 혼자 판단하시지 않는다고 확대한다. 랍비 요하난은 하나님은 하늘의 법정과 상의하지 않고는 어떤 일도 하시지 않는다고 했고 랍비 엘레아자르는 '주 하나님'이라는 표현에는 하나님뿐 아니라 그분의 법정까지 포함된다고 주장한다. 이것은 랍비들의 전형적인 과장일 수 있지만 만일 하나님조차 조언을 받아야 한다면 인간이 조언을 듣는 것은 아주 당연하다는 점에 주목해야 한다.

하나님이 무엇을 해야 할지 무엇이 정의로운지 또는 법이 어떤 형태여야 하는지 파악하려고 누군가의 도움을 받아야 할까? 당연히 그렇지 않다. 하지만 다른 사람의 생각을 고려하라는 요구는 자신만 의지하지 말고 그들에게 개방적으로 대하라는 뜻이다. 열조의 교훈에서 벤 조마는 "지혜로운 사람은 누구인가?"라고 묻고는 "모두에게 배우는 사람"이라고 대답한다(4:1). 벤 아짜이는 이런 생각을 확장해서 "모든 사람과 의견은 가치가 있으니 아무것도 시간 낭비라고 생각하지 말라"고 말한다.

겸손을 존중하는 이 평범한 주제는 열조의 교훈을 통해 널리 퍼졌다. 아마도 주전 100년부터 주후 200년 무렵까지 주석자로 활동한 랍비들(타나임)이 행동 규범을 정하면서도 자신을 특별하게 여기지 않으려 했던 어려움을 반영한 것 같다. 어떤 분야, 특히 종교 분야에서 권위자가 되는 게 쉽지 않지만 자신을 고상한 사람으로 여기지 않는 것도 마찬가지로 어렵다.

실제로 미쉬나는 아주 절제된 태도를 제시한다. 랍비들은 유용한 지침이 되기를 바라면서도 명령하기보다는 행동을 풀어서 설명한다. 200년에서 600년 사이에 활동한 후대 주석자들인 아모라임은 미쉬나는 물론, 다양한 미드라쉬와 바라이톳('구전 토라') 등 랍비들이 남긴 다른 주석 작품을 검토했다. 그들은 그 작품들이 갖는 법적 의미에는 자주 동의하지 않으면서도 주류의 의견은 거부하지 않았다. 유대계 철학자인 한나 아렌트가 기대한 게 바로 이것이다.

만장일치 의견은… 우리가 본성과 신념이 다르다는 사실에 기초한 사회적, 개인적 삶을 파괴한다. 다른 의견을 갖고 다른 사람들이 같은 문제에 대해 다르게 생각한다는 것을 인식하는 것은 모든 토론을 중단시키고 사회적 관계를 개미집으로 축소하는 신적 확실성에서 우리를 보호한다. 만장일치 여론은 대중의 획일성은 합의의 결과가 아니라 광신주의와 히스테리의 표현이기 때문에 다른 의견을 가진 사람들을 육체적으로 제거하는 경향이 있다(Arent, 1978, 182).

오븐을 정화하는 법에 얽힌 아주 유명한 일화가 있다. 이미 랍비 사이에 공통된 의견이 있었지만 랍비 엘리에셀은 하나님이 지지하신다고 확신하는 또 다른 입장을 고집했다(Bava Metzia 59b). 랍비들은 하나님에게 자신들에게 맡겨달라고 정중히 요청하는 한편 법적 분쟁의 해결책은 하늘이 아니라 랍비 집단의 공동 결정에서 구해야 한다는 점을 은근히 강조하려고 "하늘에 있는 것이 아니니"(신 30:12)라는 성경 구절을 인용한다. 하지만 사실 이 구절은 그런 해석에 맞추어 과장한 것이다.

"하늘에 있는 것이 아니니"라는 표현은 모세가 이스라엘 백성에게 마땅히 해야 할 일의 중요성을 강조하는 긴 연설에 등장한다. 하나님은 그들이 해야 할 일을 어렵지 않게 확인할 수 있다고 말씀하신다. 이미 그것에 대해 알려주셨고 그 정보에 접근할 수 없는 곳, 예컨대 하늘에 숨겨두지 않았기 때문이다. 하지만 이 대목에서 우리가 해야 하는 일을 하나님이 아니라 랍비들이 결정해야 한다는 주장으로 넘어가는 것은 엉뚱해 보인다. 하지만 이런 식의 추론은 탈무드에서 자주 등장한다. 어쩌면 이 구절을 확대해 다른 의미를 도출할 수도 있지만 어쨌든 이것 덕분에 법이 갖는 실체를 확인하게 된다. 그러니까 법은 특정 시기에 자격 있는 사람끼리 합의한 사항이다.

따라서 전통적인 유대인의 의사 결정 방식, 심지어 하나님이 내린 결정까지도 합의, 동의, 소수의 의견을 존중하는 게 중요하다. 이것이 바로 우리가 정의라고 부르는 개념을 구성하는 요소들이다. 이것은 정의의 형식적 특징이고 별다른 정치적 의미는 없다. 그런데 종종 거론되는 유대인의 특징 중 하나는 정치에서 좌파 성향에 쉽게 이끌리는 경향이 있다는 것이다. 유대인이 전반적으로 번영을 구가하고 소득 수준이 일반보다 높은 미국에서도 유대인들은 여전히 급진적인 운동에 자주 참여한다.

정치학자들은 종종 유대인이 WASPS(백인, 앵글로색슨, 개신교 신자)처럼 살고 푸에르토리코인처럼 투표한다고 말한다. 예를 들어, 2008년 미국 대통령 선거에서 유대인보다 버락 오바마를 더 많이 지지한 유일한 집단이 아프리카계 미국인이었다. 1960년대 남부의 인종 분리와 유권자 권리를 위한 투쟁에서 유대인들은 자원봉사자의 절반을 차지했고, 1964년 미시시피주 필라델피아에서 큐 클럭스 클랜(KKK)에게 살해된 세 명 중 한 명이 유대인이었다. 극단적인 집단들, 예를 들어 극좌파, 여성주의 및 동성애 해방 운동에서도 유대인들은 중요한 역할을 맡고 있고 그것은 상당 기간 이어져 왔다.

하지만 이것은 예상하지 못했던 상황이다. 소수 민족이 번영하고 원래 살던 지역을 떠나면 보수적 사상에 더 자주 동조하고 이것을 투표에 반영할 것이라고 예상한다. 그러나 미국 전체가 공화당에 투표하는 상황에서도 유대인은 민주당을 선호한다. 지난 스물한 번의 선거에서 그랬고 앞으로도 그럴 것이다. 물론 주목할 만한 우파 유대인 사상가나 정치인이 없는 것은 아니지만 유대인 유권자의 주류는 진보적인 후보를 지지하는 경향이 강하다.

어째서 이런 일이 일어나는지 많은 논쟁이 있었고 일부에서는 정의가 전통적인 종교의 대체 활동으로 작용하고 있다고 주장했다. 계몽주의의 도래로 종교 사상이 배경으로 밀려나면서 통합을 위한 또 다른 매개체가 필요했고 결국 누구나 바람직하게 여기는 정의가 그것을 대신하게 되었다는 것이다. 하지만 성경에서 요구하는 정의와는 근본부터 분리된 공동체가 성경의 교훈에는 무관심하면서도 어째서 이런 운동에는 열정을 가져야 할까?

여기서 결정적인 요인을 반유대주의에 대한 기억이나 과거에 우파가 지지했던 교리에 돌릴 수 없다. 오늘날 반유대주의는 주로 좌파에서 발견될 가능성이 크지 않지만 전혀 없다고는 할 수 없다. 이것은 유대인 사이에서도 마찬가지다. 하지만 어쩌면 오랜 박해의 역사 때문에 유대인은 여전히 자신들을 잠재적 희생자로 간주하고서 현재 어려움을 겪는 다른 희생자들과 동일시하고 있는지 모른다.

이것이 영향을 미쳤을 가능성도 있다. 낯선 사람을 존중하라는 언급은 종종 "너희도 애굽 땅에서 나그네였음이라"(출 22:21)는 구절을 되새기는 것이다. 유월절 예배는 종종 참석자에게 자신이 또다시 이집트에 있는 것처럼 느끼게 만들고 유대교 연중행사들도 과거의 박해와 희생을 자주 언급한다. 그렇다고 유대인 대부분이 축제나 회당 활동에 그렇게 많이 참여하지 않고 토라를 공부하는 것도 아니라서 이 메시지가 유대인에게 전달되는 방식은 이해하기가 쉽지 않다. 미국 유대인은 거의 모두 세데르(유월절 만찬)에 참석한다. 하지만 그들이 실제로 유월절의 본질을 얼마나 깊숙이 생각하는지는 논란의 여지가 있다. 실질적인 반유대주의의 경험은 현대 유대인들과 너무 멀리 떨어져 있어서 강력한 동기를 부여하는 요소로 간주하기는 어렵다.

어쨌든 미국 이외의 국가에 거주하는 유대인들은 대개 사회 경제적인 지위에 따라 투표하고 좌파적 성향은 찾아볼 수 없다. 예를 들어, 이스라엘은 독립 이후 처음 30년 동안은 좌파 정부가 집권했지만, 1977년 이후로는 우파 성향이 강해졌다. 그렇다면 정의에 몰입하는 전통적 유대인들이 미국에만 있기 때문일까, 아니면 미국에서만 정치 성향이 좌파에 치우쳐 있기 때문일까? 유대인이 타인과의 사적 거래에서 더 정의롭다는 증거가 있을까? 당연히 그렇지 않다. 적어도 중요한 유대교 문헌이 정의를 강조한다는 것 정도는 알고 있는 전통적 유대인들은 어떨까? 비전통적 유대인들은 성경에 대한 지식이 없거나 적어도 피상적으로만 알고 있으니 정의에 대한 열정이 존재한다고 해도 그것이 어떻게 생겨났는지 알기 어렵다. 유대인과 유대교에 대한 다양한 일반화와 마찬가지로 정의에 대한 이런 명백한 열정 역시 강한 의심의 눈초리로 바라볼 필요가 있다.

이스라엘이 존재했다면
홀로코스트는 일어나지 않았을까

이스라엘이 유대인의 고향이라는 생각은 특히 홀로코스트와 같은 재난의 시기에는 강력한 힘을 발휘한다. 나치가 유대인 희생자의 복지를 요구하는 호소에 보여준 잔혹한 반응 중 하나는 누가 그들을 데려가고 싶은지 묻는 것이었다. 나치는 유대인들이 다른 곳으로 떠나는 것을 기꺼이 허용했다. 유대인들은 대부분 갈 곳이 없었고 결국 도망칠 수 없는 국가에서 학살당했다. 만약 그 당시에 유대인 국가가 존재했다면 그들은 그곳으로 갔을 것이다.

하지만 이런 생각에는 약간 단순한 측면이 있다. 나치는 유대인의 이주를 원한 게 아니라 그들을 제거하려 했기 때문이다. 그런 사람들이 지배하는 세상에서 이스라엘이 살아남을 수 있었다고 보기는 어렵다. 한편, 초기에는 재산을 두고 간다는 조건으로 유대인이 독일을 뜨는 것을 허용했고, '최종 해결책'(*유대인들의 조직적인 대량 학살)을 계획하기 시작한 것은 독일 제3 제국이 의도하지 않게 대규모 유대인과 다른 집단을 통제하게 된 사실에 대한 반응이라는 증거도 있다.

이 집단은 그들뿐만 아니라 누구도 원하지 않았다. 비자 발급이 가능한 국가라면 유대인 난민을 받아들일 수 있었을 것이다. 그러나 1930년대와 1940년대 팔레스타인이 유럽의 모든 유대인을 수용할 수 있었다는 생각은 아주 비상식적이다. 과연 독일이 신흥 제국의 국경 근처에 작고 적대적인 국가, 그것도 자신들이 가장 혐오하는 민족 집단이 거주하는 국가가 출현하는 것을 바라거나 용납할 수 있었을까?

이스라엘에 대한 중요한 한 가지 사실이 있다. 이스라엘이 다른 세력들이 지원할 준비가 된 세상에서 유대인의 피난처 역할을 한다는 것이다. 이스라엘이 스스로 방어하는 기술과 결단력을 강조하는 것은 당연한 일이고 그런 능력에는 의심의 여지가 없다. 하지만 우리는 넓은 맥락에서 이해해야 한다. 만약 휴전 당시 소련이 체코슬로바키아에서 무기를 대량으로 수입하지 않았다면 이스라엘이 독립할 수 있었을까? 1973년 이집트와 시리아와의 전쟁에서 미국의 대규모 군사 장비 보급이 없었다면 이스라엘은 소모전에서 생존할 수 있었을까? 이스라엘이 서방의 영향권에 확고하게 들어가 있다는 이유로 적들은 공격으로 언어를 구사하면서도 아주 신중할 수밖에 없었다.

이상한 질문일 수도 있지만, 이스라엘은 처음부터 줄곧 서방 세력권에 속한다고 인정받았을까? 이스라엘은 처음 몇십 년 동안 정치적으로 상당히 좌파적 성향을 드러냈고 국가 차원에서 열성적으로 경제를 통제했다. 이스라엘 좌파가 결국 사회주의 진영과 따뜻한 관계를 포기한 것은 소련 및 동맹국과 오랜 적대적 관계가 시작되고 난 다음이었다. 그렇다고 서방과의 동맹이 이스라엘의 안전을 보장하지는 않는다. 이스라엘보다 훨씬 더 서방과 밀접한 관계를 유지하고 지원을 받았으면서도 낙오한 국가들이 많았다.

그리스가 대표적인 사례다. 19세기에 오스만제국에서 독립했고 유럽이라는 이름의 어원이 된 그리스는 기독교 유럽인들이 대단히 열광하는 대상이었다. 하지만 20세기에 튀르키예에서 아르메니아인과 그리스인이 학살되고 추방될 때 유럽 전체는 별다른 영향을 받지 않았다. 2008년과 2009년에 잠시 러시아 침략을 받고 거의 고통스러운 방식으로 서구를 모델로 삼았던 조지아가 21세기에 겪었던 운명 역시 이와 다르지 않았다.

이 두 사례는 그릇된 군사적 모험이 심각한 반발을 불러오기도 했지만 한 나라에 대한 막연한 동정심이 생존에 필요한 주요 자원이 될 수 없다는 사실을 보여준다. 히틀러가 유대인 학살을 계획할 때 어쩌면 아르메니아인들의 운명에 대한 지속적인 관심 부족을 고려했을 가능성이 크다.

이스라엘이 갖는 중요성은 유대인을 위한 안전한 피난처가 아니라 이제 그들이 적들과 맞서 싸울 때 무기력하지 않다는 것을 보여주기 때문일 수 있다. 중동의 지역적 특징이나 유대인 국가에 적대적인 나라들의 세력이 커지고, 이스라엘에 대한 빈약한 지원을 고려하면 이스라엘의 생존 능력을 확신할 수 없다. 이스라엘의 내부 분열도 마찬가지로 우려되는데 어쩌면 그게 더 큰 문제일 수도 있다. 잠재적으로 적대적인 아랍계 이스라엘 인구와 미온적인 전통적 유대인 인구의 급증은 군 복무를 해야 할 인구가 점차 줄어드는 상황에서 국가의 기반이 흔들리고 있다는 것을 가리킨다.

1,400만 유대인에 대한 전 세계 15억 무슬림의 적대감이 팽창하는 지금 최종 결론은 하나뿐이다. 일부 유럽 지역에서는 유대인이 무슬림 주민의 계속된 공격을 받아서 이미 소외되거나 쫓겨났다. 그들은 중동에서 이스라엘 병력과 싸우는 것보다 개인 사업을 하는 유대인을 개별적으로 공격하는 편이 훨씬 더 간단하다고 생각한다.

홀로코스트 이전에는 유대인이 유럽에서 가장 큰 비기독교 소수 민족이었다. 하지만 현재 유럽 대륙의 새로운 무슬림 인구와 비교하면 훨씬 더 많다. 이 새로운 소수 민족이 유럽 풍습에 적응하고 점차 세속적인 생활 방식을 받아들이게 되면 유럽을 대표하는 기독교 이후 문화와 행복하게 공존할 수 있지만 그런 일이 일어나지 않을 수도 있다. 20세기 말과 그 이후로 유럽이 이스라엘에 보여준 적대적 태도가 무슬림 시민들의 정치력이 증가한 데 따른 영향과 무관하다고는 볼 수 없다. 디아스포라 유대인 인구의 낮은 출산율과 높은 국제결혼 비율은 이스라엘의 존재에도 불구하고 유대인의 영향력이 점차 약화될 가능성을 내포한다.

끝으로, 유대인이 상대적으로 일부 지역에 집중하다 보니 적들은 마음만 먹으면 다수의 유대인을 아주 효과적으로 살해할 기회를 포착할 수 있다. 히틀러가 유럽을 완전히 장악하고 있을 때도 대량으로 살해하려면 여러 지역에서 유대인을 집합시켜 강제 수용소로 데려가야 했다. 오늘날 전 세계 유대인 자손들은 대부분 이스라엘의 지중해 연안과 몇몇 도시나 소규모 지역에 살고 있다. 유대인을 섬멸해야 할 적으로 간주하는 사람들에게는 아주 매력적인 광경이다. 중동 지역의 적들이 주장하듯이 유대인의 결집은 마침내 권력의 균형이 변화하면 그들을 더 쉽게 파괴할 수 있는 상황이 될 수 있다.

이런 논의의 핵심은 이스라엘이 생존할 수 없다거나 이스라엘을 둘러싼 이웃 국가들이 항상 이스라엘 주민을 파괴하려고 한다고 주장하는 게 아니다. 그렇지만 이스라엘이 유대인을 이스라엘 국가 안에서나 다른 곳에서 이전보다 더 안전하게 만들었다는 증거는 거의 찾아볼 수 없다. 유대인의 국가인 이스라엘은 유대인이 가졌던(그리고 여전히 세계 여러 곳에서 가지고 있는) 사회적 낙인을 그대로 계승했고 적을 수없이 마주한 유대인의 생존에 이스라엘이 어떻게 이바지할지는 여전히 가늠하기가 쉽지 않다.

유대교는 (단지) 신념의 체계가 아니라 총체적 생활 방식일까

모든 종교는 (단순한) 신념 체계가 아니라 생활 방식이다. 특정 종교 지지자들은 그 종교가 다른 종교와 달리 얼마나 진지한지 보여주려고 실용적인 측면을 곧잘 강조한다. 생활 속에서 유대 율법을 따르는 사람은 지켜야 할 규칙이 많고 탈무드를 실제 생활 지침서로 공부하는 사람은 분명히 자신의 종교에 대한 해석을 바탕으로 행동하게 된다. 그런데 이것은 무슬림이나 그리스도인 역시 마찬가지다. 몇 가지 신념만 받아들이면 무엇이든 할 수 있는 게 아니라서 여기서도 유대교에 대한 유대인의 다양한 태도를 구분할 필요가 있다. 유대인은 대체로 생활 방식에서는 이방인 이웃과 다를 바 없다. 대부분은 국적을 취득하는 것처럼 출생하는 순간 유대인이 되었기 때문이다.

그런데 유대인 가운데 일부는 생활 방식까지 철저하게 요구받는다. 그들은 종교가 완전히 감싸고 있고 전통적인 종교 형태를 유지하는 유대교의 법과 의식을 철저하게 준수하고 거기에 맞추어 삶을 조직한다. 깨어 있는 모든 순간에 생활 방식, 함께 사는 사람, 먹는 것, 입는 것에 규제를 받는다. 유대교는 삶의 일부가 아니라서 모든 것이 영향을 받는다. 유대교처럼 겉보기에 사소한 것까지 법으로 규제하는 종교는 드물다. 열조의 교훈에 따르면 유대인은 중요한 계명처럼 사소한 계명까지 조심해야 하지만 사실 언제나 그렇게 구분하는 것은 간단하지 않다.

하지만 여기서 중요한 것은 종교를 진지하게 받아들이는 사람과 그렇지 않은 사람 간의 차이가 아닐까? 경건한 그리스도인이나 무슬림은 의무적으로 지키는 식사법이 간단할 수 있지만 종교 생활에는 그 밖의 중요한 것을 상당 부분 고려해야 한다. 수도사와 수녀의 경우에는 당연히 기독교가 삶 전체에 영향을 미치고 무슬림의 삶은 대부분 기도와 경전 공부를 중심으로 돌아간다. 어떤 기독교 단체는 안식일을 아주 중요하게 여기고 유대인처럼 복잡한 행동 규칙을 지키고 있고 인도의 자이나교도는 음식과 살생에 관한 아주 엄격한 법을 지키려고 무던히 노력한다.

우리는 종교마다 다른 종교와 매우 다른 특징이 있다는 말을 자주 듣는다. 이것은 긍정적일 때도 있고 그렇지 않은 때도 있다. 이 글을 쓰고 있는 지금 유럽에서는 이슬람이 다른 종교와 너무 달라서 세속적인 서구 사회에 통용되는 규칙에 맞는지를 놓고 활발한 논의가 진행 중이다. 이슬람은 단순한 신념 체계가 아니라 전체적인 생활 방식이고 이슬람과 접촉하는 타 종교를 지배하려 든다는 것이다. 이것은 종교의 본질에서 비롯된 것이다.

그런데 이런 모습은 유럽 무슬림의 평범한 삶의 경험이나 현실과는 거리가 있다. 종교가 오랫동안 살아남을 수 있었던 것은 다양한 환경에 적응하고 변화할 수 있었기 때문이다. 유대인이 자신들의 종교가 다른 어떤 종교보다 훨씬 더 나은 생활 방식이라고 자부하는 것은 잘못된 생각이다. 종교는 대부분 추종자의 생활 방식에 엄격하고 각기 다른 방식으로 실천한다는 것을 고려하면 특정 종교를 우선시하고 다른 종교를 희생하는 것은 매우 부적절하다.

유대인은 인종일까

유대인을 인종으로 분류할 수 있을까? 유대인의 적들이 종종 그렇게 간주하거나 유대인이 직접 그런 표현을 구사할 때도 있다. 하나님은 사람과 두 가지 언약을 맺으셨다. 노아와 맺은 언약은 모두에게 적용되고 아브라함이나 나중에 모세가 이스라엘 백성과 함께 하나님과 맺은 언약은 유대인 후손에게 적용된다고 여긴다.

성경을 보면 족장의 자녀 중 상당수가 이스라엘 사람 아버지와 이교도 어머니 사이에서 태어나 출신이 무척 다양하다. 이것은 전통적 공동체가 유대인을 정하는 현대의 규칙과 다르다. 유대인을 결정하는 기준은 어머니나 성인이 될 때 자녀가 갖는 신앙에 따라 달라진다. 개혁파 운동은 유대인 부모가 어느 쪽이든 자녀는 유대인이고 이것이 성경의 증거와 일치한다고 본다.

반면에 전통적 유대인은 성경의 사건이 대부분 토라가 주어지기 전에 일어났고 그들에게 적용되는 규칙이 선포되고 발효된 것은 그 이후라고 말한다. 이집트를 떠난 사람들을 혼합된 무리('잡족')를 가리키는 에룹 라브(eruv rav)로 종종 간주한다(출 12:38). 세월이 어느 정도 흐르고 모세(출 24장)가 황소를 바치는 제사를 지내면서 피의 절반을 제단에 그리고 나머지를 이스라엘 백성에게 뿌리면서 '언약의 피'라고 말하는 순간 그들이 인종으로 바뀐 것은 아닐까? 사실 이것은 백성에게 피를 뿌린 유일한 순간이고 모세가 제사장 직무를 단 한 차례 수행한 사건이다. 만일 그때를 기점으로 유대인이 결정되었다면 그것은 터무니없는 추측에 지나지 않는다. 그 이후에도 다양한 사람이 유대인이 되었고 상당수 유대인이 공동체를 떠났기 때문이다.

유대인의 의식에서 피의 중요성을 지나치게 강조하면 안 된다. 피는 희생 제사를 지낼 때 아주 중요했지만 사라진 이후에도 큰 역할을 한다. 다른 고대 종교에도 피를 사용하는 의식이 있었다. 종교는 종종 다른 종교를 비판하고 자체 의식을 떠받들면서도 다른 것을 참고해 새롭게 만든다. 피가 종교에서 필수적이면 종교마다 피를 사용하는 의식을 요구했든지 요구받았을 것이다.

물론, 유대교는 잔인한 할례 의식을 고수했다. 반면에 기독교는 초기에 세련된 종교를 자처하다 보니 이런 의식이 필요 없었다. 신비주의(카발라) 추종자들은 이렇게 말했다. 월경하는 여성은 남성이 할례를 받는 것처럼 피를 흘려 우주적 균형을 유지한다. 하지만 그리스도인은 월경혈을 부정적으로 여기지 않아서 우주는 오염되고 본래의 균형이 깨졌다. 중세 그리스도인들은 유대인의 할례 풍습에서 별다른 인상을 받지 못했고 심지어 유대인 남성을 월경하는 여성에 비유하기도 했다.

스페인에서는 유대인을 추방한 뒤에 피의 순수성을 강조하고 옛 그리스도인과 유대인에서 기독교로 옷을 갈아입는 새로운 그리스도인을 차별했다. 당연히 새로운 그리스도인들은 거기에 반발했다. 하지만 세파르디 공동체(*스페인 출신 유대인들)는 습관적으로 출신을 자세히 따지고 다른 지역 유대인을 낮게 평가했다. 이것은 소수자를 대상으로 하는 차별적 관행이나 교리가 소수자에게 어떻게 수용되고 다른 소수자 차별에 다시 활용되는지, 또 실제로 그것이 다수를 차별하는 교리로 변질되거나 모두 그렇게 될 수 있다는 것을 보여주는 좋은 사례다.

이렇게 복잡하게 뒤얽힌 주장에도 불구하고 분명한 점은 피가 종종 사람들을 구별하는 간단한 방법으로 인정된다는 것이다. 그래서 유대교나 다른 종교법이 이 문제에 대해 무엇을 말하든지 유대인은 항상 유대인이고 세파르디 유대인은 항상 세파르디 유대인이 된다. 피라는 개념에는 자체적으로 강력하고 본질적인 어떤 것이 존재해서 중요하지 않은 다른 특징을 초월한다.

물론, 수 세기 동안 계속된 피의 모략으로 대중은 상상 속에서 유대인과 피를 연결하게 되었고 그것은 오늘날까지 여전히 영향을 미치고 있다. 이것은 유대교가 음식에서 피의 사용을 전면 금지하는 것과는 대체로 무관하다. 당시에는 피를 마시면 적을 물리칠 수 있는 능력을 얻는다고 생각했기 때문이다.

적을 피에 주린 존재로 묘사하는 게 합리적이지 않지만 여기에는 많은 의미가 있다. 유대인은 대체로 사물을 문자 그대로 받아들인다고 알려져서 예수님의 생명을 뺏고 난 뒤에 그리스도인의 피를 실제로 취하려고 했다는 주장은 충분히 가능하다. 유대인의 많은 시가 다루는 주제 중 하나가 피(dam), 땅(adamah), 첫 인간 아담(Adam) 간의 연관성이다. 유대인의 피에 대한 음모를 비난하는 그리스도인들이 실제로는 여러 세대에 걸쳐 유대인의 피를 갈취하고 그 위에 문명을 건설한 사람들이다.

하지만 현대 시온주의자의 시는 이것을 정반대로 표현한다. 유대인들이 처음으로 또는 그렇게 그들이 표현하듯이 적의 피를 흘리고 직접 방어하기 위해 일어나 싸울 준비가 된 것처럼 묘사된다. 초기 시온주의에서는 피로 땅을 구속한다는 생각이 강력한 힘을 발휘하고 자주 사용되었다. 그렇지만 유대인이 실제로 비유대인과 피가 다르다는 주장을 직접 자주 하지 않았어도 이것이 전통적인 반유대주의적 고정관념을 상당히 강화하는 것처럼 보인다.

유대인이 별도의 인종이라는 유전적 증거는 꽤 다양하다. 실제로 제사장 계급인 코하님은 서로 밀접한 관련이 있고 남아프리카의 렘바 부족 역시 그들과 관련되어 있어 예멘 지역 제사장들이 아프리카로 이주해 현지인과 섞였다는 이야기에 신빙성을 더하고 있다. 아쉬케나지 레위인은 세파르디 레위인이나 심지어 다른 유대인과도 무관하다는 점에서 레위인의 사례와는 다르다. 그들은 비유대인 동유럽인과 아주 가깝다.

유대인 인구는 전체적으로 상당한 유전적 균일성을 소유하고 있지만 여러 단계를 거쳐 다른 사람들이 이 유전자군에 들어오면서 비유대인과 연결되었다는 게 전체적인 결론이다. 아시리아와 바빌로니아가 이스라엘 땅에서 많은 히브리인을 제거하고 다른 사람으로 대체했다는 사실은 역사를 거슬러 올라가면 알 수 있다. 로마 역시 유대 반란을 효과적으로 진압하면서 많은 유대인을 살해했고 유대인의 특성을 희석하려고 다른 민족의 유입을 장려했다.

유전자 연구에서 흥미로운 점은 그것이 사실 중요하지 않을 수 있다는 것이다. 쾨스틀러(Kosetler, 1976)나 산드(Sand, 2009)는 거의 모든 현대 유대인이 언약에 참여한 사람들과 유전적으로 전혀 무관하고 성경이 말하는 족장들의 후손이 아니라고 줄곧 주장한다.

우리는 본래 히브리인 공동체의 일원이 아니었던 많은 사람이 이스라엘 땅에 들어와 그 지역 사람과 연결되었다는 것을 잘 알고 있다. 우리는 세계 각지에 사는 유대인이 종종 현지인과 결혼한 사실도 알고 있지만 그 정도가 얼마나 광범위한지는 확실하지 않다. 유대인을 근본적으로 족장들의 후손이나 그들과 연결된 것으로 보는 사람들은 그런 연속성에 대한 증거가 확실하다는 점을 앞세워 계속해서 주장한다.

물론, 중요한 것은 실제로 무엇이 사실인지가 아니라 사람들이 진실이라고 믿는 것이다. 안타깝게도 유대인 조상과 조금이라도 연관된 사람을 비난하는 반유대주의자는 이렇게 주장할 때가 많다. 하지만 처음에 하나님과 언약을 맺은 사람들이나 나중에 언약을 맺은 사람들과 전혀 무관한 이들에게 그것이 얼마나 영향을 미칠지는 사실 의문이다. 그들은 언약의 의무를 자발적으로 받아들였던 개종자가 아니다. 오히려 그들은 역사 때문에 그 의무를 자기 몫으로 강조하지만 역사는 그들이 생각하는 것과 전혀 다를 수 있다.

여기서 우리는 일각에서 사이비 역사 또는 부두교 역사라고 부르는 것과 존경스러운 다양성을 구분하는 게 훨씬 어렵다는 것을 인정해야 한다. 사라진 열 지파가 어디로 갔는지에 대한 이상한 역사나 환상, 유대인들이 낯선 세계에 어떻게 도달했고 그 뒤에 무슨 일이 일어났는지 비슷비슷한 억지스러운 설명들이 있다. 그것들 모두가 결국 거대한 음모에 대한 설명으로 끝나는 것 같고 사람들의 유전적 배경에 대한 정보를 제공하면 많은 내용을 알 수 있다는 것을 암시하기도 한다.

물론 사실은 그렇지 않다. 어떤 유대인이 족장들의 진정한 후손인지는 전혀 중요하지 않다. 중요한 것은 그가 자신을 누구라고 생각하는지, 더 나가서 다른 사람들이 그를 누구라고 생각하고 그것이 그를 어떻게 대우하는지에 무슨 영향을 미치는가 하는 것이다. 일각에서는 유대인이 인종이 아니라면 이스라엘 땅으로 '귀환'한다는 생각은 시온주의적 발상에 불과하고 어쩌면 (슐로모 산드의 주장처럼 19세기에 등장했던) 그리 오래되지 않은 개념이라고 주장한다.

그렇다면 이스라엘 국가의 정당성은 부정된다고 볼 수 있다. 이스라엘의 존재 이유 자체가 원주민 후손의 귀환에 기반하고 있기 때문이다. 하지만 이것은 정확한 설명이 될 수 없다. 오늘날의 대다수 유대인이 알렉산드리아인, 베르베르인, 백인 개종자의 후손이라고 해도 다른 사람들이 유대인으로 간주하고 직접 자처한다면 그들은 이스라엘 민족(Am Yisrael)이고 자신들의 영토를 가질만한 자격이 충분하다.

유대인은 영리할까

유대인의 지적인 성공 가운데 천성과 양육의 비중은 어느 정도일까? 과거처럼 현대에도 유대인은 다양한 지적 추구에 꽤 관여했고 전체 인구에서 차지하는 비율보다 훨씬 더 많은 수의 유대인이 지적 활동을 하고 있다. 유대인은 전 세계 인구의 약 0.2%을 차지하지만, 인구수에 비례하면 노벨상 수상자는 매우 많다. 2009년까지 노벨 물리학상의 27%, 의학상의 31%를 수상했다. 전 세계 체스 챔피언의 54%

를 유대인이 차지하고 있다. 미국에선 인구의 약 2%가 유대인이고, 아이비리그 학생의 21%, 케네디센터 수상자의 26%, 아카데미상 수상 감독의 37%, 퓰리처상 논픽션 부문 수상자의 51%가 유대인이다.

유대인을 표집 검사한 이래 유대인의 평균 지능은 IQ를 측정한 결과에 따르면 비정상적으로 높았다. 시각과 공간 능력을 측정하는 하위 검사에서 유대인은 평균에 불과하지만 언어와 추론 능력을 측정하는 검사에서는 매우 높은 수치를 보였다. 이것은 유대인이 신체적 한계가 있지만, 지적 영역에서는 성공적이라는 것을 알려준다.

뛰어난 지능만으로는 탁월한 성취를 제대로 설명할 수 없다는 것을 먼저 지적할 필요가 있다. 상상력, 야망, 인내심, 호기심과 같은 자질은 똑똑한 사람과 혁신적인 사람을 구분한다. 유대인이 종종 겪었던 어려운 상황에서 지적 적자만이 살아남았다고 주장하기는 어렵다. 생존은 지능이 아니라 우연의 문제였던 경우가 많았기 때문이다. 유대인에게 개종을 통해 탈출할 수 있는 선택권이 주어졌을 때 많은 유대인이 개종을 선택했는데 당시 개종자들이 이전 동료 종교인들에게 개종을 권유하는 토론의 수준을 고려하면 가장 똑똑한 유대인 중 일부가 개종한 것 같다.

일각에서는 위대한 업적이 실제로는 아쉬케나지 유대인, 그리고 농업이나 이와 유사한 활동보다 지능이 중요한 금융, 무역, 판매에 제한된 유럽 일부 지역에 거주한 유대인에게 국한한다고 주장한다. 물론 세파르디 유대인도 이런 직업을 가졌으나 비중이 훨씬 작았고 특히 공예에 집중해서 지적인 사고방식을 덜 자극받았다고 알려져 있다. 어쨌든 공예가 장려하는 종류의 기술이 추상적인 형태의 사고

유대인 출신으로 가장 최근에 노벨상을 받은 리처드 탈러. 대표작 「넛지」로 유명한 탈러는 행동경제학 분야의 업적으로 2017년에 노벨 경제학상을 수상했다.

만큼 유연하지 않다는 게 사실일지 모른다. 세파르디 세계의 유대인이 실용적 활동뿐 아니라 지적 성취와 다양한 과학 분야에서도 탁월했다는 증거가 이런 주장을 반박하기도 한다.

천성이 아닌 양육이 중요한 역할을 했다고 생각하는 데는 그럴만한 이유가 있다. 무엇보다 유대인은 전 세계에서 유일하게 남성의 보편적인 문해력과 수리력을 효과적으로 확립했다. 다른 한편으로 이것은 유대인에게 영리한 부분이 줄곧 존재해야 한다는 주장으로 작용할 수도 있다. 유대인 인구가 가장 높게 감소한 시기는 1세기에서 6세기 사이였는데 전 세계 유대인 인구가 약 450만 명에서 150만 명 이하로 줄어들었다. 로마 전쟁으로 많은 사람이 죽었고 유대와 이집트에 거주하는 유대인 인구가 큰 타격을 입었다.

요수아 벤 감라가 유대인의 보편적 문해력에 대한 지침을 내린 시기는 2차 성전 파괴와 거의 동시에(각각 64년과 70년) 해당한다. 이 무렵에 유대교가 예루살렘 성전에서의 의식과 제사 중심의 종교에서 회당에서의 기도와 토라 공부에 기반을 둔 종교로 변모하기 시작했다(우리가 흔히 말하는 대로).

사실 2차 성전 시대에도 회당은 존재했고 바빌로니아와 디아스포라 전체는 물론 이스라엘 땅에서도 상당한 분권화가 이루어져서 이것을 단절이라고 볼 수 없다. 랍비, 학자, 지역 공동체가 성전에서 일어나는 일을 제대로 반영하지 못한 채 전면에 나선 것은 분명하다. 어쨌든 기도와 예배는 예루살렘의 제사장들에게만 맡길 수 없다 보니 지역에서도 진행해야 했다. 이것은 모든 사람이 기도문을 읽고 어느 정도는 토라를 공부할 수 있었다는 뜻이다. 나중에는 여성까지도 비록 집에서만 기도하는 게 대부분이었지만 적어도 모국어로 기도해야 했다.

그 당시에는 기본적인 종교 과제를 수행하는 게 다소 복잡한 지적 활동이었다고 할 수 있다. 여기에는 기도문을 알고 유대교 본문 해석에 참여할 수 있는 능력이 포함된다. 우리는 이 단계에서 히브리어가 유대인 공동체에 잘 알려진 언어가 아니었다는 사실을 기억할 필요가 있다. 어쩌면 문해력이 낮은 유대인이 그렇지 않은 사람들보다 종교를 포기할 가능성이 컸을 것이다. 주로 농업에 집중한 사람들은 종교와 무관하고 농사에 도움이 되지 않는 문해력에 특별한 가치를 부여하지 않았을 것이다.

반면, 유대교가 그토록 강력하고 이례적으로 교육에 몰두한 유일한 이유는 유대인들이 이미 유전적으로 그런 헌신을 성공적으로 감당하는 소질을 가졌기 때문일 수도 있다. 그들은 교육을 아주 중요하게 받아들인 유일한 민족이었다. 교육을 통해 특별한 혜택을 누릴 수 있는 위치에 있었기 때문이다. 그래서 2,000여 년 전 시몬 벤 셰탁은 어린이는 누구나 학교에 다녀야 한다고 말했다.

하지만 양육을 쉽게 무시할 수는 없다. 교육에 대한 초기의 열정은 유대인들이 공동체에서 다른 사람들보다 적어도 수 세기 동안 문해력을 연습하고 경험했다는 것을 의미한다. 도시화 속도가 빨랐던 것도 도움이 되었고 도시와 마을에서 교육에 도움이 되는 다양한 직업을 구할 수 있었기 때문에 장려된 것 같다.

반면에 지적 수준이 낮은 유대인이 지적인 측면이 덜 까다로운 종교로 옮겨갔다는 주장은 설득력이 없다. 유대인의 교육에 대한 요구를 과장하면 안 된다. 수준 있는 공부와 상당한 기술이 요구될 수도 있지만 반드시 그럴 필요는 없었다. 무슨 일이 일어나고 있는지에 대한 기본적인 이해만으로도 충분할 수 있었다. 오늘날에도 어리석은 유대인은 분명히 많고 과거에도 분명히 존재했다. 가장 어리석은 유대인만 모여 사는 폴란드의 첼름(Chelm)이라는 마을을 소재로 한 다양한 이야기가 실제로 전해진다.

유대교가 공부를 강조해서 유대인이 누구보다 똑똑하다고 생각하는 것은 잘못이다. 먼저, 오늘날에는 건전한 유대인 교육을 받고 성장한 유대인이 거의 없다 보니 공부에 대한 교훈이나 다양한 규칙이 대개 무시되거나 심지어 사라졌다. 토라 공부와 다양한 주석에 집중하는 유대인조차 토라를 폭넓게 적용하는 것을 힘들어한다. 그들의 연구 방식이 너무 편협해서 거주하는 제한된 세계의 외부와의 관련성을 조금도 인식하지 못하고 실제로 그런 관련성을 확인하는 것까지도 금지한다. 암기, 주입식 교육과 기도에 중점을 두는데 이런 활동 중 어느 것도 지능 발달에 도움이 되지 않을 것이다.

마지막으로, 특히 현대적 정통파라고 불리는 것보다 전통적인 모든 전통적 운동의 핵심 원칙은 물을 수 있는 질문과 제기할 수 있는 쟁점을 제한한다는 것이다. 그리고 공부의 진행을 제한할 수 있고 그에 따라 토론의 매개변수를 심각하게 제한하기도 한다. 이런 지적 탐구가 유대인을 한층 넓은 주제로 이끌거나 요즘 사람이 대부분 관심을 보이는 다양한 문제의 해결에 효과적이라고는 생각하기 어렵다. 예를 들어, 이스라엘의 하레디라는 초정통파 공동체와 다른 지역 동료들의 세상 지식은 미미하다. 그들은 현대 세계를 두려워하고 가능한 한 멀리 떨어져 지내려고 해서 이것은 조금도 놀라운 일이 아니다.

유대인의 학문적 성과를 전통적인 유대교 경전 교육과 연결하려면 아주 신중해야 한다. 현대 유대인은 그런 교육을 거의 받지 않았기 때문이다. 유대인이 정의에 관심을 보이는 게 정의에 관한 글을 읽는 데 많은 시간을 보내기 때문이라거나 기도문에 예루살렘이 자주 등장해서 열광한다는 생각 역시 유대인이 대부분 그런 글을 한동안 전혀 읽지 않아서 그런 기도문을 몰랐다는 불편한 사실과 어긋난다. 그들의 부모나 심지어 조부모까지도 내용을 모르기 때문에 어떻게든 그런 글의 영향을 받았다는 주장을 받아들이기 어렵다.

우리는 누군가 유대인이라는 이유만으로 지적일 것이라고 막연하게 생각할 수 있다. 이것은 많은 유대인이 그런 이미지에 부응하려는 이유를 설명할 수 있지만 그런 고정관념이 어떻게 생겨났는지는 설명하지 못한다.

기독교는 사랑, 유대교는 율법에 기초할까

오늘날에는 바울이 유대교와 기독교라는 새로운 종교를 확실히 구분하려고 했던 게 아니라는 주장이 종종 제기되기도 하지만 바울은 이것 때문에 공로를 인정받거나 비난받는다. 그는 이방인이 그리스도인이 되려면 일단 유대교로 개종해야 한다는 그리스도인들과 상당 기간 논쟁을 벌인 것으로 보인다. 바울은 이런 주장이 과장된 요구라고 생각해서 반대했다. 이방인은 의로운 사람이 지켜야 할 노아의 일곱 가지 규칙을 준수하기로 동의하는 순간 그리스도인이 될 수 있다는 것이었다. 물론 이것은 새로운 종교의 영리한 움직임이었고 그 덕분에 매력을 크게 끌어올릴 수 있었다.

신약성경은 유대교 율법이 가혹하고 융통성이 부족하다는 점을 종종 지적하지만, 예수님은 율법을 존중하고 그것을 전복하려고 온 게 아니라고 자주 강조하셨다. 사랑과 율법을 이분법적으로 나누는 것은 어떤 경우에도 잘못이라고 주장하는 사람이 적지 않다.

율법은 공동체 모두에게 적용하는 규칙과 개인이 종교를 이해하고 따르도록 생활 규칙을 결정한다. 개인은 이 규칙을 실천하고 하나님이 기대하는 방식대로 공개적으로 행동해야 한다. 이것 자체는 가혹하거나 융통성이 없을 수 없다. 물론 따르기 어려운 규칙은 분명히 존재한다. 힐렐과 샴마이라는 두 율법 학파는 자신들이 정한 규칙이 추종자들의 삶에 얼마나 부담을 주는지에 따라 종종 구분되었다. 힐렐 학파는 샴마이 학파와 달리 언제나 온화했고 그것을 미덕으로 삼았다. 우리가 규칙을 미덕으로 볼지는 종교가 개인에게 상대적으로 쉬운 과제와 어려운 과제 중 어느 쪽을 제시하는지에 달려 있다.

유대교에서 자비로워야 할 이유를 찾는 것은 어렵지 않다. 먼저, 유대교에서 말하는 인간 창조 이유에 주목할 필요가 있다. 아담은 동산을 돌보도록 하나님의 숨결로 창조되었다. 아담은 흙으로 만들어졌고 맡은 역할은 "땅을 경작하고 돌보는 것"(창 2:15)이다. 창조된 여자가 나중에 동반자가 되지만 여자가 함께하기 전까지는 이름을 지어준 동물과 지냈다. 홍수 이후 하나님은 노아와 아들들에게 "내가 내 언약을 너희와 너희 후손과 너희와 함께한 모든 생물 곧 너희와 함께한 새와 가축과 땅의 모든 생물에게 세우리니"(창 9:8-11)라고 말씀하신다.

일부는 유대교가 동물을 (상대적으로) 잘 대하라는 명시적 규칙과 하나님이 토라에서 제시한 모든 생명체에 대한 보편적 연민을 고려해 채식주의를 선호한다고 주장하기도 했다. 소와 나귀에게 함께 밭을 갈게 하지 말라는 규정이 있다. 아마도 어느 한쪽이 다른 쪽보다 힘이 세서 불공평하기 때문일 것이다. 안식일에는 동물을 쉬게 하고 노동을 할 수 없어도 보살펴야 한다.

동물이 세상에서 중요한 역할을 하고 우리가 동물을 다루는 태도

쉐히타를 준수하면서 전문적으로 도축하는 쇼헷을 묘사한 장면(15세기, 동유럽)

에서 본성이 드러난다는 식의 이야기가 많다. 예를 들어, 모세와 다윗은 목자로서 탁월한 지도력을 발휘했을 것으로 추정한다. 좋은 목자는 가장 약한 추종자와 자주 길 잃는 사람에게 관심을 보이기 때문이다. 레위가 동생 베냐민의 자루에서 돈을 발견한 것 역시 다른 형제들과 달리 동물의 필요를 먼저 챙기고 연약한 동물을 배려하고 연민을 느끼는 성품이었기 때문일 것이다. 어미와 새끼를 한꺼번에 잡지 말라는 또 다른 규칙은 적어도 한동안 어미가 새끼, 또는 새끼가 어미와 함께 지내도록 허용하라는 뜻일 수 있다.

유대교식 도축 절차를 규정하는 쉐히타는 과정이 복잡하다. 하지만 기본적으로는 짧게 기도하고 나서 아주 날카로운 도구로 동물의 목을 빠르게 자르고 가능한 한 고통을 느끼지 않게 설계되어 있다.

Section 6. 유대교의 쟁점들 | 315

그런데 오늘날에는 비평가들이 훨씬 더 좋아할 만한 도축법이 있다. 가령, 동물을 먼저 기절시키고서 죽이면 고통이 덜하지 않을까? 유대교의 관점에서 이런 방식이 갖는 문제, 동물을 기절시키고 나서 죽이면 손상 여부를 확인할 방법이 없어서 유대교 법을 따르는 적절한 도축이 불가능하다는 것이다.

이것 때문에 유대인이 일반적인 동물 복지의 기준을 위반하면서 도축을 허용할지에 대한 논쟁이 벌어졌지만 수백만 마리의 동물을 죽이면서 동물 복지를 문제 삼는 것은 어찌 보면 모순일 수 있다. 최근에는 잔혹하게 도축하는 공장식 축산이 논쟁의 주요 쟁점에 포함되면서 논의가 확대되었지만 정결법(코셔)에 따른 도축은 기술적으로 문제가 되지 않는다. 토라는 모든 피조물에 대한 연민과 생명체의 보살핌을 강조한다.

그렇다면 유대인은 지구와 그 위에 사는 피조물을 이용하고 활용할 수 있는 존재로 여겨야 할까, 아니면 환경과 협력하며 보살펴야 하는 존재로 간주해야 할까?

아브라함 쿡은 동물 처우에 대해 독특한 견해를 가진 사상가였다. 무척 보수적이고 최초의 팔레스타인 (아쉬케나지) 수석 랍비였으나 유대교가 채식주의를 지지한다고 주장했다. 쿡은 고기를 먹는 복잡한 규칙이 사실은 우리가 그런 습관을 포기하게 만들기 위한 것이라고 주장했다!

예를 들어 유대인은 육류와 우유를 섞어 먹을 수 없는 탓에 육류와 유제품을 얼마나 분리해야 하는지 규정을 만들었다. 어떤 사람들은 육류와 유제품을 준비하는 주방을 따로 구분하고 음식에 맞는 칼과 그릇을 두 벌씩 준비하기도 한다. 하지만 적절하게 도축된 동물도 피 한 방울만 발견되면 만질 수 없는 상태가 되고 랍비의 확인을 거쳐야 하는 등 여전히 문제가 될 수 있다.

정결법을 일일이 적용하는 데 많은 시간이 걸리고 어려운 일이라서 쿡은 육류 소비와 생산에 대한 엄격한 규칙이 어쩌면 아예 육류 없이 살아야 하는 게 아닌지 생각하게 만들기 위한 것일 수 있고 덕분에 우리가 높은 도덕의식을 갖게 되었다고 주장한다. 토라는 우리를 방해하기보다는 오히려 협력하고 우리가 고기를 즐기면서 세상을 우리가 원하는 대로 소비하는 소유물로 여기고 있음을 깨닫게 한다. 그리고 우리 앞에 율법의 형태로 장애물을 배치하면서도 우리가 바라는 일을 하지 못하게 막지 않고 어렵게 만들어서 점차 그런 생각을 벗어나게 도와준다.

쿡은 여기서 마이모니데스가 아주 명확하게 표현한 유대교의 핵심 개념을 구사한다. 하나님은 우리 행동을 직접 제어할 수 있지만 율법의 도움을 받아서라도 점차 그런 성향에 도달하도록 애쓰는 것을 선호한다는 주장이다. 어떤 성향, 즉 사물을 처리하고 그것에 대해 생각하는 방식은 결국 시간이 지나면서 서서히 습득되고 종교의 목적은 바로 그 방식에 따라 우리가 무엇을 하고 있는지 그리고 어째서 그렇게 하는지 깊이 생각하게 만드는 것이다.

우리는 기도하러 가고 기도문이 익숙하더라도 거기에 사용된 낱말들을 숙고하고 그것들이 특정 상황에서 무엇을 의미하는지 되돌아보아야 한다. 우리는 자선 단체에 기부하고 난 뒤에 그 이유를 되새기거나 유제품과 중립 식품(파레브)으로 제작한 코셔 표시가 붙은 과

자를 먹을 때 음식에 관한 율법(카슈룻)을 떠올릴 수도 있다

마이모니데스에 따르면 우리가 계명의 이유를 탐구하지 않으면 피상적으로 계명을 실천하는 것과 다르지 않다. 물론, 전혀 따르지 않는 것보다는 그렇게 하는 게 나을 수도 있다. 그렇지만 대표적인 계명(미쯔봇), 심지어 제사 의례에 관한 계명(후킴)의 핵심은 우리를 인간다운 존재로 변화시키고 올바른 마음가짐과 행동 방식, 감정을 이해하는 능력을 기르는 데 있다.

하나님은 우리에게 율법을 주고 따르게 하셨다. 그렇게 하는 것이 우리에게 이익이기 때문이다. 우리는 하나님을 도울 수 있는 것이 전혀 없다. 우리가 하는 일을 생각하기 시작하면 우리가 누구인지 인식할 수 있는 지적인 관점을 소유한 사람으로 변화하기 시작하고 행동에 도움이 된다.

도축자에게서 도망친 송아지에 관한 재미있는 이야기가 탈무드에 나온다. 송아지는 기도원에 들어가서 미쉬나를 편집했던 위대한 유다 하나시(135?-217?)의 옷자락을 파고들면서 살려달라고 간청했다. 하나시는 송아지에게 도살로 끝마치게 될 운명으로 돌아가라고 아주 합리적으로 설명했다. 이 탈무드 이야기는 랍비가 말한 내용이 기술적으로는 옳지만 칼을 피해 도망친 생명체의 호소를 거부한 것은 무정하다고 비판하면서 끝난다. 여기서 하나님은 그의 행위, 또는 행위의 부재를 기뻐하시지 않는다. 송아지를 동정하지 않은, 동정심의 결여 때문이다. 그런데 나중에 하인이 집에서 새끼 고양이 무리를 발견하고 죽이려고 들자 하나시는 시편을 인용하며 상황을 진정시켰다. "여호와께서는 모든 것을 선대하시며 그 지으신 모든 것에 긍휼

을 베푸시는도다"(시 145:9).

우리는 관습적으로 송아지처럼 탈출한 동물과 단순히 도살되는 동물을 일부 다르게 대한다. 우리는 문화적 관습인 것처럼 즐거움을 위해 동물을 무수히 죽이면서도 어째서 이 경우에는 동정심을 느껴야 하고 탈무드는 그렇게 하라고 권장하는 것일까?(Bava Metzia 85a). 집에서는 용납하지 않는 동물을 거리낌 없이 죽이면서도 새끼 고양이들은 어째서 구원받고 하나님은 그것을 승인하셨을까?

이것은 동정심에 대해 흥미로운 질문을 제기한다. 우리가 동정심을 특정 대상으로만 제한한다면 어떻게 그것을 정당화할 수 있을까? 만약 상황에 따라 동정심을 갖는 게 옳다면 분명히 그게 옳을 수 있다. 그런데 만일 동정심이 변하는 게 아니라면 우리는 언제나 모두를 동정해야 하지 않을까?

마이모니데스에 따르면 계명은 우리가 행동하는 이유를 생각하게 만들고 특수한 것에서 일반적인 것으로 나가게 도와준다. 예컨대, 우리는 아주 복잡한 음식법(카슈룻)을 지키고 난 뒤에 이 규칙의 목적이 무엇인지 단지 하나님 말씀에 순종하는 것 말고 다른 게 있는지 궁금할 수 있다. 하지만 쿡이라면 우리가 하는 일의 이유를 성찰하게 만드는 것은 단지 복잡성 자체가 아니라 동물을 죽이고 먹는 과정이 올바른 방식으로 이루어지게 엄청난 노력을 기울이는 것이라고 주장할지 모른다. 그러면 우리는 전체적인 과정을 돌아보고 쿡의 표현처럼 지구의 모든 생명체에 느끼는 동정심과 그것을 어떻게 조화시켜야 하는지 문제를 제기하게 된다.

쿡과 마이모니데스는 율법 덕분에 우리가 하는 일의 더 깊은 목적이 무엇인지 생각하게 된다고 주장했지만 율법이 우리를 전혀 다른 방향으로 이끌 수 있다고 말하는 사람도 있다. 지나치게 율법에 몰입한 나머지 법적 절차에 얽매이고 율법이 요구하는 것을 배우느라 목적을 잊거나 간과할 수 있다. 사실 이것은 마이모니데스의 주장과 다르지 않다. 그 역시 이럴 가능성이 있다고 생각했기 때문이다. 율법에는 능숙하지만 율법이 실제로 무엇을 위한 것인지 살피지 않은 채 주변을 맴돌면서 진실에 가깝게 다가서지 못하는 사람들이 거기에 해당한다.

하지만 율법 자체의 위험성도 지적할 필요가 있다. 율법은 만족스러운 지적 구조를 갖추고 있어 사람들이 그 수준에 머물면서 더 깊이 파고들지 않게 만든다. 게다가 율법은 복잡할수록 숙달할 때 느끼는 성취감도 함께 커져서 율법이 무엇을 뜻하는지 궁금해하는 경향은 줄어들고 율법 자체가 목적으로 바뀔 수 있다. 이렇게 되면 율법은 동정심에 역행하는 방향으로 작동하게 된다. 율법이 실제로 무엇을 가져다주는지 심층적인 질문을 하지 않고 법적으로 일을 처리할 수 있기 때문이다. 법을 제대로 적용하려면 사람들을 똑같이 대해야 한다. 이것이 바로 영미 전통에서 눈을 가린 모습으로 정의를 묘사하는 이유이다. 따라서 정의는 마주한 개인들을 볼 수 없고 오직 전체 사건의 세부 사항만 알 수 있을 뿐이다.

그런데 동정심은 개인이 대상이라서 모두를 똑같이 대하는 게 쉽지 않다. 우리가 피상적으로 범위를 확대하면 가까운 사람마저도 감당할 수 없다. 우리는 동정심을 일부에게 제한하는 동시에 모두에게 동정심을 베풀 의무가 있다는 것을 인정한다. 바로 이 역설이 아브라함 계열 종교들이 깊게 탐구하는 주제다.

마틴 부버가 아주 좋아한 이야기에 등장하는 신비주의 경건 운동의 이상적인 지도자(짜디크)는 회중과 아는 사람은 물론 모든 이웃에게 일어나는 일을 완벽하게 책임진다고 알려져 있다. 랍비 네쉬키지의 모르데카이는 아들 코벨의 랍비에게 이렇게 말했다.

"80km 이내에서 출산하는 여성의 고통을 느끼지 못하는 사람, 그녀와 고통을 함께 하고 그녀의 고통이 줄도록 기도하지 않는 사람이 진정한 지도자의 자격을 갖추었다고 할 수 있을까?" 나중에 그를 계승한 어린 아들 이쯔학은 당시 열 살이었다. 그는 아버지가 말할 때 그 자리에 있었다. 만년에 그는 이 일화를 소개하며 덧붙였다. "나는 충분히 알아들었다. 하지만 아버지가 어째서 내 앞에서 그렇게 말씀하셨는지 깨닫기까지는 꽤 많은 시간이 필요했다" (Bubber, 1991, 164).

여기서 언급하는 공감과 동정심의 수준은 하시디즘의 지도자가 거의 모든 공동체와 유기적으로 연결된 것을 보여주는 증거이고 이런 이야기는 많이 있다. 이 일화에 등장하는 공동체는 유대인 공동체에 국한되지 않는 게 분명하다. 지도자는 주변에서 일어나는 일과 끊임없이 동조해야 한다.

하지만 다른 사람의 처지에 관심을 가지라고 교훈하는 이야기가 아니면 어떻게 이것이 가능할까? 만약 누군가 어떤 집단이 갖는 모든 감정에 정말로 동조하면 그 사람은 무슨 행동을 하게 될까? 사람들의 고통과 쾌락에 지나치게 영향을 받아서 자기 일에 집중하지 못하거나 심지어 공동체를 위한 기본적인 종교적 역할마저 수행하지 못하는 것은 아닐까? 그것은 마치 한 사람과 줄곧 대화하면서 또 다른 여러 사람과도 대화하려는 것과 같다.

종교는 동정심의 중요성을 곧잘 강조하지만 동시에 삶을 지속하면서 동정심을 극대화하는 방법을 설명하는 데도 탁월하다. 유대교에서는 악한 짓을 하게 만드는 악한 성향(예쩨르 하라)을 당연히 비판하면서도 선한 일을 자주 하게 만드는 능력으로 칭송하기도 한다. 이 성향은 야망, 경쟁, 성공에 대한 욕망과 관련이 있다. 이런 욕망 없이는 성자들이 아닌 이상 인생에서 거의 아무것도 할 수 없다. 우리의 악한 성향을 긍정적인 방향으로 이끄는 게 종교의 목적이고 이런 일이 가능하도록 종교는 우리가 누구인지 어디에 있는지 어떻게 하면 더 나아질 수 있는지와 함께 작업한다. 종교는 단순히 개혁하고 개선하라는 말로 그치지 않고 우리의 성품이나 사고의 부정적 면과 협력해서 한층 더 긍정적인 쪽으로 이끌고 변화시킨다.

이상적인 지도자 짜디크는 공동체 구성원과 확연하게 다른 아주 비범한 인물이지만, 오히려 그것 때문에 위험해질 수 있다. 주변 사람들(그리고 모든 것)에게 완벽한 동정심을 베풀지 못해 불만을 느끼는 것의 반대는 이상적인 수준에 도달할 수 없으니 굳이 노력할 필요가 없다고 생각하는 위험이다. 아주 실용적인 열조의 교훈(피르케이 아봇)이 제시하듯이 우리는 일평생 임무를 제대로 완수하지 못할 수 있지만 그렇다고 포기하면 안 된다. 이것은 여전히 별다른 도움이 되지 않는다. 왜냐하면 우리가 얼마나 동정심을 가져야 하는지 우리의 일상 활동을 통해 세상을 적절한 상태로 개선하는 데 필요한 동정심의 수준이 어느 정도인지 정확히 제시하지 않기 때문이다.

곧잘 인용되는 또 다른 하시디즘 이야기 가운데 모세가 되지 못한 것을 후회한 주샤라는 랍비의 일화가 있다. 그는 모세가 설정한 예언과 지도력 수준에 도달하지 못한 것을 안타까워했던 것 같다. 모세는 주샤의 역할이 모세가 아니라 주샤 자신이 되는 것이라고 말했다. 여기서 우리는 오직 자신만을 위해 살지 말고 현재라는 시간을 마땅히 할 일을 하는 순간으로 삼으라는 열조의 교훈을 떠올리게 된다. 그러니까 때를 기다린다는 이유로 할 일을 계속 미루면 안 된다는 것이다.

이것은 인간으로서 우리가 유지해야 하는 균형을 잘 보여준다. 사람마다 삶에서 느끼는 동정심의 수준은 다를 수 있다. 예를 들어, 누군가는 돈을 벌어 어느 정도 자선 활동에 쓸 수 있는 상업 분야에 종사하는 게 더 쉽고 효과적이고 그 자체를 국가 경제 구조의 개선에 도움 되는 활동으로 간주할 수 있다. 그들의 일상 업무는 도움이 필요한 이들과 그 분야에서 뜻깊은 일을 할 수 있는 대인관계에 능한 사람들을 손쉽게 돕는 상황을 조성할 수 있다. 이런 능력은 누구나 발휘할 수 없다. 이 일을 감당하려면 다른 사람들의 활동에 필요한 자원을 지원해야 하는데 그런 도움은 아마도 간접적인 동정심으로 여겨야 할 것이다.

모든 사람과 모든 상황에 적합한 일반 공식은 따로 없다. 종교는 아주 능숙하게 개인이 세상을 더 나은 곳으로 만드는, 히브리어로는 '티쿤 올람'이라는 과제에 가장 적절한 방법으로 참여하는 방법이 무엇인지 생각하도록 초대한다.

유대인은 내세를 믿지 않을까

　유대교는 내세에 관해 분명한 의견을 제시하지 않는다. 이것은 기독교나 이슬람과 경쟁하게 되었을 때 점차 인기를 잃어버린 것과 무관하지 않다. 기독교의 도전을 받으면서 내세에 대한 강력한 개념이 미쉬나와 탈무드에 갑자기 등장했지만 유대인 성경에서는 대체로 찾아볼 수 없다. 내세에 관한 주장은 다양하다. 일부는 내세가 메시아 시대의 일부분이거나 그 이후에 도래한다고 설명한다.

　마이모니데스에게 내세는 완전히 영적이고 육체의 영향력과 지성의 정체성을 완전히 포기하는 순간에 존재한다. 아주 제한적으로 접근하는 물질주의자들은 내세를 이해하려면 상상력이 넘치는 언어가 필요하다고 본다. 내세라는 정교하고 영적인 개념에 도달하도록 사고를 가다듬을 수 있기 때문이다. 어쨌든 우리는 육체를 가지고 있으니 내세 가운데 일부를 어떤 형태로든 구체화하지 않을 수 없다.

　유대교 철학자 요셉 알보는 내세가 아담이 선악과를 먹고 생존한 기간, 그러니까 천 년 동안 지속된다고 주장한다. 내세에도 갈등은 있지만 모두 내적이다. 우리를 물리적으로 가로막는 게 따로 없기 때문이다. 그렇다고 우리가 편히 쉬면서 주어진 삶을 즐기기만 한다는 뜻은 아니다. 오히려 우리는 이 기간에 스스로 완성하고 기대하는 사람으로 발전해야 한다.

아브라함 쿡은 이보다 영적인 노선을 추구했다. 그는 우주와 하늘을 분리하는 환상이 종말을 맞을 때 부활이 있다고 주장했다. 쿡은 인간을 몸과 영혼으로 이루어진 존재로 보는 신비주의(카발라)의 관점을 따랐다. 몸이 죽으면 자격 있는 사람은 영혼의 일부가 육신과 함께 남아 영혼의 원천과 연결을 유지하고 정해진 시간에 죽은 자들이 모두 부활할 때를 기다린다. 영혼의 나머지 부분은 다른 곳에 가서 새로운 몸으로 환생해서 영혼의 구성체 가운데 하나를 계발하고 정화할 수 있다. 일부는 낙원에 갈 수 있고 또 일부는 일정 기간 지옥(게힌놈)에 머물면서 지은 죄를 해결하고 미래 삶을 준비하기도 한다. 그리고 또 다른 부분은 이미 살아 있는 사람의 삶에서 일시적이지만 올바른 방향으로 발전하게 이끌고 그 결과 도덕적 성품이 성장하게 이바지할 수 있다.

다가올 세상(올람 하–바)에 대한 내용을 우리 세계에 임하는 메시아 시대로 해석하기도 한다. 가끔 에덴동산(간 에단), 또는 낙원과 동일시하기도 한다. 내세를 여행하는 동안 영혼은 온갖 현상을 겪는다. 그 가운데 일부는 아주 불쾌하지만 영혼을 정화해서 궁극적으로 제자리를 차지하도록 더 높은 천상계로 이끌려는 목적이 있다.

게헨나는 지옥으로 표현하기도 하지만, 본디 예루살렘 외곽의 계곡으로 과거에는 우상 숭배와 관련된 곳이었다. 지옥처럼 몹시 불쾌한 곳이지만 잠시 지내면서 불완전함을 제거하고 천국으로 이동한다. 어떤 사람들은 힌논 계곡(Gehinnon)과 천국(Gan Edan)이 실제로는 같은 장소이지만 악인은 전자에서, 덕을 쌓으면 후자에서 지낸다고 주장한다. 우리의 행위만 게헨나에서 보내는 시간을 결정하는

예루살렘 남쪽에 있는 오늘날의 힌놈 계곡. 고대에는 우상 숭배하거나 쓰레기를 처리하는 장소였고, 나중에는 지옥과 영적 정화를 상징하는 장소로 알려졌다.

게 아니다. 아브라함의 공로가 그곳에 있는 유대인을 모두 해방하고 다음 단계에 해당하는 다가올 세상으로 인도한다(Eruvim 19a).

영혼은 물리적 영역에 해당하는 구프에서 유래한다고 본다. 본래는 순수한 영성의 영역인 오짜르에 있다가 지상으로 내려와 신체를 움직이는 역할을 맡는다. 죽은 다음에는 이 세상에서의 역할을 모두 마치고 영혼은 오짜르, 혹은 즈르로 하–하임으로 돌아간다(Shabbat 152a; Pesikta Rabbati 2:3). 영혼은 세 부분으로 이루어져 있다.

1. 네페쉬 – 영혼의 밑 부분, 또는 동물적인 부분이다.

2. 루아흐 – 중간 영혼, 곧 정신이다. 여기에는 도덕적 덕목과 선악을 구별하는 능력이 포함된다.
3. 네샤마 – 더 높은 영혼이다. 이것은 지성과 관련이 있고 우리의 일상생활에서 가장 적게 영향을 받고 내세에 가장 잘 적응한다. 이것은 이 세상과 내세 사이의 중간 지점이다.

이 세 가지 영혼은 오름차순으로 간, 심장 및 뇌 같은 신체의 세 부분과 관련이 있다. 유대교 신비주의 경전인 조하르는 죽음 이후에 영혼의 각 부분이 다른 경로로 이동한다고 설명한다. 영혼의 가장 낮은 요소는 육체적, 감정적 집착에서 정화되고 제거되는 반면에 높은 단계에서는 육체를 떨쳐버리고 마침내 제약 없이 순수한 인간으로 바라보며 완벽한 행복을 경험한다.

네페쉬는 무덤에 시신과 함께 남아 그 일부가 되는 불쾌한 일을 경험한다. 이와 달리 루아흐는 게헨나에서 대부분 시간을 보내고 정신적 과정, 그러니까 감정적으로 행동하는 것을 바로 잡는다. 네샤마는 처음부터 끝까지 싸움에서 비켜 있고 과거에 인내를 강요받은 문제를 제한 없이 생각할 수 있어 내세에는 기쁨만 있다. 마침내 영혼의 나머지 부분들과 다시 결합해 천국으로 가지만 영혼 가운데 가장 탁월한 네샤마가 통제해야 천국에 들어갈 수 있다.

이런 내세관의 발전과 성경은 어떤 관계가 있을까? 유대교의 내세관이 발전한 것은 분명한 사실이다. 유대교는 내세를 강조하는 종교들과 대립하는 과정에서 내세에 대한 풍성한 개념을 즉각적으로 만들어 낼 정도로 아주 유연했다. 하지만 모든 종교 관념이 그렇듯 중요한 것은 관념의 존재 여부가 아니라 그것들이 의미하는 내용인데 여기에서도 내세를 해석하는 다양한 관점을 확인할 수 있다. 유대인 성경은 내세를 거의, 또는 전혀 언급하지 않지만 후대의 작품들이 이 생략된 부분을 열정적으로 상세하게 보완했다.

유대인답게 만드는 것은 무엇일까

어떤 것을 어떤 것답게 만드는 것은 무엇일까? 만일 우리가 어떤 행위를 규정하는 원칙을 제대로 찾아내면 그 원칙이 존재할 때 행위 역시 존재한다고 할 수 있다. 축구 경기가 어떻게 구성되는지 알고 있고 경기에 필요한 여러 원칙이 적용되면 우리가 마주한 것을 축구 경기라고 부를 수 있다. 그런데 유대교에는 이런 접근이 통하지 않는다. 유대교를 정의할 때 빠지기 쉬운 함정이 있다. 유대교를 개별적이고 제한적인 원칙의 집합으로 규정하는 함정이다. 일단 그 함정에 빠지게 되면 벗어나지 못한다. 종교는 단순한 기본 원칙의 집합 이상이지만, 유대교를 분류하기 좋아하는 사람들은 그 원칙들의 집합에 크게 이끌린다.

그렇지만 선택한 신학적 표현들이 종교의 기본을 형성한다면 이런 방식이 도움이 될 수도 있다. 많은 현대 사상가가 유대교는 독특하고 아주 일반적인 원칙에 근거한다고 생각하고는 연구 범위를 제한한다. 만일 그들이 옳다면 유대교 사상은 아주 일반적인 원칙에 담긴 의미를 풀어내는 과정이 되고 그렇게 되면 결국 그 원칙을 벗어나지 못한다. 하지만 종교는 종교 안에서 또는 종교에 관해 생각하고 행동하는 방식에 대해 할 말을 제한한다는 게 사실이 아닐까? 종교는 특정한 개념들에 근거하고 종교를 설명할 때 그것들을 발전시키고 추종하는 게 올바르게 종교를 이해하는 방식이 아닐까?

그렇지 않다. 이 주장의 핵심은 종교를 대표하는 특정 방식이 존재한다는 것이지 종교 자체를 뒷받침하는 공리나 결론이 따로 있다는 게 아니다. 만일 그런 방식을 추구한다면 그 사람은 종교의 틀 안에서 줄곧 활동하는 것이라고 볼 수 있다. 그러나 특정 원칙이 다른 원칙보다 기본적이고 무엇을 말할 수 있는지 정의한다는 주장을 내세워 그런 방식을 제한하면 그런 논의의 맥락 자체가 곧장 의심을 받는다. 탈무드에 등장하는 랍비는 어떤 경우에도 다양한 의견을 비교적 관대하게 받아들인다는 것을 기억할 필요가 있다. 수용하지 않는 자세는 내용을 서로 비교하면서 특정 주제에 대한 유대교의 견해를 발전시키는 탈무드의 방법론을 부정하는 것이다.

이 전통에서 가장 흥미로운 사상가는 에마뉘엘 레비나스(1906-1995)이다. 레비나스는 그리스어(이성)와 히브리어(종교, 즉 유대교)라고 부르는 것을 몇 번씩 대조한다. 유대교는 그의 윤리적 삶에 대한 견해와 일치한다. 레비나스가 인정하는 게 어쩌면 유일한 윤리적 삶이 아닐 수도 있지만 그것은 개인에게 강력하게 요구하는 윤리적 삶이다. 레비나스는 유대교의 바른 실천, 즉 유대교는 다양한 종교의식을 강조하면서 개인과 하나님 사이의 관계뿐 아니라 제삼자라는 사회가 늘 존재한다는 사실을 인정한다.

전통적 윤리는 일차적으로 개인적 행위자와 타인을 어떻게 연결할 수 있는지 질문하지만, 레비나스에게 개인은 이미 사회 안에 존재한다. 그렇지 않으면 선택과 결정이라는 개념 자체가 무의미해지기 때문이다. 이 맥락에서 개인은 어떻게 행동해야 할지 고민해야 한다. 일반적으로 종교철학은 어떻게 개인을 하나님과 연결할 수 있는지를 일차적인 문제로 간주하지만, 레비나스에 따르면 언제나 제삼자가 존재한다. 달리 말하자면, 개인은 하나님과만 관계를 맺는 게 아니라 사회와도 관계를 맺어야 하는데, 실제로 하나님과 형성하는 관계는 사회를 통해서만 가능하다. 그래서 유대교, 즉 레비나스가 여기서 말하는 전통적 유대교는 율법, 의식, 공동체 기도, 자선 활동 등을 강조한다.

여기서 레비나스가 구사하는 방식은 무엇일까? 쉽게 파악할 수는 없지만, 탈무드의 방식이 아니라는 것은 확실하다. 레비나스는 탈무드를 부분적으로 인용하는 방식을 구사하면서도 전통적인 탈무드 해석자들과 다르게 탈무드를 활용한다. 우리는 그가 탈무드 방식을 사용하지 않았다고 지적하고 싶은 유혹을 느끼지만 그러면 탈무드 방식은 하나뿐이라고 암시하는 게 될 수 있다.

물론 탈무드에는 다양한 접근 방식이 존재한다. 레비나스의 접근을 정당한 탈무드 방식에 집어넣지 않는 이유가 궁금할 수도 있다. 그저 새롭고 과거와 다르다고 해서 탈무드의 내용을 독특하게 해석하는 방식을 배제하는 것은 잘못이다. 탈무드를 공부하는 유대인이 지금도 여전히 존재한다는 사실은 탈무드가 해석이나 재해석 그리고 새로운 연구 방법에 늘 개방되어 있다는 뜻이다. 따라서 우리는 레비나스가 시도하는 접근을 새롭고 정당하게 본문을 해석하는 방식에서 배제하라고 마음대로 요구할 수 없다.

그렇지만 우리는 독단적으로 행동하지 않으면서도 레비나스를 배제할 수 있다. 탈무드를 탐구하면서 본문을 다양하게 살피지 않고 일부만 즉흥적으로 다루기 때문이다. 이것은 색다른 탈무드적 접근 방법이 될 수 없다. 실제로 탈무드적 접근과는 성격이 전혀 다르다. 탈무드를 해석할 때는 대개 본문을 다양하게 선택하고 비교한 뒤에 그중 하나를 다른 본문의 맥락에서 그럴듯하게 또는 황당하게 해석한다. 이것은 탈무드에만 국한된 방법이 아니라 거의 모든 본문에 적용된다는 점을 지적할 필요가 있다.

다만 예외가 한 가지 있다. 예를 들어 셰익스피어의 한 구절을 이해하려면 그것만 따로 떼어 놓고 해석하지 않고 다른 내용과 비교한다. 반드시 같은 저자 작품일 필요는 없지만 대개는 포함된다. 그러다 보면 마침내 그 구절에 대한 어떤 해석에 도달한다. 철학자들을 제외한 모든 사람이 이 접근을 따른다. 철학자들은 본문을 다루는 고유한 방식, 즉 대체로 합리적으로 간주하는 것이나 분석 활동의 심층 구조를 구현하는 또 다른 일련의 원칙에 근거해 접근한다. 따라서 그들은 특정 사고방식 안에서 본문을 서로 비교하는 일반적인 방법을 철학으로 대체할 수 있다고 주장한다. 철학은 본문 배후에 있는 것을 다루고 설명하는 능력을 갖추고 있기 때문이다.

유대적인 것으로 인정받기 위해 연구 방법을 제한하는 것은 언제나 어색하다. 어째서 우리는 유대인으로 인정받기 위해 다른 본문들을 계속 비교해야 할까? 이것은 과거에 일어난 일을 중시하고 변화를 거부하는 게 아닐까? 그런데 문제를 다루는 방식에는 유대 전통이나 과거에 이 문제를 다룬 방식에 초점을 맞출 수도 있고 그렇지 않을 수도 있다. 이것은 누군가 차를 수리하러 갔는데 정비사가 차에 손을 올려놓고 기름과 팬 벨트 교체를 위해 하나님에게 기도만 하는 것을 불평하는 것과 같다. 정비사의 종교적 열정을 공유하는 고객이라도 기계가 고쳐지지 않았다고 불평할 권리가 있다. 차를 수리하는 것은 기도만 할 게 아니라 다른 일도 해야 하기 때문이다.

레비나스의 접근 방식은 여기서 무너진다. 그는 자신이 다루는 문제를 유대인들이 수천 년 동안 논의해 온 다양한 방식을 무시한 채 간단한 구절을 한두 개 정도 검토하고 나서 아주 창의적인 방식으로 확장하고 발전시킨다. 이것은 지금 우리가 유대적 방식이라고 부르는 것과는 거리가 멀다. 그는 오랫동안 유대인들이 이런 문제들에 대해 논의한 다양한 방식을 무시한다. 이것은 레비나스가 하는 작업을 비판하는 게 아니라 그것을 유대적이라고 부르는 것을 비판하는 것이다.

어떤 문화에서든 일부만 뽑아서 가지고 노는 것은 어렵지 않다. 배경이 되는 문화와 자신이 한 일을 연결하는 게 어렵다. 비트겐슈타인이 말했듯이 문장 중간에 인사말을 하는 것은 인사하는 게 아니다 (1958, 583-584). 우리가 유대인의 주석 전통에 이바지하려면 전통적인 논증 방식을 존중해야 한다. 그것은 우리가 그 방식을 따라야 한다는 뜻이다. 우리는 그 방식을 좇는 것처럼 보이거나 그렇게 말하는 사람들이 전혀 다른 행동을 할 때 조심해야 한다. 이것은 그들이 철학적으로 하는 일을 비판하는 게 전혀 아니다. 그것은 당연히 흥미롭고 중요하겠지만 유대교와의 관련성은 의심스러울 수 있다. 따라서 현대 유대교 사상이나 그것을 규정하는 문제는 어느 정도 의심하면서 다루어야 한다.

유대교는 어째서 영웅을 의심할까

탈무드와 일반 랍비 문헌에서 기준이 되는 주제는 정부와 지도자들에 대한 의심이다. 니므롯을 영웅이라고 부르는데(창 10:8) 창세기의 해석 모음집은 성경에서 그 낱말을 사용할 때는 긍정적 의미와 부정적 의미가 똑같다고 주장한다(Gen Rabbah 37:3). 심지어 아브라함마저 저지른 죄 때문에 이집트에서 노예 생활을 했다고 비난을 받는다(Nedarim 32a). 뛰어난 랍비 아키바는 바르 코크바를 메시아로 옹호했다는 이유뿐만 아니라 일화에 등장할 때마다 철저하게 폄하된다.

아키바는 랍비 유대교의 주요 창시자로 인정받으면서도 곧잘 비판의 대상이 되었지만(Sanhedrin 86a) 그것을 대부분 수용한다. 그러면서도 아키바는 하나님의 이름을 거룩하게 하고(Kiddush ha-shem) 장렬하게 세상을 떠났다. 사실, 그는 탈무드 전반에 걸쳐 조롱을 받을 뿐 아니라 너무 집중적으로 조롱이 가해지다 보니 마치 농담처럼 느껴진다. 아키바는 바르 코크바를 메시아로 잘못 판단했다. 그래서 요슈아 바르 코르카는 "아키바, 그대의 볼살 사이로 풀이 자라나도 메시아는 여전히 오시지 않을 것"이라고 평했다(JT Ta'anit 4:5, 68d). 아키바는 이집트의 개구리 재앙을 묘사하면서 '개구리'라는 단수형을 사용하는 바람에 성경의 해석 능력을 의심받았다(출 8:2). 그는 처음에 개구리 한 마리가 있었고 그 개구리가 다른 모든 개구리를 낳아 땅을 뒤덮었다고 주장한다.

랍비 엘레아자르 벤 아자랴는 아키바가 할라카(종교법)에 충실하고 아가다(주석)를 논하면 안 된다는 사실을 여기서 확인할 수 있다고 비판한다(Sanhedrin 67b). 이런 대화에서 아키바를 심지어 랍비라고 부르지 않는 것에 주목할 필요가 있다. 또 다른 문헌(Yevamot 16a)에서 아키바는 논쟁에서 철저하게 패배하고 소를 치는 일에도 적합하지 않다는 낙인이 찍히자 자신은 양을 치는 것도 할 수 없다고 대답한다. 미드라쉬 출애굽기 주석 모음집은 시편 11편을 언급하면서 하나님이 누구를 시험하시는지 묻고는 하나님은 의로운 사람을 시험하신다고 대답한다(Ex Rabbah 2:2).

하나님은 무엇으로 그를 시험하셨을까? 양 떼를 치는 일로 시험하셨다. 하나님은 다윗을 양 떼로 시험하고 나서 훌륭한 목자로 만드셨다고 한다. "또 그의 종 다윗을 택하시되 양의 우리에서 취하시며"(시편 78:70)라고 성경은 말한다. …그는 새끼 양들을 위해 다른 양을 제지하고 새끼들이 부드러운 풀밭에서 풀을 뜯도록 데려갔다. 그런 다음 그는 양들을 데려가서 보통 풀밭에서 풀을 뜯게 했고 마지막으로 젊은 양들을 데려가 딱딱한 풀밭에서 풀을 뜯게 했다.

거룩한 분께서 말씀하시기를 "젖 양을 지키는 중에서 그를 이끌어 내사 그의 백성인 야곱, 그의 소유인 이스라엘을 기르게 하셨더니"(시 78:71)라고 하셨다. 모세 역시 양 떼로 시험을 받았다. 우리의 랍비들은 모세가 광야에서 이드로의 양 떼를 칠 때 염소 한 마리가 도망쳤다고 말한다. 그는 염소를 쫓아가다가 그늘진 곳에 이르게 되었다. 그곳에 도달하자 물웅덩이가 보였는데, 그곳에서 염소가 물을 마시고 있었다. 모세가 염소에게 다가가서 말했다. "네가 갈증 때문에 도망친 줄 몰랐다. 피곤하겠구나." 그는 염소를 어깨에 걸치고 걸어갔다.

거룩한 분께서 말씀하시기를 "네가 이렇게 살과 피를 가진 양 떼를 인도할 때 자비를 베푼다면 네 생명을 걸고 맹세하노니 네가 내 양 떼 이스라엘을 치리라." 이것이 "모세가 양 떼를 치더니"(출 3:1)라고 기록된 이유를 설명한다.

따라서 아키바가 양 떼를 칠 수 없다고 말한 것은 하나님이 제시한 시험을 통과할 수 없다는 뜻으로 스스로 유죄를 인정한 아주 심각한 고백이다. 그렇지만 우리가 탈무드를 통해 아는 것만으로는 여기서 얼마나 심각한 자기비판을 하는지 당연히 알 수 없다. 정말 그는 공동체의 절망적인 지도자라고 스스로 인정했을까, 아니면 사실과 다르다는 것을 알면서도 겸손을 드러내려고 그렇게 말한 것일까, 아니면 동료들 사이의 합의를 유지하려는 열망이 너무 크다 보니 그들이 원하는 말을 무엇이든 다 들어주고 있는 것일까? 그것도 아니라면 누구든지 훌륭하기만 하면 시대를 초월해 뛰어난 인물로 떠받들어질 것이라는 생각을 조롱하고 있는 것일까? 미드라쉬가 칭찬했던 모세와 다윗은 결국 그들의 행동 때문에 성경에서 상당한 비난을 받는다. 사실 그들은 비난뿐만 아니라 처벌까지 받았다.

갈릴리 출신 랍비 요세는 아키바가 하나님의 거룩함을 빼앗았다고 말한다(Chagigah 14a). 랍비 유다 바티라는 자신의 주석에서 아키바가 비밀을 폭로한 것을 문제 삼아 하나님의 심판을 요구하겠다고 두 차례나 위협했고(Shabbat 96b-97a), 그가 해석을 너무 자유롭게 해서 동료들에게 충격을 안겼다고 말했다. 그러면서도 그들은 때때로 그에게 배울 점이 있었다고 인정했다. 예를 들어 아키바가 파괴된 성전을 지나면서 웃음을 짓자 그들은 재앙을 새로운 시각에서 바라보게 되었다(Lamentations Rabbah 5:18).

감사 제사인 소제의 규례를 다룬 메나홋(Menachot 29b)에는 아키바와 모세에 관한 흥미로운 내용이 나온다. 하나님을 만나러 천국에 간 모세가 토라 글자에 장식을 덧붙이는 모습을 목격한다(소페르, 즉 서기관이 성경 두루마리에 글을 쓸 때는 타김이라는 작은 장식을 추가한다). 하나님은 아키바 벤 요셉이라는 사람이 나타나 이 작은 장식에서 온갖 법을 끄집어낼 것이라고 말씀하신다. 모세는 그를 만나게 해달라고 요청한다.

다음 장면에서 모세는 아키바가 운영하는 학교에서 여덟 번째 줄에 앉아 듣고 있지만 무슨 뜻인지 전혀 이해하지 못한다. 아키바는 제자들에게 자신이 사용하는 해석이 어디에서 유래했는지 묻자 (아마 학생들 역시 모세처럼 혼란스러웠을 것이다) 시나이산에서 모세가 받은 법이라고 대답한다. 모세는 이 말을 듣고 안심한다. 하지만 내용에 따르면 모세는 아키바가 무슨 말을 하는지 시나이산에서 받은 율법이 아키바가 설명하는 율법과 어떻게 연결되는지 도무지 알지 못하고 있음을 암시한다.

　이 두 가지 일화는 다음처럼 두 가지 방식으로 해석할 수 있다. 먼저, 이것은 아키바가 얼마나 뛰어났는지 보여준다. 그는 아주 작은 것에서 온갖 법을 끄집어낼 수 있었다. 사실 이것은 숙련된 탈무드 학자를 정의할 때 기준으로 삼는, 즉 간단한 것을 아주 복잡하게 보이게 만드는 능력을 가리킨다. 반면에 아키바에 대한 비판으로도 해석할 수 있다. 아키바가 지나치게 법을 확대하고 본문의 참된 의미를 이해하기보다 지적 재능을 과시하는 것에 관심이 컸다는 주장이다. 만약 그가 글자 장식에서 법을 끄집어냈다면 정말 지나친 것일 수도 있지만, 게마트리아(숫자 값으로 성경을 해석하는 방법)가 타당하다는 게 널리 인정받았기 때문에 글자 형태 역시 해석에 중요한 것처럼 생각할 수도 있다.

　오늘날에는 히브리어 글자처럼 몸을 비트는 유대인 요가 애호가들이 있다. 그들은 그런 자세가 영적으로 상당한 도움이 된다고 주장한다. 글자들을 가지고 예술적으로 아주 아름답게 묘사하는 방법들이 있는데 어지간한 필사자들은 가능하다. 하지만 글자 장식에서 의미 있는 내용을 끌어내는 것은 불가능하다. 이 일화는 아키바의 지나치게 자유로운 해석 방법을 비판한 것이거나 탈무드 과장법의 한 가지 사례일 수 있다.

　아키바에 관한 탈무드는 아주 긍정적이거나 부정적이고, 중립적인 내용은 찾아볼 수 없다. 따라서 독자는 이런 상반된 의견을 어떻게 해석해야 할지 고민해야 한다. 여기서 말하는 한 가지 핵심은 성경 전체에서 우리가 자주 접하는 익숙한 주제다. 이 유대교 문헌에 등장하는 영웅과 악당은 너무 인간적이고 조금도 완벽하지 않다는 것이다. 누군가의 생애를 요약하는 게 쉽지 않은 것처럼 그들을 어떻게 평가해야 할지 제대로 말하기 어려울 때가 종종 있다.

영웅과 영웅주의에 대한 공격이 유대인들에게 복잡한 윤리적 삶을 만들어 낸다는 것에 주목해야 한다. 유대인은 제대로 살기 위해 다른 인간이 아니라 하나님을 본받을 수밖에 없기 때문이다. 물론, 하나님을 본받는 것은 결코 쉬운 일이 아니다. 우리는 유한한 존재이고 우리가 닮으려는 대상은 무한하고 궁극적으로 우리가 파악할 수 없는 존재이기 때문이다.

모세조차 비판을 피해 갈 수 없었다. 이스라엘 백성을 비판했다는 이유로 나병에 걸리고 죽음을 맞고 약속의 땅에 들어가지 못한다. 사무엘, 엘리야, 엘리사 역시 철저하게 공격받았고 이사야와 호세아 역시 마찬가지다. 예레미야와 에스겔의 경우에는 이스라엘을 폄훼하고 그 명예를 근본부터 의심한 것과 관련이 있었다고 한다. 이런 주장은 아주 이례적이다. 예언자들은 자기 의견을 말한 게 아니라 하나님을 대신해 사람들에게 전했기 때문이다. 목적은 사람들의 행동을 바로잡아서 더 나은 삶을 살고 하나님의 지원을 받을 자격을 얻게 하는 것이었다. 다윗이 전쟁에서 한 일 때문에 성전을 건축하지 못한다고 하지만 그는 누구를 위해 싸운 것일까? 그는 임의로 이웃들을 공격하지 않았다. 하나님이 특정 대상을 정복하라는 임무를 맡겼고 다윗은 그 명령을 수행한 것이다.

우리는 이런 내용을 맥락에 맞추어 파악해야 한다. 그리스도인이나 무슬림은 유대인의 삶과 행동에서 중대한 결함을 지적하려고 예언자들을 겨냥한 그 맥락으로 유대교를 공격한다. 바로 이런 이유로 새로운 종교들이 등장하게 되었고 유대인들은 예언자들이 지적한 악의 소굴에 고집스럽게 머물러 있었다. 랍비들이 의도한 것은 이 공격을 견디면서 생존하도록 돕는 것이었고 이것을 위해 유대인들이 세계를 보존하는 데 줄곧 중요한 역할을 담당한다는 긍정적 측면을 강조했다.

하나님은 아브라함을 선택한 이유를 한 번만 설명하신다. 하나님은 사라를 통해 아들을 얻게 될 것과 함께 자식과 가정을 바르고 정의로운 길로 인도하라고 말씀하신다(창 18:19). 여기에 아주 중요한 내용이 담겨 있다. 즉, 교사나 지도자가 되기 위해서는 완벽할 필요가 없다는 것이다. 사실 그 반대일 수도 있다. 유대교에서 가장 중요한 기도인 쉐마(shema)는 기도자가 자녀를 가르치고 집에 앉아 있을 때나 길을 걸을 때, 누워 있을 때나 일어날 때 그것을 교훈하라고 명령한다(신 6:7).

랍비들이 특정 인물을 메시아로 내세웠을 때 겪은 어려움도 언급할 가치가 있다. 유대인들의 고통이 메시아의 도래와 관련이 있다는 주장이 위안이 될 수 있다. 메시아가 오기 위해서는 반드시 어려움을 겪어야 하기 때문이다. 성경에는 이런 주제가 이사야(11:1-9)가 북이스라엘 왕국의 멸망과 남유다 왕국의 붕괴 직전 상황을 소개하면서 공의와 완전한 평화의 시대를 언급할 때 등장한다. 예레미야와 에스겔 같은 예언자들은 메시아를 다윗의 집과 연결했고 시편은 메시아 시대의 종말을 자세하게 묘사한 다니엘서와 함께 몇 가지 정보를 추가로 제공한다.

예수님 시대에는 메시아 운동이 아주 활발해서 그 지역에서 계속 반복해서 일어났다. 예수님이 이 세상에서 유대인이 기대한 극적인 일을 하지 못해서 지지자들 사이에서 메시아의 자격이 손상되었을 것이라고 예상했을지 모르지만 종교를 연구하는 사람은 어떤 불편한 사실도 극복하는 종교의 능력에 주목하지 않을 수 없다.

로마에 대한 반란에 참여한 많은 사람이 하나님의 지원을 받을 것이라는 메시아적 기대에 들떴고 자신들이 믿는 종말의 시나리오에서 각자 하나님이 정해준 역할을 맡고 있다고 생각했다. 하지만 유대 전쟁 당시 자칭 메시아들은 진정한 메시아가 아니었을 뿐만 아니라 그들이 이끈 반란은 공동체 전체에 엄청난 재앙을 가져왔다. 유다 지역에서 유대인의 삶은 사실상 제거되었고 그들에 대한 의심은 강화되었다.

이 때문에 디아스포라 유대인과 다른 공동체의 관계 역시 악화했다. 미쉬나가 성립된 3세기 무렵 랍비들은 이런 슬픈 경험에서 교훈을 얻었고 메시아의 역할을 축소했다. 그러면서도 메시아의 존재와 도래에 대한 염원은 부정하지 않았다. 이런 태도는 마이모니데스의 주석이 잘 요약하고 있다. 그는 메시아를 유대교 신앙의 핵심 부분으로 간주하면서도 자신의 저서(Mishneh Torah)에서는 메시아 시대에 일어날 변화를 과소평가했다.

그의 시대에도 메시아들은 줄곧 등장해서 지지를 받았고 때로는 완전히 실패한 이후에도 지지를 받았다. 따라서 메시아 예수님에 대한 그리스도인들의 지속적인 열정을 보고 놀랄 필요는 없다. 어려운 상황을 메시아의 고통, 즉 메시아를 출산하는 고통으로 받아들이면 유대인에게 자주 발생했던 문제는 적어도 메시아가 오기 전에 일어날 사건과 관련된 것으로 이해할 수 있다. 그리고 그런 어려움을 쉽게 해결할 수 있는 카리스마적 인물이 언제나 매력적인 선택지가 되고 종교 안팎에서 추종자를 사로잡는 경우가 많다.

심지어 명백한 단점이 드러날 때도 그렇다. 예를 들어 17세기 동유럽에 큰 어려움이 닥쳤을 때 샤베타이 즈비는 세계 유대인 공동체의 엄청난 지지를 받으면서 이즈미르에서 이스라엘 땅으로 향하는 승리의 여정을 주도했다. 그러나 당국이 목숨을 위협하고 이슬람으로 개종을 요구하자 이 여정은 거칠게 중단되었고(오스만제국은 당시 유대인들에 대한 관용적인 태도를 잘 지키지 않았던 것 같다), 그는 곧장 개종했다.

하지만 그의 개종과 임무의 포기에도 불구하고 추종자들은 그에 대한 신념을 꺾지 않았다. 일부는 그가 위장하거나 복잡한 신비주의 전략을 따르고 있다고 주장하면서 결국 그 전략이 성공할 수 있다고 믿었다. 오늘날 튀르키예에서 추종자들의 후손인 된메는 여전히 대중에게 의심을 받고 유대인들에 대한 일반적인 고정관념, 특히 음모론적인 역할을 떠안고 있다.

랍비들, 특히 샤베타이 진영에 속하지 않은 랍비들은 지도자와 메시아에 대한 이런 열정을 경계해야 한다고 생각하기 때문에 탈무드는 지도자들에 대해 경고한다. 피르케이 아봇(열조의 교훈)에는 '정부'에 대한 경고도 자주 등장하는데 여기서 '정부'는 아마도 민간 당국을 의미하는 것 같다. 정치에 관여하지 말라는 지침은 권력과 그 권력이 사람들을 어디로 이끌 수 있는지에 대한 강력한 경고로 해석할 수 있다.

성경에 등장하는 수많은 영웅이 그렇게 영웅답지 않았다는 것을 기억하는 게 중요하다. 야곱은 형과 아버지를 속이고 도망친다. 그는 세월이 흐른 뒤에 복수를 두려워하면서 돌아온다. 아브라함은 아내를 자신의 누이라고 거짓말하고 그와 아내는 하나님이 아들을 주시겠다고 약속하자 의심한다. 요나는 니느웨로 가서 예언하라는 하나님의 명령을 거부한다. 다윗과 솔로몬은 성적 대상을 제한하는 데 어려움을 겪는다.

이런 인물들의 공통된 주제는 인간이 완벽할 수 없다는 것이다. 인간은 완벽하지 않을 뿐만 아니라 반드시 필수적인 존재라고 기대할 이유도 없다. 하나님은 홀로 아주 쉽게 모든 것을 이룰 수 있기 때문이다. 이것은 메시아에 관한 언어와 관련해서도 의미가 있다. 유대교에서 메시아 후보자를 의심하는 이유도 그 역할을 혼자 감당하는 한 사람과 그의 완벽성에 의존하기 때문이다. 유대인의 역사에 등장한 거짓 메시아는 겉보기에 그럴듯한 사람을 신뢰하는 것에 대한 경고일 뿐만 아니라 누군가 또는 어떤 정부가 나타나서 세상의 모든 문제를 해결해 줄 것으로 기대하는 모든 과정에 대한 경고이기도 하다.

메시아주의는 본래 종교적 개념이지만 반드시 그런 것은 아니다. 우리는 최근 역사에서 사람들이 전적으로 세속적이면서도 결국에는 완전한 정의, 평화 등을 가져올 것이라는 믿음을 고수하는 모습을 목격했다. 이것이 사실과 거리가 멀다는 게 분명하게 드러나도 달라지지 않는다. 그런데도 종교적이지 않은 시온주의자들 다수가 유대 민족주의라는 개념을 진지하게 받아들였고 이스라엘에서 미래에 대한 희망의 출구를 찾고 그런 희망을 과거의 경험과 연결해 버렸다.

이것은 모든 형태의 민족주의에서 흔히 나타나는 특징이다. 그것은 다른 국가들처럼 평범한 국가가 되어야 하는지 아니면 열방의 빛이 되라는 성경의 요구에 부응해 전 세계를 개선하고 개량해서 메시아적 국가를 성취하는 과정 가운데 일부가 되어야 하는지에 대한 논의로 이어졌다. 이렇게 더 크게 이스라엘까지 확대하는 개념이 가진 문제는 국가를 새롭고 흥미로운 방향으로 이끌 수 있는 지도자와 영웅을 요구한다는 것이다.

어쩌면 이것은 합리적 기대 이상으로 개인에게 여러 가지를 요구할 수 있다. 게다가 이 문제는 일부 기독교 단체가 해석하듯이 이스라엘 국가 자체를 메시아로 변형시키거나 메시아적 성격을 부여하는 것을 포함할 수 있다. 그러면 지도자와 시민에게 성경 전체의 메시지와 완전히 상반된 엄청난 요구가 뒤따르게 된다. 성경은 개인이나 그들의 힘으로 가져올 수 있는 그 어떤 대단한 변화도 높게 평가하지 않는 경향이 있다.

국가가 메시아라는 생각은 마이모니데스가 주장했듯이 우리는 메시아 시대가 어떤 모습일지 알 수 없다는 생각과도 어긋난다. 유대교의 특징 중 하나는 일시적인 시대적 열정에 완전히 굴복하지 않는다는 것이다. 메시아의 존재를 믿으면 이 원칙을 어기는 것이다. 필요한 것은 메시아가 아니라 메시아에 대한 끊임없는 희망이다. 그 인물이 나타나면 우리는 확실히 영웅을 갖게 되지만 그 대가로 역사의 종말을 가져오는 대가를 치르게 된다. 메시아가 오면 더는 기다릴 필요가 없고 희망이 사라지면 우리는 새로운 세계의 모습과 그것을 이룩한 사람들만 전적으로 신뢰하게 된다. 과거를 돌아보면 이런 상황은 항상 재앙을 초래했다.

그렇다면 이스라엘 국가가 메시아적인 측면과 밀접한 관련이 있는지 의문을 제기할 필요가 있고 이는 시온주의를 반대하는 종교적 유대인들이 자주 강조하는 부분이다. 그들은 종종 이스라엘 국가는 오직 메시아를 통해서 성립할 수 있다고 주장하면서 지금 우리가 목격하고 있는 것은 분명히 메시아적이지 않다고 말한다. 모든 게 (현재로서는) 메시아의 징조들과 일치하지 않기 때문이다.

예를 들어, 진리가 이스라엘에서 나와서 온 세상에 퍼지지 않았고 사자가 어린 양과 함께 눕지도 않았다. 만일 그런 일이 있으면 어린 양이 살 가능성은 전혀 없다. 유대인들이 그리스도인들의 메시아 사상에 동의하지 않은 것도 바로 이 때문이다. 물론, 메시아를 출산하기 위한 고통이 길어지고 있고 현재 그 고통을 자세히 보면 메시아의 징조가 드러난다고 주장할 수 있다. 하지만 그런 주장은 샤베타이 즈비나 나중에 거짓 메시아로 알려진 야콥 프랑크가 진짜 메시아이고 제대로 보기만 하면 그 징조를 볼 수 있다고 말하는 것과 마찬가지다.

유대교는 성경을 지나치게 물질적이고 문자적인 방식으로 해석한다는 비판을 받기도 하지만 여기에서 이 전략이 가진 장점이 드러난다. 성경이 메시아의 징조를 명확하게 묘사하고 있어서 그 징조를 판단하는 게 어렵지 않다. 아마도 중요한 것은 유대인들이 이 문제를 지나치게 복잡하고 불명확한 것으로 생각하지 않게 하는 것이다. 그렇게 되면 자기기만과 사기를 부추길 수 있기 때문이다. 우리 모두 카리스마가 있는 사람을 신뢰하고 그 자리에 어울리는 자격을 갖춘 것처럼 보이는 사람의 권위에 복종하기를 좋아한다. 하지만 열광의 대상이 하나님이 아니라면 유대교에서는 이런 식으로 행동하는 것을 특별히 경계하라고 교훈한다.

유대인의 하나님은 폭력적이고 질투심이 많을까

유대인의 성경은 오늘날 정중하게 외면되는 복수와 복수의 위협으로 가득 찬 매우 폭력적인 작품이다. 물론, 그리스도인은 이것을 과거의 계시로 간주하고 이제는 훨씬 더 현대적이고 정확한 계시로 대체되었다고 볼 수 있다. 오바댜 선지자는 구약성경에서 가장 분량이 적은 책을 가진 인물이다. 그 책은 모두 21절에 불과하다. 그는 에돔에서 유대교로 개종했고 대다수 개종자처럼 과거의 유산에 완전히 반기를 들고 이스라엘이 언약을 지키면(이것은 큰 단서 조항이다) 에돔을 멸망할 것이라고 천둥처럼 외쳤다.

무엇보다 오바댜는 우상 숭배가 유행하고 전통적인 유대 관습이 퇴보하던 아합 왕과 이세벨 왕비의 시대에 살았다. 에돔 사람들은 죄인으로 낙인찍힌 에서의 후손들이다. 그렇다면 에서는 무엇을 잘못했을까? 우리는 이 불쌍한 사내가 속아서 장자의 권리를 빼앗겼고 그 대가로 렌틸콩 한 그릇을 받았다고 알고 있다. 동생 야곱은 에서가 자신을 처벌할 것을 확신하고 사건 직후에 도망쳤다가 결국 돌아올 때는 에서에게 화해의 편지를 보냈다. 그리고 혈투가 벌어질 것으로 예상되는 상황에서 가족을 멀리 떠나보냈다.

실제로 에서는 상당한 병력을 이끌고 야곱에게 다가가고 있었다. 그러나 둘이 만나기 전까지 야곱은 천사와 씨름했고 긴 사투 끝에 엉덩이가 탈골했다. 하지만 마침내 천사를 이기고 '하나님과 겨루어 이긴 자'라는 뜻의 이스라엘이라는 이름을 얻는다. 천사가 에서를 상징하는 것으로 보고 싸움의 과정은 육체적이지만 실제로 야곱은 영적으로 에서와 화해했다고 해석하기도 한다. 이것은 어째서 야곱이 에서보다 우월한지 상기시켜 준다. 야곱은 피를 흘리는 폭력 없이도 일을 처리할 능력이 있어서 형과 싸우느니 천사를 상대하는 편이 더 낫다고 생각했다. 따라서 그는 몸을 쓰는 직업적인 사냥꾼 에서보다 공동체를 이끌기에 적합한 인물이다.

레비나스는 폭력을 이렇게 말한다. "폭력은 마치 자신만이 행동할 수 있는 것처럼 행동할 때, 그리고 마치 나머지 우주가 오직 그런 행동을 받아들이기 위해 존재하듯이 행동하는 모든 행동에서 찾아볼 수 있다"(Levinas, 1990a, 6). 이상한 말처럼 들리겠지만 레비나스의 견해에 따르면 행위자가 타인의 이익을 전적으로 무시할 때 폭력이 실제로 가능하다는 것이다.

어떤 유대인은 아말렉에 대한 언급(출 14-17장)에 집중하기도 한다. 거기서는 유대인을 죽이려는 사람이 항상 있으니 늘 자신을 방어할 준비를 하라고 말한다. 또 한편으로는 유대인에게 아말렉이라는 이름을 지우라고 말한다. 이것은 기억뿐 아니라 망각도 미덕이라는 것을 암시한다. 사실, 이것은 균형의 문제이다. 우리는 적을 염두에

두어야 한다. 그렇지 않으면 적들이 우리를 쉽게 압도할 수 있으니 이런 일이 일어나지 않도록 예방 조치를 취해야 한다.

우리는 유대인의 역사를 순교의 기록으로 바꿀 수 있다. 그 역사는 패배와 고통이 계속되다가 가끔 휴식을 취하기도 한다. 하지만 이것은 너무 우울하다. 우리가 인생에서 좋은 점과 나쁜 점을 구분하려면 밝은 점들을 고려해야 한다. 이것은 현대 이스라엘 정치의 서로 다른 성향을 분류하는 나쁜 방법, 즉 적이 무슨 생각을 하든지 평화를 위해 도박할 준비가 된 사람들과 상대방이 아무리 우호적으로 보여도 끊임없이 의심하는 사람들을 구분하는 방법이 아니다.

어쨌든 적은 아말렉처럼 우리가 가장 약해진 순간을 기다리고 있을 수 있다. 홀로코스트가 진행되는 동안 많은 유럽인이 유대인 동료 시민의 고통을 기뻐하면서 살인과 약탈에 열정적으로 동참했다. 아말렉처럼 그들은 독일군이 힘든 전투를 벌이고 유대인이 가장 취약하고 완전히 무방비 상태인 최악의 순간에 뒤에서 공격했다. 하지만 적을 마치 언제나 공격해 올 것처럼 대하면 우리는 적을 단지 적 그 자체로 대하는 셈이고 그러면 적은 언제나 적으로 남는다.

종교가 잘하는 게 있다면 추종자들에게 균형 잡힌 태도를 길러주고 다른 종교가 균형을 제대로 잡지 못하면 비난하는 것이다. 이스라엘 백성이 왕이 필요하다고 결정하고는 사무엘(삼상 9:1-11:13)을 찾아가 왕을 세워달라고 요청했을 때 처음에 그는 온갖 부정적인 결과를 초래할 수 있다고 하면서 반대한다. 그는 하나님에게 백성이 원하는 것에 대해 불평하고 하나님은 그들이 사무엘을 비난하는 게 아니라 자신을 비난하는 것이라고 대답하신다.

하나님의 말씀에도 불구하고 그들이 사무엘의 통치를 받는 것에 만족했다면 왕을 바라지 않았을 것이다! 따라서 그것이 잘못된 결정이지만 하나님은 그 결정을 따를 것이고 피조물이 하는 일이라면 당연히 무엇이든 함께하실 수 있다. 성경의 시작 부분에서 아담과 하와가 불순종해서 하나님이 벌을 내리시지만 그렇다고 종종 그렇듯이 그들을 멸망시키지 않는다. 그들이 잘못된 결정을 내렸다고 해서 하나님이 두 번 다시 함께하고 싶지 않을 정도의 잘못은 아니었다.

폭력은 정당화할 수 있고 성경에 폭력이 자주 등장하기도 하지만 아브라함이 평지에 있는 마을을 살리려고 하나님을 설득하는 장면이나 불안해하는 요나에게 예언자의 사명을 감당하도록 압박하실 때처럼 하나님의 비폭력적인 특징을 생각할 수 있다. 실제로 하나님은 우리가 어려운 상황을 해결하려는 순간에 상황을 반전하거나 뒤집는 것을 좋아하시는 것 같다.

하나님이 파라오에게 가라고 부르시자 모세는 주저하면서도 요나와 달리 실제로 도망치지는 않는다. 그는 자신이 웅변가도 아니고(출 3:11), 궁정에는 말재주가 좋은 대사나 외교관이 넘쳐나서 그들과 비교하면 일 처리가 아주 형편없으며(출 4:10), '말하는 사람'(ish debarim)과는 거리가 멀다고 사뭇 합리적으로 설명한다. 미드라쉬 탄후마(Midrash Tanchumah, 신 1:2)에 따르면 하나님은 모세에게 자신이 처음 인간에게 혀를 주었다는 사실을 상기시키고 나서 모세가 말하는 사람에서 "이것이 말씀이다"(ellah debarim, 신 1:1)라고 말할 수 있는 사람으로 바뀌는 게 그리 어려운 일이 아니라고 알려주신다(Bregman, 2003, 114-116).

하나님이 그렇게 하실 수 있다는 것은 합리적이고 모세가 그럴 수 있는지 의심하는 것 역시 합리적이다. 그리고 출애굽 내내 모세는 하나님의 직접적인 명령과 상반된 행동을 했고 결국 이스라엘 땅에 들어가지 못했다. 모세가 이스라엘 백성과 가나안 땅에 들어가서 모든 노력과 고난을 겪은 여정의 결실을 맛보려고 일생을 바친 일을 하나님이 잔인하게 망쳤다고 생각할 수 있다.

하지만 모세를 처벌하지 않으면 오히려 모세를 존중하지 않는 것이라고도 생각할 수 있다. 만일 죄를 용서하고 잊어버리면 그것은 그렇게 심각한 일이 아닐 수 있기 때문이다. 그렇지만 하나님은 피조물에게 무엇을 지시할 때는 반드시 순종을 기대하신다. 나답과 아비후가 이상한 불로 제사를 지내다가 하나님에게 죽임을 당한 사건에서도 그것을 확인할 수 있다.

성경에는 폭력적인 장면이 많고 하나님을 분노하고 복수하는 존재로 자주 묘사한다. 하지만 그런 내용이 전부는 아니다. 성경은 우리가 폭력적이고 복수심에 불타는 세상에 살고 있다는 것을 전제한다. 이것에 관해서는 내가 이미 집필한 「유대교 사상 입문」에서 어느 정도 자세하게 살펴볼 수 있다.

특정 구절에 매달린 채 그것들이 유대교의 핵심을 요약한다고 주장하는 것은 옳지 않다. 슬픈 구절 안에는 기쁜 구절이 있고 공격적인 구절 옆에 온화한 구절이 자리 잡고 있다. 이것은 유대교만의 특징이 아니다. 이런 서로 다른 구절들을 하나로 엮기 위해 상당히 많은 주석이 온갖 해석을 시도한다. 그 주석들은 아주 고도로 복잡한 신성의 개념을 당연히 우리의 관점에서 반영한다. 동시에 그것들은 우리가 사는 세상을 파악할 때 느끼는 감정이나 경험, 세상을 살고 타인을 상대하는 관점들의 혼합물을 역시 반영한다.

현대 유대인의 사상, 그냥 '아니오'라고 말하기

우리는 가끔 성경에서 접하게 되는 서로 다른 내용에 대해 궁금해하다가 지금껏 내가 시도했듯이 문제를 해결할 수 있는 복잡한 방법을 궁리해 낸다. 일부는 성경이 각기 다른 시대에 다양한 저자가 기록한 본문들이라 엇갈리고 어려워도 놀랄 일이 아니라고 주장한다. 하지만 성경을 전적으로 단일 저자, 그러니까 하나님의 작품으로 간주하면 겉으로 드러난 이 모든 문제를 가능한 한 해결해야 한다. 그것들은 하나님이 우리 또는 적어도 일부에게 전달하시려는 중요한 무엇인가를 감추고 있기 때문이다. 이것이 전통적인 유대인이 개혁적인 동료 종교인들에게 제기하는 도전이다.

토라를 전적으로 의심할 나위 없이 하나님에게 받은 것으로 생각하지 않으면 그것을 연구하고 전체 의미를 찾는 일에 무관심할 수 있다. 특별한 의미를 포함하지 않을 수도 있으니 연구할 만한 가치를 지닌 것은 약간의 분량과 다양한 저자들이다. 평가할 수 있는 의미를 가진 것은 그것들뿐이기 때문이다. 이것은 마치 도시의 구성물들이 시간표를 조정하는 데 서로 협조하지 않는 것과 같다. 각각의 부분은 효율적으로 작동하고 이해할 수 있지만 우연히 모든 게 서로 맞물려

돌아가지 않는 이상 전체는 단일 체계를 벗어난다. 물론 그럴 가능성은 극히 적다.

그런데 우리는 마치 그런 체계가 하나로 통합된 것처럼 해석할 수 있다. 솜씨 좋은 추론으로 거의 모든 것을 연결할 수 있다. 문제는 이렇게 할 가치가 있는가에 달려 있고 그렇게 해서 밝혀진 결과는 본래부터 연결된 것이라는 생각에 크게 의존한다. 토라의 전통적인 해석을 따를 때 겪는 어려움 중 하나는 단지 기록된 토라뿐만 아니라 랍비들의 구술 교훈까지 거룩하고 직접 하나님으로부터 받았다고 간주해야 한다는 것이다.

랍비들이 어째서 자신의 주석 작품을 하나님과 동일시하려 했는지 이해할 수는 있지만 그런 관점에서 어떤 랍비가 하나님에게 성경을 받았다고 주장해도 그 주장이 갖는 신빙성은 의심하지 않을 수 없다. 여기서 우리는 유대교 신학의 다양한 문제에 직면한다. 어쩌면 그것은 신학 전반에 관한 문제일 수 있다. 종교를 탐구하려고 종교 본문을 비교하고 사용하면서도 신학자들이 정한 방향이 전적으로 분석을 주도하게 된다.

유대교 신학자는 성경과 미쉬나, 탈무드, 토세프타, 미드라쉼, 바라이톳 등 온갖 주석 자료에서 다양한 견해를 찾을 수 있고 거의 모든, 또는 특정 주제를 설명하는 구절을 적절하게 선택할 수 있다. 쉽게 접하는 더 격식 있는 견해를 특정 사안에 적용하는 것은 그렇게 어렵지 않고 사안마다 그런 견해에 비추어 '설명'한다. 결과는 사안에 대한 명백한 유대식 해석이고 이런 견해를 확보하려고 인용한 많은 유대교 본문이 그것을 보증한다.

여기서 조너선 색스가 유대 종교를 혁명적으로 간주했던 내용을 한 가지 예로 들어 보자. 색스는 성경이 이스라엘 사람들이 이방인을 대하는 문제에 상당한 관심이 있다는 것을 인용한다. 그는 타인에 대한 이런 관심에 감명을 받고 그것이 이 종교의 전부를 대표한다고 주장했다.

그런데 이 내용은 아주 다른 방식으로도 해석할 수 있다. 이것은 이스라엘 사람 가운데 여정에 동참한 사람들을 정당화하는 데 적용할 수 있다. 왜냐하면 그들은 분명히 가치 있는 자원이었고 과거 출애굽의 임무를 달성하는 데 이바지했기 때문이다. 오늘날 이스라엘에서는 외국인 노동자를 어떻게 대우해야 하는지 의견이 분분하다. 이들은 유대인이 아니지만 이스라엘 국가 내부에서 경제생활에 이바지하고 이스라엘에 잔류하기를 바라는 사람들이다.

가령, 미국 해리스버그 지역의 유대인이 이스라엘에서 실제로 거주하는 태국인보다 국적에 있어서 우선권을 갖는 게 맞을까? 현재 이런 일이 일어나고 있지만 성경에서 이방인을 어떻게 대해야 할지 언급하는 구절은 실제로 우리 문제를 해결하는 데 도움이 되지 않는다. 처음부터 이 문제는 시민권이나 공동체에 가입하려는 서로 다른 주장을 비교하는 문제를 취급하지 않기 때문이다.

조너선 색스(2000, 92)에 따르면 유대교가 아주 바람직한 종교인 이유는 이방인의 권리를 보호하는 데 중점을 두고 있기 때문이다(토라는 이방인을 36회 언급한다. Bava Metzia 59b). 이웃을 사랑하라는 명령은 누가 우리의 이웃인지 그들이 어떤 사람인지 알고 있어서 따르기 쉽다고 그는 주장한다. 우리는 대부분 우리와 닮은 사람을 좋아하지만 이방인은 낯선 외국 사람, 심지어 우리가 두려워하고 받아들이기 어려운 사람이다. 그런데도 우리는 여러 차례 이방인을 배려하라는 명령을 받았고 이스라엘 사람들은 자신들도 한때는 이집트에서 이방인이었다는 사실을 되새겨야 한다. 이것은 훌륭해 보인다. 그래서 색스는 이스라엘 사람들에게 설정된 높은 도덕적 기준을 길게 늘어놓는다. 이것은 내가 이 책에서 '랍비식 방법'(rabbinic method)이라고 부르는 것의 전형적 사례다. 추론에 기초한 결론에 주장을 제시하고 유대교 문헌에서 인용한 내용을 거기에 덧붙이는 것이다.

우리가 색스의 주장을 반드시 받아들여야 할까? 아마도 그렇지 않을 것이다. 만일 이방인이 당신과 함께 여행하는 사람이고 전체 공동체와의 관계를 해결해야 할 사람을 가리킨다면 그의 해석은 적절하지 않다. 이스라엘 사람들에게 이집트에서의 삶을 상기시키는 것은 공동체에 통합되지 않은 소수 집단이 그 사회의 위협으로 간주 될 수 있고 마침내 박해받을 수 있다는 사실을 일깨우려는 의도였다.

따라서 이방인에 대한 이 언급을 다양성과 차이를 용인하는 초창기 형태로 간주하는 것은 아주 부적절하다. 이것은 오히려 규모가 큰 사회가 외부 집단을 통합해 다양성을 제거하려는 시도로 볼 수도 있다. 유대교가 전체적으로 다른 집단에 대해 특별히 개방적이지 않다는 측면에서는 근거가 충분하다. 토라가 여러 대목에서 유대인 공동체를 다른 모든 집단과 분리하는 문제를 다루고 있기 때문이다.

예를 들어, 613개의 계명과 모든 인간이 따라야 하는 노아의 일곱 가지 법칙을 비교할 수 있다. '유대인은 누구인가'라는 문제는 정의가 다양하고 아주 복잡하다. 그런 정의 가운데 일부는 매우 제한적이고 또 일부는 무척 느슨하다. 유대교가 사람들을 서로 구분하는 문제를 중시하지 않는다고 말할 수는 없다. 만일 유대교를 한 가지 표현으로 설명할 수 있다면 그것은 바로 구별을 고집하는 종교라고 할 수 있다.

물론 이 때문에 유대인이 다른 사람보다 더 우월하게 생각해야 한다는 뜻은 아니다. 비유대인들도 유대인들만큼 괜찮은 삶을 살 기회를 가질 수 있고 구원이 가능하다면 비유대인들도 거기에 참여할 가능성을 똑같이 소유한다. 그렇지만 토라가 유대인과 나머지 사람들의 차이를 강조하지 않는다는 생각은 터무니없다. 토라는 끊임없이 이 관계를 탐구하고 주석자들 역시 줄곧 이 문제를 다루어왔다.

탈무드와 미쉬나의 규칙 대부분은 유대인으로서 유대인에게 요구되는 것에 관한 것이지 모든 인간에게 요구하는 내용은 아니다. 따라서 색스의 해석은 감동적일 수는 있어도 실상과 다르다. 그리고 이런 방식의 논증이 실제로는 문제가 있다는 게 드러난다. 성경에서 이스라엘 사람들이 안고 있는 문제 중 하나는 주변에 있고 실제로 자신들과 비슷해서 가능하면 결혼을 방지해야 하는 공동체가 동화되지 못하도록 막는 것이었다.

이스라엘 사람들과 인접하고 여러 가지 면에서 아주 유사했던 모압 족속과 암몬 족속은 대개 근친상간에서 비롯된 자손으로 묘사하고 모두 사생아로 간주했다(창 19:30-38). 가나안 사람들은 부정적인 용어로 끊임없이 묘사된다. 성경은 비슷한 사람들과 동화하면 더 큰 위험이 발생한다는 사실을 정확하게 인식하고 있다. 유대교가 계속해서 존속하려면 고유한 특성을 보존해야 하는데 성경은 이스라엘 사람들과 나머지를 따로 구별해 이것을 가능하게 만들려고 한다. 이런 종교가 추종자들과 그 이외의 사람들을 명확하게 구별하지 않는다는 주장은 인정하기 어렵다.

종교의 핵심 본문들은 복잡한 문서이고 여러 주제를 다양한 시각으로 바라보기 때문에 따로 일관된 메시지를 끌어내는 문제는 분명히 간단하지 않다. 랍비들은 종종 그것과 다르게 주장해 왔다. 종교는 복잡하고 사람들의 복잡한 삶과 맞아떨어져 오랫동안 지속할 수 있었다. 기준을 단순하게 제시하는 것은 아주 부적절하다. 종교가 아주 단순한 기준으로 구성되었다고 생각할 때도 많지만 실상은 그렇지 않다.

랍비와 같은 종교 지도자들이 일반 대중을 상대로 글을 쓸 때 자주 하는 작업은 종교를 단순화해서 사람들이 기본적인 원칙을 이해하기 쉽게 만드는 것이다. 이것은 수사학적으로 효과적일 수 있지만 주제에 대한 진지한 설명으로는 매우 불충분하다. 이것을 제대로 보여준 현대 사상가가 에마뉘엘 레비나스이다. 레비나스가 작업한 탈무드 주석은 탈무드와 거의 무관하고 그의 개인적인 사상이나 철학과 깊은 관계가 있다. 사상가는 당연히 여러 자료에서 영감을 얻을 수 있고 탈무드는 그것을 시작하기에 나쁘지 않다고 할 수 있다. 그런데 문제는 등장하는 주석들이 실제로 종교나 종교의 법을 설명하지 않고 표면적으로만 연결되어 있다는 것이다.

우리는 이런 종류의 랍비 주석의 목적이 무엇인지 분명히 할 필요가 있지만 모든 저자가 실제로 랍비가 아니라는 것도 덧붙일 필요가 있다. 목적은 청중, 그러니까 일반적으로 유대인 청중에게 영감을 주고 설득하고 동기를 부여하는 것이다 보니 적절한 인용문을 신중하게 정하고 목적을 고려해서 주장을 선택한다. 물론 이것이 잘못된 게 아니지만 여기서 상황이 어떻게 전개되는지 이해하는 게 중요하다. 그렇지 않으면 주장의 빈틈이 뚜렷이 드러나기 때문이다.

종교 본문에서 인용한 몇 구절만으로는 아무리 인상적이거나 길게 늘어놓아도 그 종교가 무엇인지 설명하기에 충분하지 않다. 이것은 유대교에 국한하지 않고 모든 종교에 일반적으로 적용된다. 따라서 이슬람이 공격적이거나 소극적이라고 주장하려고 꾸란에서 몇 구절을 선택해 주장하는 사람들은 '예수님이라면 어떻게 하실까'(W-WJD)라고 묻는 사람들과 마찬가지로 이 종교를 정의하는 데 실패할 수밖에 없다.

반면에 우리가 유대교의 주요 텍스트에서 발견하는 일부 신학적 표현들은 실천에 대한 의미가 깊고 우리가 어떻게 살아야 하는지에 대한 흥미로운 사상을 담고 있다. 랍비들이 강조한 문제 중 하나는 성전이 파괴된 이후 유대인들이 먹고 손님을 초대하는 식탁이 제단을 대신하게 되었다는 점이다(Menachot 97a, Chagigah 27a). 그들의 식탁에 있는 사람은 그가 누구인지 알고 있어도 그 집 사람이 아니면 낯선 사람이다.

그리고 우리가 당연히 존경해야 할 아브라함의 특징 중 하나는 극단적으로 환대하는 태도다. 랍비 예후다는 여기서 여행자에 대한 환대가 쉐키나(하나님의 임재)를 맞이하는 것보다 더 중요하다는 원칙을 끌어냈다(Shabbat 127b). 아마도 그는 이것이 쉐키나를 집으로 끌어들이는 방법이라는 의미로 말했을 것이다. 결국 아브라함은 하늘에서 내려오는 계시를 중단하고 낯선 사람들을 집으로 데려가려고 달려갔다(창 18:1-2). 하나님은 아브라함에게 나타나셨고 그는 세 명의 사내를 맞이하려고 자리에서 일어나 시원한 천막을 마다하고 더위 속으로 나가 초대했다. 그는 사내들에 대해 아무것도 알지 못했지만 그들이 천막에 들어와서 음식과 음료를 함께 나누면 자신이 존경받게 된다는 것을 알고 있었다.

낯선 사람에 대한 이런 태도는 놀라운 일이지만 사회와 동료애의 중요성을 인정한다면 그렇게 대단한 게 아니다. 이것은 유대교의 끊임없는 주제이기도 하고 현대 사상가인 레비나스가 유대교를 설명하면서 적절하게 강조한 대목이다. 낯선 사람은 우리에게 매우 유익하다. 왜냐하면 그들은 우리가 새로운 사람을 만나고 그들로부터 배우고 어떤 방식으로든 그들과 연결될 기회를 주기 때문이다. 아마도 과거에는 성전이 바로 그런 역할을 했을 것이다. 많은 사람이 성전을 방문했고 그들은 아마 그곳에서 서로 교제하면서 시간을 보냈을 것이다. 하지만 성전이 사라졌다고 해도 우리는 여전히 다른 사람들과 음식을 나누고 집에 초대해서 그런 기회를 계속 이어갈 수 있다.

현대 사상이 유대교처럼 보이지만 실제로는 그렇지 않은 또 다른 예를 들어 보자. 철학자 켄 시스킨(Ken Seeskin, 2007)은 임마누엘 칸트 사상에 열광해서 유대교가 칸트와 전반적으로 일치한다고 주장한다. 그는 유대교가 칸트처럼 법을 스스로 부과하는 것으로 간주한다. 그러면서도 그는 칸트와 유대교가 법에 대한 태도에서 넓은 의미에서 일치한다고 보는 게 불합리하다는 사실을 확실하게 인정한다.

결국 종교는 율법을 하나님의 역할로 삼는 경향이 있고 종종 율법이 율법일 수 있는 이유는 하나님이 우리를 위해 그것을 명령하시기 때문이다.

마이모니데스와 같은 일부 사상가들은 율법에는 이유가 있고 우리는 때때로 그 이유를 이해할 수 있다고 주장한다. 하지만 이것은 우리가 율법을 우리의 율법으로 만드는 게 우리 스스로 이유를 발견하고 동의하는 것이라고 주장하는 것과는 거리가 멀다. 예를 들어 마이모니데스는 사람들은 대부분 율법의 이유를 진정으로 이해하지 못해도 단순히 법을 받아들여야 한다고 인정한다. 왜냐하면 사람들은 이런 것들을 직접 해결할 능력이 없기 때문이다.

여기서 하나님이 우리에게 율법을 지키라고 명령하시는 게 우리 삶에 실질적인 영향을 미친다는 점을 생각해 보면 우리가 직접 율법의 이유를 파악하고 율법 그 자체를 이해할 수 있다면 하나님이 존재하는 까닭이 무엇인지 궁금해진다. 이것은 현재 미국의 개혁파와 보수파 유대교 운동의 불안정한 상황을 지켜보면서 많은 유대인이 직접 도달한 결론이기도 하다.

시스킨은 하나님이 시나이산에서 제정하신 핵심적인 도덕 법칙이 당시 사람들이 동의한 규칙들이라고 제안하는 선에서 그치지 않는다. 그는 심지어 마이모니데스조차 그 목적이 모호할 정도로 오래된 일이라고 간주했던 유대인들이 제사법(후킴)에 동의했다고 말한다. 그렇지만 마이모니데스는 우리가 그 법들을 의심하면 안 되고 그것을 조금이라도 변경하려고 하면 전체 율법 체계를 뒤흔들 위험이 있다고 말했다. 이것은 칸트와는 아주 거리가 먼 주장이다.

게다가 근거가 더는 존재하지 않는 제의법에 우리 자신을 구속한다는 생각은 시스킨조차 잠시 생각을 멈추게 한다. 그러나 그는 계속해서 레비나스와 마찬가지로 제의법이 실제로 우리가 이해할 수 있는 이론적 도덕 원칙(미쉬파팀)의 실용적이고 물리적인 측면이라고 주장하면서 우리가 그것이 삶에서 명백한 역할을 한다고 생각하면 자유롭게 동의할 수 있다고 본다. 이것은 분명히 가능하다. 내가 다른 사람이 나보다 더 많이 안다고 생각해서 시키는 대로 따르는 것이라면 나는 그 의무와 그에 따른 모든 것에 자유롭게 동의했다고 할 수 있다. 우리는 곧잘 이런 행동을 한다. 예를 들어 의사나 변호사의 조언을 받는 것은 우리가 처한 상황의 복잡성을 이해하지 못하고 그들이 더 잘 이해하고 있다고 믿기 때문이다.

그러나 여기서 우리가 자율적으로 행동한다고는 볼 수 없다. 우리가 동의하는 것을 왜 해야 하는지 전혀 이해하지 못하기 때문이다. 우리는 강제로 하는 게 아니지만 어떻게 처신할지 다른 사람이 더 잘 알고 있다고 생각해서 그렇게 하는 것이다. 이것은 어떤 의미에서도 자율성이 아니다. 우리가 이해했다면 동의할 것이라는 주장은 문제의 본질이 아니다. 그것이 바로 후견주의(paternalism)의 원칙이다. 물론 우리에게 유리한 상황에서 자율성을 희생하는 게 우리의 최선의 이익에 부합할 때가 있지만 그래도 우리는 자율성을 희생한다. 유대인의 율법을 그렇게 해석하면 그것은 율법의 본질을 제대로 이해하지 못한 것이다.

그렇다면 유대교의 방식은 무엇일까? 언어로 표현하자면 유대교는 본문들을 서로 맞대어 놓고 비교하고 대조하는 과정을 거친 뒤에 드러나는 내용을 말하는 방식이다. 때때로 강조되는 것은 페샷, 그러니까 본문이나 낱말의 직접적인 의미이다. 성경 구절을 다른 성경 구절과 비교할 때 과거에 번성했던 주석을 사용해 유사한 구절을 찾아서 의미를 확장하거나 대조해서 더 깊은 통찰을 제공하는 방식이다.

때로 주석자들은 더 모호한 의미(데라쉬)로 훨씬 더 깊고 넓게 들어가는 게 좋다고 생각한다. 여기서는 창의력을 더 크게 발휘하고 때로는 다소 과장된 해석이 들어갈 수 있다. 결국 성경은 인간을 위한 하나님의 안내서라서 우리가 놓쳤을 수 있는 의미를 찾아내기 위해 탐구하는 게 합리적이다(이것이 데라시의 문자적 의미이다). 여기에는 본문의 다양한 글자, 용어의 숫자적 해석, 같은 해석을 하는 서로 다른 용어들, 다른 글자를 대체하거나 구절을 바꾸는 식의 방법이 포함된다.

핵심은 율법의 문제를 해결하는 것이고 성경이 그 문제에 어떻게 이바지하는지 탐구하는 것이다. 최근에 이런 창의적인 탈무드 접근법과 포스트모더니즘의 연결고리가 주목받고 있다. 모든 것이 허용되는 것처럼 보이고 주석자가 언어를 어떻게 다루든지 창의성은 도전받지 않는다. 사실 이것은 늘 있었고 오늘날 현대 주석자들의 글에서도 똑같이 나타난다. 일부 탈무드 해석에서 볼 수 있는 자유로운 해석을 보면 현대 주석자들이 전통을 제대로 존중하지 않는다는 비판이 부당해 보일 수 있다. 전통 자체가 극단적인 해석의 자유를 바탕으로 하고 있어서 현대의 해석이 사실 유대교 주석 전통의 일부라는 것이다.

그렇다고 해서 모두 그렇다고 할 수는 없다. 탈무드, 특히 바빌로니아 탈무드에서는 언어를 아주 이상하고 불확실하게 사용하는 경우가 많다. 이들은 대부분 중요한 것을 설명하기 위해 설계된 이야기, 곧 아가다를 사용한다. 예를 들어 랍비 아바후는 모르드개가 이스라엘에 음식을 제공했을 뿐만 아니라 유모가 없을 때 에스더에게 젖을 먹였다고 말한다. 적어도 어떤 탄나('미쉬나 교사')에 따르면 남성의 젖도 코셔라고 한다(Gen Rabbah 30:8).

반면에 법적 입장에 대한 서로 다른 견해를 조화롭게 조정하고 적절한 균형을 맞추는 것을 상당히 우려하기도 한다. 이것은 랍비 대장장이 이삭의 두 제자 이야기에서 잘 드러난다. 한 제자는 아가다에 열정적이고 다른 제자는 할라카에 더 관심이 있었다. 그들은 각자 선호하는 음식만 요구했다. 랍비 이삭은 그들을 두 아내를 둔 남편에 비유했다. 한 아내는 남편의 흰머리를 뽑고 다른 아내는 검은 머리를 뽑는 바람에 결국 남편은 거의 대머리가 되었다고 한다(Bava Kama 30b).

이런 균형에 대한 존중은 현대 유대 철학자들이 상당 부분 훼손한 부분이다. 이들은 결론을 도출하려는 관심 없이 자료를 다루기 때문에 그 자료를 논리적 방향으로 해석하는 데 골몰한다. 하지만 그들이 다루는 것이 유대교의 본질에 대한 이해를 돕지 않고 그들이 고려하는 주제의 논리적 본성만 드러낸다는 점에서 문제가 있다. 그들은 이스라엘 장월의 「게토의 아이들」에 나오는 현대 유대인처럼 부끄러운 아버지가 상징하는 전통을 거부하는 것과 비슷하다.

이 문제는 특정 종교 또는 유대적인 것과는 관련이 없다. 이것은 본문을 어떻게 다루는지에 관한 문제다. 본문을 이해하기 위해서는 비슷하거나 다른 본문과 비교해야 하고 한두 개 본문만 사용해서 철학적으로 다루는 것으로는 부족하다. 일부 철학자는 본문의 실제 문법에 구속되지 않은 채 문법을 깊게 탐구하면서 철학적 방법으로 본문을 분석할 수 있다고 생각하지만 우리는 전통적인 유대교 본문에서 나온 신학적 자료와 철학적 사상을 어떻게 연결할 수 있는지 묘책이 필요하다.

현대 유대 철학에서는 이것이 어떻게 작동하는지 이해하는 데 현실적으로 한계가 있다. 이것은 특정 종교를 비난하거나 칭찬하기 위해 그 종교의 전통에서 문장 몇 개를 선택해 그것들이 그 종교를 대표한다고 말하면서 그 종교를 공격하거나 옹호하는 기초로 삼는 것과 비슷하다. 레비나스나 시스킨과 같은 위대한 사상가조차 유대교의 특정 구절이나 해석이 그 종교를 완벽하게 정의하는 것으로 간주하면서 이미 준비된 이론적 틀에 들어맞는 것처럼 해석하는 함정에 빠진다.

현대 유대교 사상은 일반적으로 종교와 이성을 조화시키는 것으로 간주하는데 둘 다 좋아한다면 이것을 위해 노력하는 게 당연하다. 이 작업을 진행하는 방법은 실제로 유대적인 것과 이론적인 것 모두에 중요하다. 나는 후자보다는 전자에 집중했고 그저 무엇이든 유대적이라고 부르는 것은 우리를 어느 곳에도 데려갈 수 없다고 주장했다. 많은 현대 유대교 사상의 작동 원리는 정말 절박할 때 당황하지 말라는 것이다. 미드라쉬, 미쉬나, 탈무드, 그리고 벤 백 백이 주장하듯이 열심히 찾고 창의적으로 노력하면 토라에서 늘 자신에게 맞는 교훈을 찾을 수 있기 때문이다(열조의 교훈 5.25).

관심 있는 내용이나 구절을 가지고 놀면서 많은 것을 얻는 것은 그리 어렵지 않지만 그 과정이 유대교와는 무슨 관련이 있을까? 결국 우리는 전통적인 유대교 주석 자료들보다 훨씬 덜 흥미롭고 도전적이지 않은 직업적 종교 권위자들의 거만한 태도에 무릎을 꿇게 된다.

| 참고문헌 |

Aberbach, Moshe (2009) Jewish Education and History: Continuity, crisis and change, ed. and trans. David Aberbach, London: Routledg.

Abravanel, Isaac (1982) Principles of Faith (Rosh Amanah), trans. M. Kellner, London: Associated University Press.

Adang, Camilla (1996) Muslim Writers on Judaism and the Hebrew Bible: From Ibn Rabban to Ibn Hazm, Leiden: Brill.

Ahad Ha-Am (1946) Essays, Letters, Memoirs, ed. Leon Simon, Oxford: East and West Library.

Alba, Richard (2006) 'On the Sociological Significance of the American Jewish Experience: Boundary Blurring, Assimilation, and Pluralism', Sociology of Religion, 67: 347-58.

Albo, Joseph (1946) The Book of Principles (Sefer ha-Ikkarim), trans. I. Husik, Philadelphia, PA: The Jewish Publications Society.

Albright, William (2006) Archaeology and the Religion of Israel, Louisville, KY: Fons Vitae.

Arendt, Hannah (1978) The Jew as Pariah, ed. Ron Feldman, New York: Grove Press.

Baeck, Leo (1936) The Essence of Judaism, trans. V. Grubwieser and L. Pearl, London: Macmillan.

_____ (1958) Judaism and Christianity, trans. W. Kaufman, Philadelphia, PA: Jewish Publication Society of America.

Baer, Marc (2009) Jewish Converts, Muslim Revolutionaries, and Secular Turks, Stanford, CA: Stanford University Press.

Bali, Rifat (2008) A Scapegoat for All Seasons: The Donmes or Crypto-Jews of

Turkey, Istanbul: Isis Press.

Barnavi, Eli (2003) Historical Atlas of the Jewish People, New York: Schocken.

Baskin, Judith (2002) Midrashic Women: Formations of the Feminine in Rabbinic Literature, Hanover, NH: University Press of New England.

Benvenisti, Meron (1996) City of Stone: The Hidden History of Jerusalem, Berkeley, CA: University of California Press.

Berger, David (1979) The Jewish-Christian Debate in the High Middle Ages, Philadelphia, PA: Jewish Publication Society.

Berkowitz, Michael (2000) The Jewish Self-image: American and British perspectives, 1881-1939, London: Reaktion Books.

Berkowitz, Michael and Ruti Ungar (2007) Fighting Back? Jewish and Black Boxers in England, London: University College London.

Berman, Lila (2009) Speaking of Jews: Rabbis, Intellectuals, and the Creation of an American Public Identity, Berkeley, CA: University of California Press.

Bernstein, Richard (1998) Freud and the Legacy of Moses, Cambridge: Cambridge University Press.

Bloom, Maureen (2007) Jewish Mysticism and Magic: An Anthropological Perspective, London: Routledge.

Borowitz, Eugene (1991) Renewing the Covenant: A Theology for the Postmodern Jew, Philadelphia, PA: Jewish Publications Society.

_____ (2006) The Talmud's Theological Language Game, Albany, NY: SUNY Press.

Botwinick, Aryeh (1990) Skepticism and Political Participation, Philadelphia, PA: Temple University Press.

Boyarin, Daniel (1990) Intertextuality and the Reading of Midrash, Bloomington, IN: Indiana University Press.

_____ (1993) Carnal Israel: Reading Sex in Talmudic Culture, Berkeley, CA: University of California Press.

Boyarin, Jonathan (2010) The Unconverted Self: Jews, Indians, and the Identity of Christian Europe, Chicago: University of Chicago Press.

Bregman, Marc (2003) The Tanhuma-Yalammedenu Literature, Piscataway, NJ: Gorgias Press.

Browning, Christopher (2010) Remembering Survival: Inside a Nazi Slave-Labor Camp, New York: W. W. Norton.

Buber, Martin (1988) Moses: The Revelation and the Covenant, Amherst, NY: Prometheus Books.

_____ (1991) Tales of the Hasidim, New York: Shocken.

_____ (2002) Meetings: Autobiographical Fragments, London: Routledge.

Castano Gonzales, Javier (1997) 'Social Networks in a Castilian Jewish Aljama and the Court Jews in the Fifteenth Century: A Preliminary Survey (Madrid 1440-1475),' En la Espana Medieval, 20: 379-92.

Chazan, Robert (1989) Daggers of Faith: Thirteenth Century Missionizing and the Jewish Response, Berkeley, CA: University of California Press.

_____ (1992) Barcelona and Beyond: The Disputation of 1263 and Its Aftermath, Berkeley, CA: University of California Press.

Cixous, Helene (2004) Portrait of Jacques Derrida as a Young Jewish Saint, trans. Beverley Brahic, New York: Columbia University Press.

Coggan, R. (ed.) (1998) The Oxford History of the Biblical World, Oxford: Oxford University Press.

Cohen, Jeremy (ed.) (1991) Essential Papers on Judaism and Christianity in University Press.Conflict: From Late Antiquity to the Reformation, New York: New York.

Cohen, Steven and Arnold Eisen (2002) The Jew Within: Self, Family, and Community in America, Bloomington, IN: Indiana University Press.

Cohen, Steven and Laurence Kotler-Berkowitz (2004) The Impact of Childhood Jewish Education on Adult Jewish Identity, New York: United Jewish

Communities.

Cohn-Sherbok, Daniel (2003) Judaism: History, Belief and Practice, London: Routledge.

Diner, Hasia (2001) Hungering for America: Italian, Irish and Jewish Foodways in the Age of Migration, Cambridge, MA: Harvard University Press.

Dorf, Elliot and Louis Newman (1999) Contemporary Jewish Theology: A Reader, New York: Oxford University Press.

Eden, Esin and Nicholas Stavroulakis (1997) Salonica: A Family Cookbook, Athens: Talos.

Efron, John, Steven Weitzman, Matthias Lehmann and Joshua Holo (2008) The Jews: A History, Harlow: Pearson Education.

Elon, Menachem (1994) Jewish Law: History, Sources, Principles, trans. B. Auerbach and M. Sykes, Philadelphia, PA: Jewish Publications Society.

Endelman, Todd (2002) "Practices of a Low Anthropological Level": A Shehitta Controversy of the 1950s', in A. Kershen (ed.), Food in the Migrant Experience, Aldershot: Ashgate.

Engel, David (2010) Historians of the Jews and the Holocaust, Stanford, CA: Stanford University Press.

Feldman, Seymour (2003) Philosophy in a Time of Crisis: Don Isaac Abravanel, Defender of the Faith, London: Routledge.

Feuerbach, Ludwig (1881) The Essence of Christianity, trans. M. Evans, London: Trubner.

Finkel, Avraham (1990) The Responsa Anthology, Northvale, NJ: Jason Aronson.

Fisch, Menachem (1997) Rational Rabbis, Science, and Talmudic Culture. Bloomington, IN: Indiana University Press.

Fishbane, Michael (2003) Biblical Myth and Rabbinic Mythmaking, Oxford: Oxford University Press.

Fraade, Steven (1991) From Tradition to Commentary: Torah and its

Interpretation in the Midrash Sifre to Deuteronomy, Albany, NY: State University of New York Press.

Frank, Daniel and Oliver Leaman (eds) (1997) History of Jewish Philosophy, London: Routledge.

_____ (eds) (2003) Cambridge Companion to Medieval Jewish Philosophy, Cambridge: Cambridge University Press.

Frank, Daniel, Oliver Leaman and Charles Manekin (eds) (2000) The Jewish Philosophy Reader, London: Routledge.

Freud, Sigmund (1964) 'Moses and Monotheism: Three Essays,' in The Standard Edition of the Complete Psychological Works of Sigmund Freud, Vol. XXIII, trans. James Strachey, London: Hogarth Press, pp. 36-53.

Geller, Jay (2007) On Freud's Jewish Body: Mitigating Circumcisions, New York: Fordham University Press.

Gilbert, Martin (1993) The Atlas of Jewish History, New York: William Morrow.

_____ (2007) Churchill and the Jews: A Lifelong Friendship, New York: Henry Holt.

Gilder, George (2009) The Israel Test, Minneapolis, MN: Richard Vigilante Books.

Gilman, Sandor (1997) Smart Jews: The Construction of the Image of Jewish Superior Intelligence, Lincoln, NE: University of Nebraska Press.

Goitein, S. (1988) A Mediterranean Society: The Jewish Communities of the Arab World as Portrayed in the Documents of the Cairo Geniza, Berkeley, CA: University of California Press.

Goldstein, David (trans.) (1971) The Jewish Poets of Spain, Harmondsworth: Penguin.

Goldstein, Rebecca (2010) 36 Arguments for the Existence of God, New York: Pantheon.

Gorenberg, Gershom (2000) The End of Days: Fundamentalism and the Struggle for the Temple Mount, Oxford: Oxford University Press.

Grabar, Oleg (1996) The Shape of the Holy: Early Islamic Jerusalem, Princeton, NJ: Princeton University Press.

Graham, David (2003) Secular or Religious? The Outlook of London's Jews, London: Institute for Jewish Policy Research.

Gurkan, Leyla (2009) The Jews as a Chosen People: Tradition and Transformation, London: Routledge.

Halevi, Jehuda (1947) Kuzari: The Book of Proof and Argument, trans. I. Heinemann, Oxford: East and West Library.

Halivni, David (1991) Peshat and Derash: Plain and Applied Meaning in Rabbinic Exegesis, New York: Oxford University Press.

Hamblin, William and Rolph Seely (2007) Solomon's Temple: Myth and History, London: Thames & Hudson.

Handelman, Susan (1982) The Slayers of Moses: The Emergence of Rabbinic Interpretation in Modern Literary Theory, Albany, NY: State University of New York Press.

Harlow, Jules (2003) Pray Tell: A Hadassah Guide to Jewish Prayer, Woodstock, VT: Jewish Lights.

Harris, Jay (1995) How Do We Know This? Midrash and the Fragmentation of Modern Judaism, Albany, NY: State University of New York Press.

Heilman, S. (1992) Defenders of the Faith: Inside Ultra-Orthodox Jewry, New York: Penguin.

Herf, J. (2006) (ed.) Anti-Semitism and anti-Zionism in Historical Perspective, London: Routledge.

Heschel, Abraham (1996) Prophetic Inspiration After the Prophets: Maimonides and Other Medieval Authorities, Hoboken, NJ: KTAV.

Hezser, Catherine (1997) The Social Structure of the Rabbinic Movement in Roman Palestine, Tubingen: Siebeck.

Hillenbrand, Robert (2002) The Architecture of Ottoman Jerusalem, Louisville,

KY: Fons Vitae.

Hirsch, Marianne and Leo Spitzer (2010) Ghosts of Home: The Afterlife of Czernowitz in Jewish Memory, Berkeley, CA: University of California Press.

Hollander, Dana (2008) Exemplarity and Chosenness: Rosenzweig and Derrida on the Nation of Philosophy, Stanford, CA: Stanford University Press.

Holo, Joshua (2010) Byzantine Jewry in the Mediterranean Economy, Cambridge: Cambridge University Press.

Holtz, Barry (1992) Back to the Sources, New York: Touchstone.

Hull, Margaret B. (2002) The Hidden Philosophy of Hannah Arendt, London: Routledge.

Ish-Shalom, Benjamin (1993) Rav Avraham Itzhak HaCohen Kook: Between Rationalism and Mysticism, trans. Ora Elper, Albany, NY: State University of New York Press.

Jaffee, Martin (2001) Torah in the Mouth: Writing and Oral Tradition in Palestinian Judaism, 200 BCE-400 CE, New York: Oxford University Press.

Judd, Robin (2007) Contested Rituals: Circumcision, Kosher Butchering, and Jewish Political Life in Germany, 1843-1933, Ithaca, NY: Cornell University Press.

Julius, Anthony (2010) Trials of the Diaspora, Oxford: Oxford University Press.

Kadushin, Charles and Elizabeth Tighe (2008) 'How Hard Is It to Be a Jew on College Campuses?,' Contemporary Jewry, 28: 1-20.

Kadushin, Charles, Shaul Kelner, Leonard Saxe, Archie Brodsky, Amy Adamczyk and Rebecca Stern (2000) Being a Jewish Teenager in America: Trying to Make It, Waltham, MA: Brandeis University, Cohen Center for Modern Jewish Studies.

Kadushin, Max (2001a) The Rabbinic Mind, Binghamton, NY: Global Publications.

_____ (2001b) Worship and Ethics: A Study in Rabbinic Judaism. Binghamton, NY: Global Publications.

Kalimi, Isaac (1998) 'Zion or Gerizim? The Association of Abraham and the Ageda with Zion/Gerizim in Jewish and Samaritan Sources,' in Boundaries of the Ancient Near Eastern World: A Tribute to Cyrus H. Gordon(SOT Sup 273), Sheffield: Sheffield Academic Press, pp. 442-57.

Kamenetz, Rodger (1994), The Jew in the Lotus, San Francisco: Harper.

Karsh, Efraim (1999) Islamic Imperialism: A History, New Haven, CT: Yale University Press.

Kenyon, Kathleen (1974) Digging up Jerusalem, London: Benn.

Koestler, Arthur (1976) Thirteenth Tribe: The Khazar Empire and its Heritage, New York: Random House.

Kogman-Appel, Katrin (2004) Jewish Book Art Between Islam and Christianity: The Decoration of Hebrew Bibles in Medieval Spain, Leiden: Brill.

_____ (2006) Illuminated Haggadot from Medieval Spain: Biblical Imagery and the Passover Holiday, University Park, PA: Pennsylvania State University Press.

Konner, Melvin (2009) The Jewish Body, New York: Nextbook/Schocken.

Kook, Abraham (1978) Abraham Isaac Kook: The Lights of Penitence, The Moral Principles, Lights of Holiness, Essays, Letters, and Poems, trans. Ben Zion Bokser, New York: Paulist Press.

Krauss, Samuel and William Horbury (1996) The Jewish-Christian Controversy from the Earliest Times to 1789, Tubingen: Mohr.

Laor, Yitzhak (2010) The Myths of Liberal Zionism, London: Verso.

Laquer, Walter (2003) The History of Zionism, London: Weidenfeld & Nicolson.

Lasker, Daniel (1977) Jewish Philosophical Polemics against Christianity in the Middle Ages, New York: KTAV.

Lavie, Aliza (2008) A Jewish Woman's Prayer Book, New York: Spiegel &Grau.

Lazarus-Yafeh, Hava (1992) Intertwined Worlds: Medieval Islam and Bible Criticism, Princeton, NJ: Princeton University Press.

Leaman, Oliver (1986) 'Maimonides and Natural Law,' The Jewish Law Annual, 6: 78-93.

_____ (1988) 'Maimonides, Imagination and the Objectivity of Prophecy,' Religion, 18: 69-80.

_____ (1995) 'Is a Jewish Practical Philosophy Possible?,' in D. Frank (ed.), Commandment and Community: New Essays in Jewish Legal and Political Philosophy, Albany, NY: State University of New York Press, pp. 55-68.

_____ (1996) 'Jewish Averroism,' in S. Nasr and O. Leaman (eds), History of Islamic Philosophy, London: Routledge, pp. 769-82.

_____ (1997a) Evil and Suffering in Jewish Philosophy, Cambridge: Cambridge University Press.

_____ (1997b) Moses Maimonides, London: Routledge.

_____ (1997c) 'Is There a Concept of Liberty in Medieval Jewish Philosophy?,' Rivista di storia della filosofia, I: 141-51.

_____ (1997d) 'Jewish Existentialism: Buber, Rosenzweig, and Soloveitchik' and, 'The Future of Jewish Philosophy,' in D. Frank and O. Leaman (eds), History of Jewish Philosophy, London: Routledge, 1996, pp. 799-819, 895-907.

_____ (1998) 'Judaism,' in R. Chadwick (ed.), Encyclopedia of Applied Ethics, Vol. 3, Sussex: Academic Press, pp. 1-8.

_____ (2001) 'Job and Suffering in Talmudic and Kabbalistic Judaism,' in P. Koslowski (ed.), The Origin and the Overcoming of Evil and Suffering in the World Religions, Dordrecht: Kluwer, pp. 80-99.

_____ (2002) 'Ideals, Simplicity, and Ethics: The Maimonidean Approach,' American Catholic Philosophical Quarterly, 76: 107-24.

_____ (2003a) '"No Poetry After Auschwitz" 'How Plausible Is this Idea?,' in G. Scarre and E. Garrard (eds), Philosophical Perspectives on the Holocaust, Aldershot: Ashgate, pp. 247-56.

_____ (2003b) 'Jewish Philosophy,' in R. Solomon and K. Higgins (eds), From Africa to Zen: An Invitation to World Philosophy, New York:Rowman & Littlefield, pp. 127-42.

_____ (2005a) 'Plato's Republic in Jewish Philosophy,' in M. Vegetti and P. Pissavino (eds), I Decembrio e la traduzione della Repubblica di Platone tra medioevo e umanesimo, Naples: Bibliopolis, pp. 13-30.

_____ (2005b) 'Maimonides and the Development of Jewish Thought in an Islamic Structure,' in G. Tamer (ed.), The Trias of Maimonides, Berlin: de Gruyter, pp. 187-98.

_____ (2006) Jewish Thought: An Introduction, London: Routledge.

_____ (2007a) 'Maimonides and the Special Nature of the Prophecy of Moses,' in G. Cerchiai and G. Rota (eds), Maimonide e il suo tempo, Milan: Franco Angeli, pp. 83-94.

_____ (2007b) 'Love in the Bible: The Song of Songs,' in Leonard J. Greenspoon, Ronald A. Simkins and Jean Cahan (eds), Studies in Jewish Civilization 18: 'Love-Ideal and Real in the Jewish Tradition,' Omaha, NE: Creighton University Press.

_____ (2008) 'Silence and Its Significance in Jewish Thought,' Meteria giudaica, XIII/1-2: 91-6.

_____ (2009) 'Maimonides, the Soul and the Classical Tradition,' in M. Elkaisy-Friemuth and J. Dillon (eds), The Afterlife of the Platonic Soul. Reflections on Platonic Psychology in the Monotheistic Religions, Leiden: Brill, pp. 163-75.

Levinas, Emmanuel (1990a) Difficult Freedom: An Essay on Judaism, trans. S. Hand, Baltimore, MD: Johns Hopkins University Press.

_____ (1990b) Nine Talmudic Readings, trans. A. Aronowicz, Bloomington, IN: University of Indiana Press. Levine, Lee (ed.) (1999) Jerusalem: Its Sanctity and Centrality to Judaism,Christianity, and Islam, New

York: Continuum.

Lewis, Bernard (1995) Cultures in Conflict: Christians, Muslims, and Jews in the Age of Discovery, New York: Oxford University Press.

Liebman, Arthur (1979) Jews and the Left, New York: John Wiley.

Litvinoff, Emanuel (ed.) (1979) The Penguin Book of Jewish Short Stories, Harmondsworth, Penguin.

Long, Burke (2003) Imagining the Holy Land: Maps, Models, and Fantasy Travels, Bloomington, IN: Indiana University Press.

Lowenstein, Steven (2000) A Jewish Cultural Tapestry, Oxford: Oxford University Press.

McCallum, Donald (2007) Maimonides' Guide for the Perplexed: Silence and Salvation, London: Routledge.

Maccoby, Hyam (2002) The Philosophy of the Talmud, London: Routledge.

Magen, Yitzhak (1993) 'Mount Gerizim and the Samaritans,' in F. Mannsand E. Alliata (eds), Early Christianity in Context, Studium Biblicum Franciscanum Collectio Maior 38, Jerusalem: Franciscan Printing, pp.91-148.

Maimonides, Moses (1963) The Guide of the Perplexed, trans. S. Pines, Chicago: University of Chicago Press.

Mayer, Tamar and Mourad, Suleiman (eds) (2008) Jerusalem: Idea and Reality, London: Routledge.

Melamed, Abraham (2003) The Image of the Black in Jewish culture: A History of the Other, London: Routledge.

Midrash bibliography. Available at: http://huc.edu/midrash/

Morgan, Michael W. (ed.) (1987) 'The 614th Commandment,' in Michael W. Morgan, The Jewish Thought of Emil Fackenheim, Detroit, MI: Wayne State University Press.

Nadler, Steven (2001) Spinoza's Heresy: Immortality and the Jewish Mind, Oxford: Clarendon Press.

Narkiss, Bezalel (1977) The Golden Haggadah, London: The British Library.

_____ (1969) Hebrew Illuminated Manuscripts, Jerusalem: Encyclopedia Judaica.

Neuda, Fanny (2007) Hours of Devotion, trans. and int. Dinah Berland, New York: Random House.

Neusner, Jacob (1973) From Politics to Piety: The Emergence of Pharisaic Judaism, Englewood Cliffs, NJ: Prentice Hall.

Neusner, Jacob and Bruce Chilton (1997) The Intellectual Foundations of Christian and Jewish Discourse: The Philosophy of Religious Argument, London: Routledge.

Neusner, Jacob and William Scott Green (eds) (1999) Dictionary of Judaism inthe Biblical Period, Peabody, MA: Hendrickson.

Nirenberg, David (1996) Communities of Violence: Persecution of Minorities inthe Middle Ages, Princeton, NJ: Princeton University Press.

Panayi, Panikos (1999) Outsiders: A History of European Minorities, London: Reaktion Books.

Pardes, Ilana (1992) Countertraditions in the Bible: A Feminist Approach,Cambridge, MA: Harvard University Press.

Parkes, James (1934) The Conflict of the Church and Synagogue: A Study in the Origins of Antisemitism, New York: JPS.

Patterson, David (2005) Hebrew Language and Jewish Thought, London: Routledge.

Peters, Francis (1985) Jerusalem: The Holy City in the Eyes of Chroniclers, Visitors, Pilgrims, and Prophets from the Days of Abraham to the Beginnings of Modern Times, Princeton, NJ: Princeton University Press.

Philo (1946) Selections, ed. Hans Lewy, Oxford: East and West Library.

Pinsky, Dina (2010) Jewish Feminists: Complex Identities and Activist Lives, Champaign, IL: University of Illinois Press.

Ram, Uri (2008) The Globalization of Israel: McWorld in Tel Aviv, Jihad in Jerusalem, London: Routledge.

Robertson, Ritchie (ed.) (1999) The German-Jewish Dialogue: An Anthology of Literary Texts 1749-1993, Oxford: Oxford University Press.

Roden, Claudia (1996) The Book of Jewish Food: An Odyssey from Samarkandto, New York, New York: Knopf.

Rosenthal, Erwin (1961) Judaism and Islam, New York: Thomas Yoseloff.

_____ (2005) Judaism, Philosophy, Culture: Selected Studies of E. I. J. Rosenthal, London: Routledge.

Rosenzweig, Franz (2000) Philosophcal and Theological Writings, ed. P. Franksand Michael Morgan, Indianapolis, IN: Hackett.

Rotenstreich, Nathan (1963) The Recurring Pattern: Studies in Anti-Judaism in Modern Thought, London: Weidenfeld & Nicolson.

Ruderman, David (2000) Jewish Enlightenment in an English Key: Anglo-Jewry's Construction of Modern Jewish Thought, Princeton, NJ: Princeton University Press.

Saadya Gaon (2002) The Book of Doctrines and Beliefs, ed. D. Frank, Indianapolis, IN: Hackett.

Sacks, Jonathan (2000) Radical Then, Radical Now: On Being Jewish, London: Continuum.

Sagi, Avi and Zvi Zohar (1995) 'Giyyur, Jewish Identity, and Modernization,' Modern Judaism, 15: 49-68.

Salter, James (1975) Light Years, London: Penguin.

Sand, Shlomo (2009) The Invention of the Jewish People, London: Verso.

Sax, David, Save the Deli: In Search of Perfect Pastrami, Crusty Rye, and the Heart of Jewish Delicatessen, Orlando, FL: Houghton Mifflin Harcourt.

Schwartz, Seth (2001) Imperialism and Jewish Society, 200 B.C.E. to 640C.E., Princeton, NJ: Princeton University Press.

Sed-Rajna, Gabrielle (1992) Hebrew Illuminated Manuscripts from the Iberian Peninsula: Jews, Muslims, and Christians in Medieval Spain, ed. V. Mann et al., New York: George Braziller, pp. 133-55.

Seeskin, Kenneth (2001) Autonomy in Jewish Philosophy, Cambridge: Cambridge University Press.

_____ (2007) 'Ethics, Authority, and Autonomy,' in M. Morgan and P. Gordon (eds), The Cambridge Companion to Modern Jewish Philosophy, Cambridge: Cambridge University Press, pp. 192-208.

Segev, Tom (2002) Elvis in Jerusalem: Post-Zionism and the Americanization of Israel, trans. H. Watzman, New York: Metropolitan Books.

Senor, Dan and Saul Singer (2009) Start-up Nation: The Story of Israel's Economic Miracle, Washington, DC: Council on Foreign Relations.

Seymour, David (2007) Law, Anti-Semitism and the Holocaust, New York: Routledge.

Shlaim, Avi (2009) Israel and Palestine: Reappraisals, Revisions, Refutation, London: Verso.

Sklare, Marshall and Joseph Greenblum (1979) Jewish Identity on the Suburban Frontier: A Study of Group Survival in the Open Society, Chicago: University of Chicago Press.

Spicer, Kevin (ed.) (2007) Antisemitism, Christian Ambivalence and the Holocaust, Bloomington, IN: Indiana University Press/United States Holocaust Memorial Museum.

Spinoza, Baruch (1989) Tractatus Theologico-Politicus, trans. S. Shirley, Leiden: Brill.

Steinweis, Alan (2009) Kristallnacht 1938, Cambridge, MA: Harvard University Press.

Stern, Efraim and Yitzhak Magen (2000) 'Mount Gerizim-A Temple City: Summary of Eighteen Years of Excavations,' Qadmoniot, 33: 74-118.

Stern, Samuel (1983) Medieval Arabic and Hebrew Thought, ed. Fritz Zimmerman, London: Variorum.

Svonkin, Stuart (1997) Jews Against Prejudice: American Jews and the Fight for Civil Liberties, New York: Columbia University Press.

Talmage, Frank (ed.) (1975) Disputation and Dialogue: Readings in the Jewish-Christian Encounter, New York: KTAV and Anti-Defamation League of B'nai Brith. The Zohar: Pritzker Edition (2003-9), trans. and commentary Daniel Matt, Princeton, NJ: Princeton University Press.

Toaff, Ariel (2007) Pasque di sangue, Bologna: Il Mulino. Trautner Kromann. Hanne (1993) Shield and Sword: Jewish Polemics against Christianity and the Christians in France and Spain from 1100 to 1500, Tubingen: Mohr.

Walzer, Michael (1986) Exodus and Revolution, New York: Basic Books.

Warnock, Mary (1976) Imagination, London: Faber & Faber.

Wasserstein, Bernard (1988) The Secret Lives of Trebitsch Lincoln, New Haven, CT: Yale University Press.

_____ (2001) Divided Jerusalem: The Struggle for the Holy City, New Haven, CT: Yale University Press.

Whaley, Joachim (1997) Theodor Herzl and the Origins of Zionism, ed. R. Robertson and E. Timms, Edinburgh: Edinburgh University Press.

Wiesel, Elie (1970) One Generation After, trans. L. Edelman and E. Wiesel, New York: Random House.

Wildavsky, Aaron (2005) Moses as a Political Leader, Jerusalem: Shalem.

Wistrich, Robert (2010) A Lethal Obsession: Anti-Semitism from Antiquity to the Global Jihad, New York: Random House.

Wittgenstein, L. (1958) Philosophical Investigations, trans. E. Anscombe, Oxford: Basil Blackwell.

Wolfson, Elliot (2006) Alef, Mem, Tau: Kabbalistic Musings on Time, Truth, and Death, Berkeley, CA: University of California Press.

_____ (2010) Open Secret: Postmessianic Messianism and the Mystical Revision of Menachem Mendel Schneerson, New York: Columbia University Press.

Yerushalmi, Yosef (1982) Zakhor: Jewish History and Jewish Memory, Seattle, WA: University of Washington Press.

Zangwill, Israel (1914) The Grandchildren of the Ghetto, London: Dent.

Zornberg, Avivah (2009) The Murmuring Deep: Reflections on the Biblical Unconscious, New York: Schocken.

| 색인 |

ㄱ

가말리엘(Gamaliel) / 220
가브리엘 세드-라이나(Gabrielle Sed-Rajna) / 267
가족(또는 가족생활) / 23, 35, 48, 57, 121, 122, 128, 145, 186, 187, 211, 237, 241, 264, 346
간 에단(Gan Edan) / 325
강제 개종 유대인(crypto-Jews) / 125
개종자(proselyte) / 82, 85, 106, 154, 160, 170, 248-255, 306-308, 345
게달리아(Gedaliah) / 216, 231
게르 쩨덱(ger tzedek)/ 249
게르 토샤브(ger toshav) / 249
게르(ger) / 30, 248, 250, 251, 254, 277
게르솜 메오르 하—골라(Gershom Meor ha-Golah) / 277
게르숌 숄렘(Gershom Scholem) / 30
게마트리아(gematria) / 194, 337
게밀룻 하시딤(gemilut chasidim) / 31
게오님(Geonim) / 76, 155, 156, 220
게토의 아이들(The Children of the Ghetto) / 361
게헨나(Gehenna, 또는 Gehinnon) / 325, 327
게힌놈(Gehinnom) / 325
겟(get) / 244
결혼 / 22, 23, 25, 58, 160, 186, 187, 243, 254, 255, 259, 304, 354
계명 / 28, 35, 81, 165, 166, 168, 170, 171, 193, 194, 196, 209, 218, 234, 241, 242, 249, 252, 284, 300, 318, 319, 353
계명(미쯔바, mitzvah) / 193
계명의 책(Book of the Commandments) / 168
고기 / 172-176, 179, 181,193, 236, 316, 317
광년(Light Years) / 89
구프(guf) / 326
귀밑머리(payot) / 183
기도 방향(giblah) / 45, 154

기요렛(giyoret) / 249
꾸란(Quran) / 28, 45, 48, 50, 87, 88, 154, 155, 160, 259, 356
꿈에 관하여(On Dreams) / 236

ㄴ

나치(Nazi) / 104, 113, 116-123, 145, 151, 246, 274, 275, 296
나할 페고드(Nahar Peqod) / 52
나흐마니데스(Nachmanides) / 194
네부카드네자르 2세(Nebuchadnezzar) / 67
네샤마(neshamah) / 327
네쉬키지의 모르데카이(Mordechai of Neshkhizh) / 321
네투레이 카르타(Neturei Karta) / 143
네페쉬(nefesh) / 209, 326, 327
노아의 일곱 계명(Noahide Laws) / 249
니산월(Nisan) / 215, 218
니쉬맛 기도문(nishmat prayer) / 205
니쉬맛(nishmat) / 205

ㄷ

대속죄일(Yom Kippur) / 48, 191, 192, 216, 222, 225, 226
데라쉬(derash) / 285, 360
데이비드 서순(David Sassoon) / 156
된메(Donmeh) / 145, 146, 148, 262, 341
드레이들(dreidel) / 228
드레퓌스(Alfred Dreyfus) / 91, 132

ㄹ

라그 바오메르(Lag BaOmer) / 58, 60, 216
라바(Rava) / 217
라쉬(Rashi) / 12, 77, 194
랍비(Rabbi) / 12, 20, 26, 32, 34, 42, 52, 56-59, 61, 76-80, 82, 98, 101-103, 127, 138, 168-171, 175, 177, 181, 184-190, 194, 207, 210, 220, 226, 231, 235, 248-254, 262, 276, 280, 282, 290-292, 310, 316-319, 323, 333-337, 340, 351, 371
러시아 / 91, 114-116, 122, 124, 129, 297
레메즈(remez) / 285
레싱(Gotthold Lessing) / 97

레오 백(Leo Baeck) / 81
레쩨이(retzey) / 207
레카 도디(Lekha Doti) / 205
렘바(Lemba) / 305
로마제국 / 51, 71, 75, 80, 228, 253
로쉬 갈루타(rosh galuta) / 155
로쉬 하샤나(Rosh Hashanah) / 186, 216, 225, 231
루라브(lulav) / 224
루바비치(Lubavitch) / 183
루아흐(ruach) / 327
리처드 탈러(Richard Thaler) / 309
리쿠드(Likud) / 135

ㅁ

마라노(Marranos) / 85
마라노(돼지, Marranos) / 125
마로르(Maror) / 220
마르 헤쉬반(Mar Cheshvan) / 217
마소르티(Masorti) / 184
마쉬기아흐(mashgiach) / 177, 178
마스지드(masjid) / 48
마아리브(ma'ariv, 또는 arvit) / 203, 204
마오즈 쭈르(Maoz Tzur) / 229
마짜(Matzah) / 86, 219, 220, 264
마카비(Macabee, 망치) / 227, 228, 229
마흐조르(machzor) / 198
맘제르(mamzer) / 254
맛다디아스(Mattathias) / 227
머틀(myrtle) / 224
메나헴 슈네어슨(R. Menachem Schneerson) / 183
메노라(menorah) / 227, 228, 245
메주자(mezuzah) / 197, 198, 201
메히짜(mechitzah) / 184, 245
모데카이 카플란(Mordecai Kaplan) / 127
모르드개 / 230, 240
모세 / 19, 21, 24-30, 34, 40, 45, 47, 51, 101, 127, 180, 206, 221, 232-234, 257, 269, 274,

278, 284, 292, 302, 315, 323, 335-338, 348, 349
모세 마이모니데스(Moses Maimonides) / 24, 257
모스크(mosque) / 44, 45, 48, 50, 112, 124, 246, 281
모제스 멘델스존(Moses Mendelssohn) / 95
모헬(mohel) / 242
무사프(musaf) / 206, 207
무함마드 / 45, 48, 60, 144, 150, 154, 160
미님(Minim, 이단자) / 82
미닷 하시둣(midat chasidut) / 196
미쉬나 / 34, 42, 57, 71, 75-77, 101, 220, 231, 253, 280, 283, 291, 318, 324, 340, 351, 354, 361, 362
미쉬네 토라(Mishneh Torah) / 78
미쉬파팀(mishpatim) / 359
미즈라치(Mizrachi) / 142
미쯔네펫(mitznefet) / 196
미쯔봇(mitzvot) / 32, 165-168, 242, 318
미크베(mikveh) / 252, 253, 254
미트나그딤(Mitnagdim) / 183
미흐랍(mihrab) / 43
민얀(minyan) / 57, 128, 182, 188, 189, 202, 204
민족주의 시온주의(Nationalist Zionism) / 135
민하(mincha) / 203, 204, 207, 225, 233, 239

ㅂ

바라이타(baraita) / 76
바라이톳(baraitot) / 291, 351
바레키 나프쉬(barekhi nafshi) / 207
바르 코크바(Bar Kokhba) / 72, 232, 333
바르쿠(barhku) / 201
바른 실천(orthopraxy) / 165, 329
바알 쉠 토브(Baal Shem Tov) / 182, 190
바이트 하-크네셋(bayt ha-knesset) / 244
밸푸어 선언(Balfour Declaration) / 130
베라카(berakah) / 199
베이트 미크다쉬(Bayt Mikdash) / 166
베트 딘(beth din) / 290

벤 백 백(Ben Bag Bag) / 362
벤 아짜이(Ben Azzai) / 291
벤 조마(Ben Zoma) / 291
벳 딘(beth din) / 251, 252, 254
벽장(Ark) / 206, 224, 225
복장 / 46, 69, 183, 191, 193, 225, 241, 264
볼셰비키(Bolsheviks) / 116, 117
부르고스의 아브넬(Abner of Burgos) / 258
분리 식사(separate meal) / 175
분트(Bund) / 116, 117
브릿 담(brit dam) / 254
브릿 밀라(brit milah) / 193, 254
비르캇 하 토라(birkat ha-Torah) / 31
비아 돌로로사(Via Doloorosa) / 43
비트겐슈타인(Ludwig Wittgenstein) / 332
빌나 가온(Vilna Gaon) / 183, 204

ㅅ

사디야 가온(Saadya Gaon) / 79
사트마르(Satmar) / 783
사회주의 시온주의(Socialist Zionism) / 135
샤마쉬(shammash) / 228
샤베타이 즈비(Shabetai Zvi) / 145, 147, 262, 341, 344
샤부옷(Shavuot) / 49, 60, 216, 218, 223
샤하르(shachar) / 199
샤하릿(shacharit) / 199
선택받음(chosenness) / 35, 36, 105
성전(temple) / 21, 32, 38-53, 56, 61, 67-72, 74, 78, 165, 166, 200, 206, 207, 219, 223, 227-231, 234, 236, 241, 244-246, 252, 273
세데르(Seder) / 218, 220, 221, 294
세르게이 닐루스(Sergei Nilus) / 149
세파르디(Sefardi) / 105, 142, 147, 184, 191, 194, 205, 225, 245, 303-305, 308, 309
셀레우코스(Seleucus) / 69, 70, 227
셀리홋(Selichot) / 225, 226
소드(sod) / 285
소련(USSR) / 120, 121, 124, 297

소페르(sofer) / 196, 336
솔로몬 하-레비 알카베츠(Solomon ha-Levi Alkabetz) / 205
솔로베이치크(Joseph Soloveitchik) / 127
쇼파르(Shofar) / 216, 225, 227
쇼헷(shochet) / 172
수정의 밤(Kristallnacht) / 119
수카(sukkah) / 224
수콧(Sukkot) / 48, 216, 218, 224, 226
수콧(Sukkot, 초막절) / 216, 218, 224
술(tzitzit, 찌짓) / 183, 192-195, 199, 240
술라이만(Sulayman) / 48
쉐마 이스라엘(shema yisrael) / 200, 201
쉐마(shema) / 197, 200, 201, 206, 339
쉐모나 에스레(shemonah esreh) / 200
쉐미니 아쩨렛(Shemini Atzeret) / 217, 224
쉐밧월(Shevat) / 217
쉐키나(Shechinah) / 12, 356
쉐히타(shechita) / 315
쉘로심(sheloshim) / 241
쉬므온 두란(Shimon Duran) / 281
쉬바(shibah) / 240, 241
쉰(shin) / 197
쉴로모 두란(Shlomo Duran) / 281
슈샨 푸림(Shushan Purim) / 217
슐로모 루리아(R. Shlomo Luria) / 210
슐로모 산드(Shlomo Sand) / 307
슐칸 아룩(Shulchan Arukh) / 78, 193, 250
스탈린(Joseph Stalin) / 106, 117, 124
스피노자(Baruch Spinoza) / 20, 71
시나이산(Mount Sinai) / 25-28, 30-35, 47, 127, 167, 180, 223, 231-233, 336, 358
시두르(siddur) / 182, 185, 198, 238, 239
시리아 / 20, 140, 148, 250, 297
시몬 바르 요하이(Shimon bar Yochai) / 58, 59, 60
시몬 벤 셰탁(Shimon ben Shetach) / 311
시반월(Sivan) / 216, 223
시온 의정서(Protocols of the Elders of Zion) / 147

시온주의(Zionism) / 62, 91, 124-128, 130-138, 147, 187, 273-275, 304-307, 342
신비주의자들(Kabbalists) / 204, 285
신학정치론(Theologico-Politicus) / 204, 285
심라이(Simlai) / 168, 169
심핫 토라(Simchat Torah) / 217, 224

ㅇ
아가다(aggadah 또는 하가다) / 334, 360
아구나(agunah) / 244
아님 제미롯(an'im zemirot) / 207
아달 쉐니(Adar sheni) / 215
아달월(Adar) / 215, 217, 229
아담 / 234, 304, 314, 324, 348
아돈 올람(adon olam) / 205
아론 / 25, 26, 180, 221
아마디네자드(Ahmadinajad) / 93, 94, 143, 144
아메리카 / 125
아모라임(Amoraim) / 252, 291
아미다(amidah) / 191, 200, 201, 204, 206, 207
아바후(Abbahu) / 361
아브라함 / 6, 19-22, 34, 35, 42, 50, 97, 137, 153, 200, 257, 289, 302, 320, 326, 333, 339, 342, 348, 356, 357
아브라함 세노르(Abraham Senor) / 126
아브라함 이븐 에즈라(Abraham ibn Ezra) / 257
아브라함 쿡(Abraham Isaac Kook) / 56, 181, 316, 325
아브월(Av) / 216
아쉬케나지(Ashkenazi) / 98, 135, 142, 147, 181, 184, 194, 198, 204, 225, 245, 305, 316
아인 케엘로헤이누(ayn ke'eloheynu) / 207
아케다(akedah) / 21
아키바 벤 요셉(Akiva ben Yosef) / 336
아포스토무스(Apostomus) / 231
아흘 알-키타브(ahl al-kitab) / 152
안식일 / 30, 35, 45, 54, 69, 104, 138, 171, 182, 188, 189, 201, 202, 204-210, 223, 225, 235-237, 240, 253, 301, 314
알 부라크(al-Buraq) / 45, 48

알 악사(al-aqsa) / 45, 48
알레이누(aleinu) / 35, 36
알레이누(aleynu) / 202, 204
알-쿠르투비(al-Qurtubi) / 282
암 이스라엘(Am Yisrael) / 39
야나이(Yanai) / 278
야드 차자카(Yad Chazakah) / 78
야르물케(Yarmulke) / 191, 196
야브네(Yavne, 얌니야) / 72
야코브 라이셔(R. Yaacov Reischer) / 175
야콥 프랑크(Jacob Frank) / 262, 344
에르도안(Recep Tayyip Erdogan) / 145, 148
에마누엘 카라소(Emmanuel Carasso) / 146
에마뉘엘 레비나스(Emmanuel Levinas) / 329, 355
에스더 / 217, 230, 261
에트로그(etrog) / 224
엘 아돈(el adon) / 206
엘레아자르 벤 아자랴(Eleazar ben Azariah) / 334
엘로헤이누(Eloheynu) / 207
엘룰월(Elul) / 216, 225
엘리 위젤(Elie Wiesel) / 19
엘리 커두리(Elly Kadoorie) / 156
열조의 교훈(Ethics of the Fathers) / 34, 35, 76, 193, 207, 211, 290, 291, 322, 341, 363
예시봇(yeshivot) / 78
예언자(예언자들) / 29, 45, 48, 50, 55, 60, 68, 155, 210, 260, 338, 339, 348
예쩨르 하라(yetzer ha-ra) / 322
예호슈아 라이보비츠(Yehoshua Leibowitz) / 55
예후다 할레비(Yehuda Halevi) / 36, 60, 236, 356
오래된 새로운 땅(Altneuland) / 133
오메르(Omer) / 215, 216
오짜르(otzar) / 326
오펠(Ofel, 오벨) / 42
오픈 시두르(Open Siddur) / 238
올람 하-바(olam ha-ba) / 325
요드(yod) / 194
요세(Yose) / 336

요셉 알보(Joseph Albo) / 258, 261, 324
요수아 벤 감라(Joshua ben Gamla) / 310
요슈아 바르 코르카(Joshua bar Korchah) / 333
요하난(Yohanan) / 290
욤 키푸르(Yom Kippur) / 216, 232
유다 바티라(Judah b. Batira) / 336
유다 파지(Judah b. Pazi) / 290
유다 하나시(Judah Hanasi) / 318
유대교 사상 입문(Jewish Thought: An Introduction) / 10, 349
유대 국가(Der Judenstaat) / 37, 72, 131, 133, 136, 143
유대학(Wissenschaft des Judentums) / 102, 287
유월절(Pesach) / 28, 48, 59, 177, 193, 196, 207, 215-218, 220-223, 249, 262, 265, 267, 276, 294, 295
유제품 / 174-177, 223, 316, 317
음식법 / 178, 179, 319
이디시어(Yiddish) / 114, 196
이란 / 93, 143, 144, 159
이사야 벌린(Isaiah Berlin) / 62
이삭 아브라바넬(Isaac Abravanel) / 258
이스라엘 장윌(Israel Zangwill) / 361
이스마엘 벤 네타냐(Ishmael b. Netanya) / 231
이스마엘 요세(Ishmael b. R. Yose) / 290
이스메추(yismechu) / 206
이슬람 재단(wagf) / 44, 48
이야르월(Iyar) / 216
이쯔학(Yitzchak) / 321
이혼 / 157, 187, 243, 244
익달(ygdal) / 205

ㅈ

자보틴스키(Vladimir Jabotinsky) / 135
자유 시온주의(liberal Zionism) / 135
장신구 / 191
정교회(Orthodox Christianity) / 80, 114
정화(kasher) / 292, 325, 327
제이라(Zeira) / 189

제임스 솔터(James Salter) / 89
조너선 색스(Jonathan Sacks) / 352
조하르(Zohar) / 58, 60, 327
종교 법정(beth din) / 78, 251
주샤(Zusya) / 323
죽음 / 23, 26, 30, 45, 59, 60, 74, 239, 240, 327, 338
즈르로 하-하임(zror ha-chayyim) / 326
지정 거주지(Pale of settlement) / 115, 116
지혜자 나탄(Nathan the Wise) / 97
지혜자(sages) / 59, 70, 72, 74, 97, 205
진(Jinn) / 48

ㅉ

짜디크(tzaddik) / 182, 321, 322
쯔니웃(tzniut) / 197
찌짓(tzitzit, 술) / 183, 192-195, 199, 240

ㅊ

창조의 책(Sefer Yetzirah) / 189
채식 / 314, 316
초정통파(ultra-orthodox) / 45, 46, 204, 312
최종 해결책(Final Solution) / 296
축복(berakah) / 11, 12, 31, 35, 51, 104, 172, 199, 200, 202-208, 244
출애굽기 / 180, 196, 223, 224, 232, 278, 334

ㅋ

카디마(Kadima) / 175
카디쉬 샬렘(kaddish shalem) / 204
카디쉬(kaddish) / 202-205, 207, 231, 240, 241
카라이트파(Karaites) / 79, 80, 195, 223, 250
카바나(kavanah) / 190, 191
카발라(kabbalah) / 58, 60, 189, 263, 280, 303, 325
카발랏 샤밧(Kabbalat Shabbat) / 204
카쉐르(kasher) / 171
카슈룻(kashrut) / 172, 173, 175, 176, 178, 180, 318, 319
카자르족(Khazar) / 236

카풀 쉐모네(kaful shemoneh) / 193
케두샤(kedusha) / 206
케투바(ketubah) / 243
켄 시스킨(Ken Seeskin) / 357
코르반 페삭(korabn pesach) / 193
코벨(Kovel) / 321
코셔(kosher) / 157, 171-174, 176-178, 180, 316, 361
코에나쿨룸(Coenaculum) / 42
코하님(Kohanim) / 39, 241, 305
코헨(kohen) / 144, 254
콜 니드레이(Kol Nidrei) / 226
콜럼버스(Christopher Columbus) / 125
콜 이샤 에르바(kol isha ervah) / 190
쿠자리(Kuzari) / 36, 61, 236, 237
크비틀(Kvitl) / 57
키두쉬(kiddush) / 35, 205
키디쉬(kiddish) / 200
키루스(Cyrus) / 40
키슬레브월(Kislev) / 217
키파(kippah) / 191, 196, 197

ㅌ

타나임(Tannaim) / 77, 219
타리악 미쯔봇(taryag mitzvot) / 165
타무즈월(Tammuz) / 216, 231
타슐릭(tashlikh) / 225
타하눈(tachanun) / 201
탄나(Tanna) / 219, 261
탈렛 가돌(tallet gadol) / 191
탈릿 카탄(tallit katan) / 191, 193
탈릿(tallit) / 53, 58, 191-193, 199, 201, 240
탈무드(Talmud) / 7, 10, 12, 21, 32, 38, 51, 71, 75-79, 82, 95, 101-103, 166, 170,190, 196, 200, 204, 207, 209, 222, 249-254, 257, 276, 278, 282, 284, 286, 290, 292, 300, 318, 319, 324, 329-331, 333, 335, 337, 341, 351, 354, 355, 360-362
테라페우타이(Therapeutae) / 236
테벳 하누카(Tevet Hanukkah) / 217

테벳월(Tevet) / 217, 231
테오도르 헤르츨(Theodor Herzl) / 132
테켈렛(tekhelet) / 192, 194, 195
테필린(teffilin) / 58, 196, 199, 201
토라(Torah) / 19, 31, 33-35, 60, 70, 75, 78, 85, 88, 102, 127, 133, 136, 165, 168, 171, 174, 178, 180, 194, 199, 201, 202, 206, 210, 211, 217, 223-227, 231, 235, 241-246, 251, 261, 278, 282, 284, 291, 294, 302, 310, 311-317, 336, 350-354, 362
토사포트(Tosafot) / 77
토세프타(Tosefta) / 77, 351
투 베쉬밧(Tu beshvat) / 217
튀르키예 / 141, 143-151, 262, 297, 341
트레이프(treyf) / 173, 175, 180
티샤 베아브 / 192, 216, 232, 233
티쉬리월(Tishrei) / 216, 224, 225, 231
티쿤 올람(tikkun olam) / 31, 167, 289, 323
티쿤(tikkun) / 31, 32, 167, 289, 323

ㅍ

파라오(Pharaoh) / 24-26, 267, 348
파레베(pareve) / 175, 178, 317
파르데스(pardes) / 285
페닌슐라 호텔(Peninsula Hotel) / 156
페레드(pered) / 285
페르시아(Persia) / 40, 68, 69, 142, 229, 230
페샷(peshat) / 285
페수케이 데짐라(pesukei d' zimrah) / 201, 205
푸림(Purim) / 217, 229
프랑스 혁명 / 98, 100
플레이식(fleishig) / 175
피 / 38, 46, 82, 86, 131, 169, 172, 174, 181, 189, 229, 234, 253, 257, 302-307, 317, 346
피디온 하벤(pidyon ha-ben) / 241
피르케이 아봇(Pirkei Avot) / 34, 207, 211, 322, 341
피쿠아흐 네페쉬(pikuach nefesh) / 209

ㅎ

하가다(haggadah, 또는 아가다) / 28, 219-221, 262, 264, 267, 278

하누카(Chanukah) / 70, 217, 227
하누키야(Chanukiyah) / 227, 228
하니나(Hanina) / 205
하레디(Haredi) / 45, 312
하바드(Habad) / 183
하부라(Chavurah) / 128
하브달라(havdalah) / 207, 235
하스칼라(Haskalah) / 287
하시드(chasid) / 182
하시딤(Hasidim) / 31, 182, 183
하임 바이츠만(Chaim Weizmann) / 129
하잔(hazzan) / 190, 200
하탐 즈비(Chatam Zvi) / 189
하프토라(haftorah) / 206, 227, 233, 241, 242
한나 아렌트(Hannah Arendt) / 291
할라카(halakhah) / 75, 252, 254, 334, 361
할례 / 20, 21, 69, 193, 210, 241, 242, 249, 252-254, 303
핫 가디야(chad gadya) / 221
헤르만 코헨(Hermann Cohen) / 282
헤브라 카디샤(Chevra Kadisha) / 240
헤세드(chesed) / 210
헤흐셔(hechsher) / 177
호샤나 라바(Hoshana Rabbah) / 217
홀 하모엣(Chol Hamoed) / 215
홀로코스트(Holocaust) / 32, 90, 93, 106, 121, 127, 147, 160, 251, 275, 295, 298, 347
회당(synagogue) / 41, 42, 49, 56, 59, 61, 72, 104, 119, 127, 128, 150, 182, 184, 185, 187-192, 203-207, 224-227, 238, 244-248, 262-264, 280-282-282, 310
후마시(Chumash) / 19
후킴(hukkim) / 318, 258
후파(chuppah) / 243
희생제물(korban) / 48, 252
힐라존(chilazon) / 194
힐룰라(hillula) / 58, 59
힐콧 타아닛(Hilkhot Ta'anit) / 232